21 世纪教师教育系列教材

教师职业道德
（第二版）

主　编　刘亭亭
副主编　张　宏　杨振文　李春迪

图书在版编目(CIP)数据

教师职业道德 / 刘亭亭主编. --2 版. --北京：北京大学出版社，2025.6. --(21 世纪教师教育系列教材). -- ISBN 978-7-301-36292-1

Ⅰ.G451.6

中国国家版本馆 CIP 数据核字第 20259UY279 号

书　　　名	教师职业道德(第二版) JIAOSHI ZHIYE DAODE(DI-ER BAN)
著作责任者	刘亭亭　主编
丛 书 主 持	李淑方
责 任 编 辑	李淑方
特 约 编 辑	刘芝贤
标 准 书 号	ISBN 978-7-301-36292-1
出 版 发 行	北京大学出版社
地　　　址	北京市海淀区成府路 205 号　100871
网　　　址	http://www.pup.cn　新浪微博:@北京大学出版社
微信公众号	通识书苑（微信号：sartspku）　科学元典（微信号：kexueyuandian）
电 子 邮 箱	编辑部 jyzx@pup.cn　总编室 zpup@pup.cn
电　　　话	邮购部 010-62752015　发行部 010-62750672　编辑部 010-62767857
印 刷 者	北京鑫海金澳胶印有限公司
经 销 者	新华书店
	787 毫米×1092 毫米　16 开本　15.5 印张　315 千字 2017 年 9 月第 1 版　2025 年 6 月第 2 版　2025 年 6 月第 1 次印刷
定　　　价	59.00 元

未经许可，不得以任何方式复制或抄袭本书之部分或全部内容。
版权所有，侵权必究
举报电话: 010-62752024　电子邮箱: fd@pup.cn
图书如有印装质量问题，请与出版部联系，电话: 010-62756370

前　言

一、当代社会发展需要教师职业道德建设

当今世界竞争,其实质是以科技和经济为基础的综合国力的竞争。国家综合国力的增强和国际竞争力的提高正愈加依赖于科学技术的进步和全民族整体素质的提高,这决定了教育以及教师在人类生活和世界经济、社会发展变革中将发挥更为关键的作用。"百年大计,教育为本。教育大计,教师为本。"正因为如此,世界各国从未像今天这样重视教育和关注教师职业。教师素质的高低与教师职业道德修养的水平有着紧密的联系。党的二十大报告也明确提出:"加强师德师风建设,培养高素质教师队伍,弘扬尊师重教社会风尚。"因此,重视教育的发展,关注教师队伍建设,就必须注重教师职业道德的建设。

当前我国整个社会正在经历一场史无前例的变迁转型,社会的转型正在对教育产生深刻的影响。首先,转型之中的中国社会期待着教师将"道德的化身""人格的楷模"这一传统角色延续、传承下去。正如联合国教科文组织发表的报告《教育——财富蕴藏其中》所指出的,"无论是教师的入门培训还是在职培训,其主要使命之一是在教师身上发展社会期待他们的伦理的、智力的和情感的品质,以使他们日后在他们学生身上培养同样的品质",以"献身精神和敏锐的责任感来完成他们的职责,这是学生和整个社会对教师的期待"[①]。其次,社会各领域的变革使我国形成了以市场经济为基础的现代多元文化社会。在多元文化的社会中,多元化的价值观冲击着以往传统的一元价值观,这使原本单一的社会价值取向发生了强烈的动摇,人们开始更多地关注和追求多样化自我价值的实现。但是,原有的教师职业道德体系没能及时适应这种多元化的发展,导致了一系列问题,引发了部分教师道德的滑坡,进而引发了全社会对师德滑坡问题的高度关注。最后,作为人口大国,我国拥有一支庞大的教师队伍。2022年教育事业统计数据结果显示,全国各级各类学校共有专任教师1880.36

---

① 国际21世纪教育委员会.教育:财富蕴藏其中[M].联合国教科文组织总部中文科,译.北京:教育科学出版社,1996:143.

万人,比 2021 年增加了 35.98 万人,中青年教师成为中小学和高校教师主体,高学历教师比例增加。在专任教师中,学前教育教师占比 17.25%,义务教育教师占比 56.67%,高中阶段教师占比 15.16%,高等教育教师占比 10.52%,其他教师占比 0.40%。这些专任教师在 51.85 万所学校,支撑起了拥有 2.93 亿在校生的这个世界上最大的规模教育体系。① 因此,如何加强教师职业道德教育、提高教师职业道德修养水平,已成为教育领域内亟待解决的关键问题之一。

二、教师专业发展需要教师职业道德提升

教师专业发展是指教师在教学过程中通过专业性的学习,获得专业知识技能,自主实施其专业性,表现出专业的道德品质、专业的教学态度。简单来讲,就是"普通人"与"从教者"之间转换的过程。教育社会学家莱西(C. Lacey)说过,进行专业化的学习,可以使教师更好地融入教育这个集体中来,并且在教育集体活动中变得越来越成熟。② 随着教师专业化水平的提升,社会对教师职业道德的要求也越来越高。良好的职业道德,可以激发教师对爱岗敬业、奋发有为、精益求精等重要精神的追求,这种追求可以内在地激励教师为胜任教师工作而自觉地学习和提高专业素质,无形中成为监督、指导教师行为的精神支柱。

从实际表现来看,教师从内心接受教师职业道德,才能在教师身上形成一种强大的动力驱使,使教师能够全身心地投入教育工作中。教师具有良好的职业道德还会使教师以道德为准绳,正确处理各方面的关系。一个教师如果缺乏应有的职业道德,就会从根本上失去提高专业素质的自觉性,丧失积极的工作态度,不思进取,将就处事,长时间下去会严重影响教学效果,影响学生的发展,不仅不能做好教育工作,而且很难应对教育的变革,成为教育前进的绊脚石。当今社会不断发展,变化的节奏不断加快。教师作为教育工作者,身负为社会培养人才的使命,仅靠现有的知识储备很难应对不断涌来的变革,这就要求教师不断地提高自己的文化素质和综合能力。

《中共中央 国务院关于全面深化新时代教师队伍建设改革的意见》(2018 年 1 月 20 日)明确提出:"健全师德建设长效机制,推动师德建设常态化长效化,创新师德教育,完善师德规范,引导广大教师以德立身、以德立学、以德施教、以德育德,坚持教书与育人相统一、言传与身教相统一、潜心问道与关注社会相统一、学术自由与学术规范相统一,争做'四有'好教师,全心全意做学生锤炼品格、学习知识、创新思维、奉献

---

① 2022 年教师队伍建设进展情况[EB/OL].(2023-03-23)[2023-03-26]. http://www.moe.gov.cn/fbh/live/2023/55167/sfcl/202303/t20230323_1052198.html
② 邓金.培格曼最新国际教师百科全书[M].教育与科普研究所,编译.北京:学苑出版社,1989:53.

祖国的引路人。"这是中华人民共和国成立以来党中央、国务院出台的第一个面向教师队伍建设的里程碑式政策文件,目的在于造就党和人民满意的高素质、专业化、创新型教师队伍,落实立德树人根本任务,推动师德教育专业化发展,为造就高素质专业化教师队伍、到2035年总体实现中国教育现代化提供保障。

三、教师职业幸福需要教师职业道德成长

教师职业道德不仅是教师高效地履行教育职责、改善活动品质的根基,也是提升自身生活品质、确证生命存在、实现人生价值与精神安顿、成就人生幸福的德性基础。如果说,教学知识和技能的培养是为了教好书,做一名合格甚至是成功的教师,那么,整体德性的提升则是为了过好生活,做一个生活幸福的人。德性水平的提高是教师成长的阶梯,缺乏德性修养的教师无法获得教育生活的幸福,也无法使学生获得人生的幸福。

应当承认,我们目前的教师教育没有真正将师德培育作为工作的核心,而是习惯于师德规范的简单辅导与枯燥讲授,片面强调规范对教师的行为规约、精神制服或教师的单向接受、消极接纳,很少将其上升至职业尊严与职业幸福的层面,导致师德教育成效低下。师德建设如果仅是简单地给教师职业增加条文规范,那么无疑只是为教师职业增加了外在的道德藩篱,不仅不能增进教师的职业幸福,反而会加重教师对职业的倦怠感。长此以往,教师的教育质量与生活质量都会因道德的缺席而不断下降。

师德乃为师之道的根本。教师的道德成长贯穿于职业生命的全程,绝非某一阶段的例行任务,而是支撑教师整个生命成长过程进而使其获得职业幸福的根本保障。而幸福在于符合德性的活动,在于严肃的工作,它是人最高的德性。师德是教师生命力在创造性教育活动中的展开。德性若低下或被丢弃,教师的职业生命就会残缺乃至终止,职业的幸福、劳动的价值就会大打折扣。教师德性的提升不仅与职业生活密切相关,而且也关涉对幸福人生、美好生活的追寻。"德性是人类为了幸福、欣欣向荣、生活美好所需要的特征品质。"[①]教师在德性的指引下所进行的一切教育实践活动都是通向美好生活的基础。

从人的道德本性上讲,与所有人一样,教师也是一名道德上的学习者,其道德成长并未完成。从教师职业的道德根基性上看,教师更需要加强职业道德与教育伦理的修养。教育促进学生的发展,同时也塑造着教师自身。教师高洁的人性、崇高的德

---

① 转引自李兰芬,王国银.德性伦理:人类的自我关怀[J].哲学动态,2005(12):40—45.

性,既促进学生的发展,又发展和成就教师自身。一个德性崇高且教育效果优良的教师,往往会形成自我肯定、自我实现的道德判断和体验,这种判断和体验既使他感到自谦、自信,又将在新的教学活动过程中转换为完善道德的激励力量。因此,教学不仅仅是人们所说的"成人之学",更应该是教师的"为己之学",这是对教师通过教学成就自我这种个人价值追求的应有承认和基本尊重。无论是"成人"还是"为己",道德成长都是教师发展的坚实根基和可靠保障。①

本 书 资 源

扫描右侧二维码标签,关注"博雅学与练"微信公众号,获得本书专属的在线学习资源。

一书一码,相关资源仅供一人使用。

读者在使用过程中如遇到技术问题,可发邮件至shfli2004@126.com。

任课教师可根据书后的"教辅申请说明"反馈信息,获取教辅资源。

---

① 唐爱民.道德成长:教师教育不能遗失的伦理维度[J].课程•教材•教法,2010,30(2):78—82.

目 录

绪论 ··· 1
第一节　教师职业道德概述 ··· 1
　一、职业与职业道德 ·· 1
　二、教师职业道德 ··· 2
　三、学习和实践教师职业道德的意义 ······································· 5
第二节　教师职业道德的形成与发展 ··· 7
　一、我国教师职业道德的形成与发展 ······································· 7
　二、国外教师职业道德的发展演变 ·· 11

第一章　教师职业道德的基本原则 ·· 24
第一节　教师职业道德基本原则概述 ······································· 24
　一、教师职业道德基本原则的地位和作用 ······························ 24
　二、确立教师职业道德基本原则的依据 ·································· 25
第二节　教师职业道德的基本原则 ·· 27
　一、乐教勤业原则 ·· 27
　二、依法执教原则 ·· 31
　三、教育人道主义原则 ··· 38

第二章　教师职业道德规范 ··· 49
第一节　教师职业道德规范概述 ·· 49
　一、教师职业道德规范的含义 ··· 49
　二、教师职业道德规范的结构与功能 ····································· 50

三、中华人民共和国成立以来教师职业道德规范的沿革 ……………… 53
第二节　教师职业道德规范的内容（上） ………………………………… 59
　　一、爱国守法 ………………………………………………………………… 60
　　二、爱岗敬业 ………………………………………………………………… 73
　　三、关爱学生 ………………………………………………………………… 84
第三节　教师职业道德规范的内容（下） ………………………………… 95
　　一、教书育人 ………………………………………………………………… 95
　　二、为人师表 ……………………………………………………………… 107
　　三、终身学习 ……………………………………………………………… 114

第三章　教师职业道德范畴 ……………………………………………… 122

第一节　教师义务 …………………………………………………………… 122
　　一、教师义务概述 ………………………………………………………… 122
　　二、教师义务感的培养 …………………………………………………… 125
第二节　教师良心 …………………………………………………………… 126
　　一、教师良心的内涵 ……………………………………………………… 126
　　二、教师良心的意义 ……………………………………………………… 128
　　三、教师良心的形成 ……………………………………………………… 131
第三节　教师公正 …………………………………………………………… 133
　　一、教师公正的内涵及特征 ……………………………………………… 133
　　二、教师公正的意义 ……………………………………………………… 135
　　三、导致教师不公正现象的原因分析 …………………………………… 137
　　四、教师公正的践行 ……………………………………………………… 141
第四节　教师幸福 …………………………………………………………… 144
　　一、教师幸福的含义 ……………………………………………………… 144
　　二、教师幸福的追寻 ……………………………………………………… 145

第四章　教师职业道德教育 ……………………………………………… 152

第一节　教师职业道德教育概述 …………………………………………… 152
　　一、我国教师职业道德教育模式的演进 ………………………………… 153
　　二、我国教师职业道德教育发展的新趋势 ……………………………… 155
　　三、我国教师职业道德教育的规划与实施 ……………………………… 156

第二节　教师职业道德教育的形式 …………………………………… 159
　一、职前教师职业道德教育 …………………………………………… 159
　二、职后教师职业道德培训 …………………………………………… 163

第五章　教师职业道德修养 …………………………………………… 171

第一节　教师职业道德修养概述 ………………………………………… 171
　一、教师职业道德修养的含义 ………………………………………… 171
　二、教师职业道德修养的内容 ………………………………………… 172

第二节　提升教师职业道德修养的途径和方法 ………………………… 175
　一、提升教师职业道德修养的途径 …………………………………… 175
　二、提升教师职业道德修养的方法 …………………………………… 177

第六章　教师职业道德评价 …………………………………………… 192

第一节　教师职业道德评价概述 ………………………………………… 192
　一、教师职业道德评价的含义与内容 ………………………………… 192
　二、教师职业道德评价的功能 ………………………………………… 194
　三、教师职业道德评价的意义 ………………………………………… 194
　四、教师职业道德评价的原则 ………………………………………… 196

第二节　教师职业道德评价的标准、形式与方法 ……………………… 198
　一、教师职业道德评价的标准 ………………………………………… 198
　二、教师职业道德评价的形式 ………………………………………… 199
　三、教师职业道德评价的方法 ………………………………………… 202

第三节　教师职业道德评价机制的建构 ………………………………… 204
　一、确立发展性教师职业道德评价观 ………………………………… 204
　二、完善教师职业道德评价标准 ……………………………………… 205
　三、丰富教师职业道德评价方式 ……………………………………… 206
　四、建立反馈和激励机制 ……………………………………………… 207

主要参考文献 ……………………………………………………………… 212

附录 ………………………………………………………………………… 214

再版后记 ………………………………………………………………… 235

绪　论

学习目标

1. 了解教师职业道德的含义。
2. 学习、理解和实践教师职业道德的意义。
3. 了解教师职业道德形成与发展的过程。

第一节　教师职业道德概述

绪论第一节

一、职业与职业道德

职业是社会分工和劳动分工的产物。所谓职业，就是人们的专门业务，它既是以社会分工为纽带的社会关系，又是人们所从事的正当业务及对社会承担的必要职责，并且还是人们以此作为主要生活来源的社会活动。因此，职业生活既是人类社会存在和发展的最基本的社会组成形式，又是个体存在和发展的基本途径。

在职业活动中，如何处理职业活动与社会需求的关系，如何处理职业内部和不同职业之间的关系，以及职业活动者如何对社会尽职尽责，自觉履行自己的义务，构成了职业道德建设所要解决的问题。职业道德就是适应各种职业需要而必然产生的道德规范，是人们在履行本职工作过程中所应遵循的行为规范和准则的总和。职业道德的基本特点主要有：一是专业性，道德是调节人与人之间关系的价值体系。鉴于职业的特点，职业道德调节的范围主要限于本职业的成员，而对于从事其他职业的人就不一定适用。二是传承性，每种职业都有其特殊的道德内容，这些内容是在特定职业长期的、反复的社会实践中形成的，既可以使不同行业的职业道德相互区别，又能保证自身行业的特色并代代相传，形成一定的连续性和传承性。三是多样性，由于职业道德是依据本职业的业务内容、活动条件、交往范围以及从业人员的承受能力而制定的行为规范和道德准则，所以，职业道德就是多种多样的，有多少种职业就有多少种职业道德。四是时代性,不同时代的职业道德必然反映出不同的时代特征,因为职业道德的存在和发展离不开特定的社会环境和时代条件的影响和限制。

从现实生活来看,绝大多数社会成员都与一定的职业相联系。所以,除去家庭生活和大众公共领域外,人们的道德实践主要发生在每个人特定的职业活动中。这也就决定了职业道德必然会对人们产生巨大而广泛的影响。职业道德和家庭美德、社会公德三足鼎立,共同组成了社会道德体系的主要部分。

二、教师职业道德

虽然教育作为一种社会活动,是与人类社会共生共在的,但"教师作为一种社会职业,却是在教育有了相对独立的形态——学校——以后才逐渐形成的。也就是说,在奴隶社会中形成的"[①]。教师职业道德是职业道德的一种具体表现形式,主要是指教师在从事教育劳动过程中形成的,用以调节教师与学生、教师与教师、教师与集体、教师与社会等相互关系时所必须遵守的基本道德规范和行为准则,以及在此基础上所表现出来的道德观念、情操和品质。

由于教师职业劳动的目的、对象、手段等不同于其他职业,因此,教师职业道德具有其自身的特点。

(一)教师职业道德要求的高层次性

著名的教育家夸美纽斯曾经说过:"教师是太阳底下最光辉的事业。"因此,教师职业道德较之于其他职业道德有更高的标准和要求。自古以来,教师在传播人类文明、启迪人类智慧、塑造人类灵魂等方面都发挥着不可替代的作用。职业本身的性质决定了教师应具有崇高的精神境界和高尚的道德品质。同时,教师在劳动过程中尽管可以借助多种资源完成教育任务,但最主要的资源还是教师自身,教师不但要掌握渊博的知识,更要具备高尚的道德品质,才能更好地把学生培养成社会所需要的德才兼备的人。

(二)教师职业道德行为的典范性

教师职业道德不仅是对教师自身行为的规范要求,也是对学生进行教育的手段。"为人师表"就是指教师自身的行为具有典范性,是学生乃至社会的道德榜样和示范,因此,教师要向自己提出更高的道德要求,严于律己,以身作则,为人师表,身正为范。一般来讲,教师面对的主要对象是儿童和青少年,而模仿是儿童和青少年的一种重要

---

① 叶澜.新编教育学教程[M].上海:华东师范大学出版社,1991:2.

学习方式。由于正处在发育成长之中,身心各方面都具有很强的依赖性和可塑性,这一阶段的学生对教师抱有一种特殊的信任和依恋,他们时时刻刻观察着教师的言行举止,将其作为自己模仿的对象。这就要求教师时刻注意自身行为,处处为人师表、以身作则。凡是要求学生做到的,自己必须先做到。这种示范不应该是一种虚假的装饰,而应成为教师自身思想和品格的自然流露;不应该是强加给学生的现成模式,强求学生盲目地服从,而应是对学生的启发诱导,鼓励学生独立思考,培养学生的创造性和主体意识。

(三)教师职业道德影响的广泛性和深远性

教师的一言一行对学生的思想、行为和品德等各方面都具有潜移默化的影响,直接影响学生的心灵,进而影响其终身发展。教师的思想道德不仅影响在校学生,还会通过学生和家长影响到整个社会,进而影响社会的进步和未来,因而其影响具有广泛性和深远性。

案例 0-1

人民教师的楷模:张桂梅[1]

张桂梅了解到,越是贫困的山区,给小孩子订娃娃亲的现象越突出,很多女孩子没有读书的机会,很早就结婚生子。为了"解决低素质母亲、低素质孩儿这种恶性循环,解决对山里孩子教育公平的问题",她萌发了创办一所女子高级中学的想法。凭着这份博大深厚的母爱,她四处奔波,筹集建校资金。在这期间,她吃过闭门羹,被人误斥为疯子、骗子,甚至被人放狗出来追咬……2008年9月1日,在各级党委、政府和社会各界的支持下,全国第一所全免费女子高级中学建成,并在丽江四个县区内首次招收100名山区农村贫困女学生。在张桂梅生命里,一段新的长征路由此开始启程。

十多年来,张桂梅在华坪县女子高中有"三件宝贝"最是引人注目:一个小喇叭、一个手电筒、一个诺基亚手机。每天早上五点半,张桂梅的小喇叭准时响起:"姑娘们,起床读书啦。"听到她的声音,学生们快速起床,用五分钟完成洗漱,一路小跑进入教学楼洒扫,十五分钟后坐在教室里开始早自习。

---

[1] 陈洪金.人民教师的楷模:张桂梅[J].社会主义论坛,2019(11):33—35.

每到下课,她的小喇叭就在操场上响起:"跑步啦,快点快点。"每天放学时,她的小喇叭又在食堂门口响起:"姑娘们,快点,跑起来。"学生们从教室一路小跑奔向食堂,整个打饭吃饭的时间只有十五分钟,食堂里除了勺子轻碰碗边的轻响,再没有别的声音。张桂梅的手电筒主要是在学生们安睡之后才用。华坪县女子高中地处狮山脚下,周围都是草木,她经常打着手电筒,用棍子驱赶其中的蛇、蜈蚣和松鼠等野生动物。学校熄灯以后,她还要打着手电筒巡视学校、检查宿舍。直至今天,张桂梅老师依然使用着她那个老旧不堪的诺基亚手机。那个旧手机里,保存着很多学生家长和已经毕业的学生的电话号码,这是她与学生和家长们始终保持畅通联系的纽带。

十多年来,张桂梅老师忘记了折磨她的病痛和不幸,忘记了年龄和生死,就是要让困难群众看到希望,让他们的孩子和所有孩子一样,享受教育的公平。她曾经这样说过:"如果说我有追求,那就是我的事业;如果说我有期盼,那就是我的学生;如果说我有动力,那就是党和人民。"华坪县女子高中建校时,全校只有17名老师和100个学生,现在已有36位老师和430个学生。十多年来,共有903名学生从华坪县女子高中毕业,连续七年高考综合上线率保持100%。张桂梅老师把全部身心献给了祖国西南贫困山区的教育和福利事业,在她身上充分体现了人民教师以德施教的仁爱之心和至善至美的师者大爱。

案例 0-2

苏步青的感触

著名数学家苏步青教授回忆说:"我小的时候是个差等生,学习成绩在全班同学中总是倒数第一。各科比较起来,我的语文成绩较好,有一次我把写的作文交给语文老师,他认为我是抄袭的,并当场讽刺我,使我的自尊心受到很大打击。在他上课的时候,我的眼睛总往外瞅,不愿和他对视。后来,换了一个王老师,他衣着简朴,但很有学问,不歧视我,还鼓励我,讲牛顿、爱因斯坦的故事,改变了我的人生道路。当我从日本留学回来时,第一个想见的便是王老师。"

点评：从以上的案例我们不难得出这样的认识，教师的教育教学过程就是其人格塑造和职业道德素质展示的过程，教师对学生的伤害将会伴随学生生命发展的整个过程。因此，教师必须时时保持一种高度的自觉性，处处用富有科学精神的自制力战胜随意性和自我放任。教师必须把教学过程看成是一个精神和情感的相互交流过程，并善于利用自己丰富的情感、平静愉快的心境和活泼开朗的性格来创造一个轻松、愉快、和谐、向上的教学环境，从而提升教育教学的效果。

三、学习和实践教师职业道德的意义

党的二十大报告指出，"教育是国之大计、党之大计"，要"办好人民满意的教育"，"加强师德师风建设，培养高素质教师队伍，弘扬尊师重教社会风尚"。教师职业道德是合格教师必备的职业素养之一，也是教师素质的最高表现形式。学习和实践教师职业道德对教师、学生和社会都具有重要的意义。

（一）对教师起调节和教育作用

首先，学习和实践教师职业道德有助于教师有效调节各种人际关系，保证教育活动的正常运转。教育活动中的人际关系是极其复杂的，包括教师与教师之间的关系、教师与学生的关系、教师与学校领导的关系、教师与家长的关系等。在这些错综复杂的关系之中，必然会存在各种利益矛盾和冲突，要正确、妥善地解决各种矛盾、协调利益关系，必然要遵循一定的规范。教师职业道德规定了教师处理个人利益与集体利益和社会利益的道德原则，指明了教师在教育活动中应遵守的规范和要求，引导教师在教育过程中正确规范自己的行为，合理调节教师在教育过程中面对的各种关系和矛盾，从而保证教育工作的顺利开展和教育任务的圆满完成。

其次，学习和实践教师职业道德有助于教师克服困难，坚定职业道德信念。教师的职业生活是复杂而艰苦的，这就需要教师具备坚定的职业信念和一定的奉献精神。系统地学习教师职业道德的专门知识，掌握教师职业道德的基本原则和重要范畴，能够使教师从理论高度深刻认识提高教师职业道德修养的重要性，增强其选择正确的教育行为的自信心和主观自觉性。通过理性的思考和反复的实践，教师职业道德才会从外在的道德要求逐步转变为教师内心的法则，从而使教师进一步坚定自己的道德立场和道德信念。

（二）对学生起榜样和带动作用

教师劳动的示范性以及儿童和青少年学生的"向师性"决定了教师是学生最

直观的榜样。在学校生活中,儿童和青少年不仅从书本里学习善恶观念,更主要的是从教师的言行举止间表现出来的道德意识和道德行为中汲取是非、善恶的观念。正如苏联教育家柯瓦列夫(Ковалев)所言:"儿童从小就把自己的老师看作他们要努力学习的道德模范。"因此,崇高的教师职业道德对于儿童和青少年学生来讲是一种巨大的教育力量。

(三) 对社会起影响和促进作用

教师是与社会有广泛联系和对社会有特殊影响的职业。学习和实践教师职业道德不仅对学校生活产生影响,也会通过各种途径和方式,直接或间接地对社会生活起影响和促进作用,是社会形成良好道德风尚的催化剂。这一作用主要通过三个渠道来实现[①]:

1. 通过培养学生的优良道德品质广泛影响社会

教师在自己的职业活动中所表现出来的面貌,会直接影响学生道德品质的形成。学生会将在学校里培养和发展起来的道德品质直接带往社会的各行各业,从而对整个社会的道德风尚产生广泛而深远的影响。

2. 通过教师亲自参加社会生活影响社会

每一位教师除了拥有自己特定的职业生活,还是社会大家庭中的一分子。在参加学校的教育生活之外,教师还将作为一名社会成员亲自参加各种社会活动,由此对社会生活施加影响。当社会不正之风盛行,严重地腐蚀人们的灵魂、毒害青少年学生的时候,那些具有高度社会责任感的教师会积极地参与到社会生活中来,通过著书立说等各种各样的方式努力改造环境,净化社会风气。

3. 通过教师个人的道德品质影响自己的家庭、亲友和邻里

良好的师德是教师在教育活动中长年累月形成的道德情感和道德品质,它不会因为离开职业生活而消失。相反,教师会把这种已形成的优良品质带进家庭生活和周围环境中,在家庭生活中尊老爱幼,与邻里和睦相处,与亲朋友好往来,在公共生活中乐于助人、遵纪守法。这些行为无疑会对良好社会风气的形成起到积极的促进作用。

---

① 钱焕琦.教师职业道德[M].4版.上海:华东师范大学出版社,2020:31.

第二节 教师职业道德的形成与发展

一、我国教师职业道德的形成与发展

（一）中华人民共和国成立前教师职业道德的形成与发展

1. 教师职业道德的起源

作为与人类共生共在的社会现象，教育有着悠久的历史，并随着人类社会的发展而变迁。原始社会时期，由于生产力水平极其低下，社会生活极为简单，教育不发达，没有专门的学校、教师和学生，教育活动主要是在人们的生产和生活过程中进行的。通过生产劳动等社会生活，年长一代向新一代传授取火、制造工具、捕猎等知识技巧；通过衣食住行等日常生活，年长一代向新一代传授群体部落的风俗、礼仪、习惯和道德。可见，那时教育活动中的只有一些粗浅的行为习惯和朦胧的师德意识，是师德产生的萌芽时期。

2. 先秦时期的教师职业道德

随着经济、文化的发展，社会出现了脑力劳动与体力劳动的分工，加上文字的出现，教育活动逐渐从萌芽状态进入更有意识、有目的的状态，开始和其他社会活动产生分化。在这样的历史条件下，设置一些专门的教育工作人员和专门的教育机构成为可能。随着学校和教师职业的产生，对于教师的道德要求也逐步生成，并随着社会的发展而不断明确和完善。

我国最早对教师提出明确的道德要求是在商周时期。不过，此时教师还没有成为一个独立的职业，往往是由奴隶主阶级的官吏兼任，有"政教合一""官师合一"的性质。因此，这一时期对教师的道德要求大多夹杂在政治道德之中，尚未产生明确的教师职业道德理论和实践。

先秦时期，中国社会处于大动荡、大变革时代，生产关系急剧变化，各种学派应运而生。各派学者纷纷聚徒讲学，宣传自己的政治思想、学术观点，形成百家争鸣的局面。教育史上具有划时代意义的私学由此兴起。在私学形成的过程中，专职教师开始出现，这时才真正产生教师职业道德。我国著名教育家孔子不仅开私学之先河，而且提出了一套我国历史上最早的、比较完整的教师职业道德规范。在道德教育态度上，他要求教师要有"学而不厌，诲人不倦"的良好品德，要有"发愤忘食，乐以忘忧"的精神;在道德教育方法上,强调教师要因材施教,对受教育者要"视其所以,观其所由,察其所安";在道德修养方法上,还要求教师以身作则,为人师表,做到身教重于言教,肯定师德的榜样作用,"其身正,不令而行,其身不正,虽令不从""不能正其身,如正人何"。孟子继承了孔子的教育思想,在道德修养方法上,主张教师应坚持用高标准严格要求受教育者,采取启发诱导的方法教育学生,"君子引而不发,跃如也,中道而立,能者从之""君子深造之以道,欲其自得之也"。他也要求教师本人以身作则,以身示范,做出表率,"贤者以其昭昭,使人昭昭",必须正己然后才能正人;教师本人说得再有道理,自己不去做,他的说服教育也就没有力量。荀子则将教师与天地君亲相提并论,在提高教师地位的同时,也在师德方面提出了重要见解。他指出,"师术有四,而博习不与焉。尊严而惮,可以为师;耆艾而信,可以为师;诵说而不陵不犯,可以为师;知微而论,可以为师"①。也就是说,当教师的人,除了有渊博的学问之外,应具备四个基本条件:第一,要有尊严和威信;第二,要有丰富的阅历和崇高的信仰;第三,讲学要能有条有理,循序渐进;第四,要知识精深,通晓细微的道理并加以阐发。在道德修养上,要求教师坚持努力,日积月累逐步提高,"积土成山,风雨兴焉;积水成渊,蛟龙生焉;积善成德,而神明自得,圣心备焉"②。荀子还特别强调师德修养的实践作用,"不闻不若闻之,闻之不若见之,见之不若知之,知之不若行之,学至行之而止矣"③。

先秦时期是中国文化教育的开创时期,先秦诸子的道德学说为中国道德的发展奠定了雄厚的基础,后来的文化教育、道德理论包括师德理论,大都可以从先秦找到根源。

3. 汉唐时期的教师职业道德

秦汉以后,随着教育职业活动的蓬勃发展,人们对教师职业道德的认识也在教育实践中不断丰富、充实和完善。西汉时期,确立了中国封建社会教育的雏形,也奠定了封建社会教师职业道德的基础。西汉著名的思想家扬雄在其著作《法言》中说:"师者,人之模范也",要求教师为学生做出表率,成为学生效仿的楷模。唐朝是我国封建社会文化教育的鼎盛时期,学校已相当完备,教育极为昌盛,加上唐代历代君主都十分重教重学、尊师重道,师德得到了空前的发展。唐代大思想家韩愈不仅提出"师者,所以传道受业解惑也",指明了教师的责任,而且还提出"是故弟子不必不如师,师不必贤于弟子",要求教师甘为人梯,有培养学生"青出于蓝而胜于蓝"的超越精

---

① (清)王先谦.荀子集解[M].沈啸寰,王星贤,点校.北京:中华书局,1988:263.
② (清)王先谦.荀子集解[M].沈啸寰,王星贤,点校.北京:中华书局,1988:7.
③ (清)王先谦.荀子集解[M].沈啸寰,王星贤,点校.北京:中华书局,1988:142.

神,对后世教师职业道德规范的发展产生了重要的影响。

4. 宋元明清时期的教师职业道德

宋元明清时期,中国封建社会从鼎盛渐至衰落。宋代理学家们从"知行合一"的角度阐述了关于教师职业道德的伦理思想。朱熹制定的《白鹿洞书院教条》是我国古代关于师德规范最完整、最清晰的论述,"博学""审问""慎思""明辨""笃行"是书院教条中提出的师生共勉的道德规范。明清两代沿袭宋代书院讲学风气。教育家王夫之认为,教学者要"正其志""善教人者,示以至善以亟正其志,志正,则意虽不立,可因事以裁成之""欲明人者先自明",否则"大义不知其纲,微言不知其隐""实则昏昏也",是不能担当教师之职的。1897年,盛宣怀创办了我国教育史上的第一所师范学校南洋公学师范院。盛宣怀把师范生的道德品质训练分为五个层次:第一层之格,曰学有门径,材堪造就,质成敦实,趣绝卑陋,志慕远大,性近和平;第二层之格,曰勤学诲劳,抚字耐烦碎,就范围,通商量,先公后私;第三层之格,曰善诱掖,密稽察,有条理,解操纵,能应变;第四层之格,曰无畛域计较,无争无忌,无骄矜,无吝啬,无客气,无火气;第五层之格,曰性厚才精,学广识通,行正度大,心虚气静。达到第五个层次才算达到教师道德水准。

5. 近代社会的教师职业道德

鸦片战争以后,中国逐渐沦为半殖民地半封建社会,文化教育的性质发生了深刻的变化。以康有为、梁启超、蔡元培等为代表的一大批教育家对教师职业道德提出了新的规范要求。

清末改良派领袖康有为是19世纪末向西方寻求真理的先驱人物。他十分重视师德修养,对师德颇有研究。他认为儿童正处在发育生长期,易受外界环境的影响,缺乏自理能力,需要有教师的照顾和关怀,这就要求小学教师不仅应具备良好的德性学问,还应有慈母般的情怀。因此他提出,小学教师"当选任德性仁慈,威仪端正,学问通达,诲诱不倦者完之"。中学生特别是初中生意识还不成熟,自立性、持久性、沉着度和自制力等未达成人水平,常常出现有始无终、忽冷忽热、不守纪律的行为,更需要有德才兼备的教师加以指导。因此"中学之师,尤当妙选贤达之士,行谊方正,德性仁明,文学广博,思悟通妙,而又诲人不倦,慈幼有恒者方当此任"。可见,康有为对教师选拔的要求是极为严格的,针对不同教育对象提出了不同的师德要求。

我国著名教育家蔡元培也极为重视教育工作,对教师职业给予高度评价,他说:"小学教员在社会上的位置最重要,其责任比大总统还大些。"为使教师堪担此重任,他要求教师的行为和品质应成为学生的楷模。他对师范生演讲时曾说过:"什么是师范？范就是模范,为人的榜样。"他不仅要求教师为人师表,而且他本人也时时处处做出表率,为后世树立了光辉的师德榜样。

五四运动后,马克思主义在中国传播,开辟了教育文化发展的新纪元。从此,中国教师职业道德的发展也进入了一个新阶段。教育家陶行知先生,被人们誉为"人之模范",他甘愿抛弃教授之位,放弃舒适安逸的城市生活,亲自到贫穷落后的农村创办"乡村教育",为自己定下了师德的标准。他说:"乡村人民儿童所敬爱的教师应该具备健康的体魄,农民的身手,科学的头脑,艺术的兴味,改造的精神。"[①]他严于律己,好学不倦,认为做教师的人必须天天学习,天天接受再教育,才能有教学之乐,而无教学之苦。

(二) 中华人民共和国成立后教师职业道德的发展与完善

中华人民共和国成立之后,特别是改革开放以来,国家的社会发展取得了巨大进步,师范教育的水平得到了显著的提高,我国师范教育发展开启了崭新的篇章。随着社会的发展和教育事业的进步,社会主义的教师职业道德也在不断地发展和完善。

1983年2月,原国家教委颁布了《中等师范学校学生守则(试行草案)》,在政治思想、道德品质和教育等方面对中等师范学校学生提出了基本要求,并将其作为每个中等师范学校学生应该遵守的行为准则和道德规范。1984年10月,教育部、全国教育工会颁发了《中小学教师职业道德要求(试行草案)》,对中小学教师职业道德作了规定。1991年8月13日,原国家教委和全国教育工会对上述的《中小学教师职业道德要求(试行草案)》作了修订,制定并颁发了《中小学教师职业道德规范》。为了适应形势发展的需要,加强师德建设,原国家教委和全国教育工会于1997年8月7日重新修订并颁发《中小学教师职业道德规范》,其八条主要内容分别是:依法执教,爱岗敬业,热爱学生,严谨治学,团结协作,尊重家长,廉洁从教,为人师表。并对每条都作了更加详细的相应规定。1997年9月4日,《中国教育报》和同年第10期《人民教育》在发布《中小学教师职业道德规范》时,分别在评论员文章《把师德建设提高到新水平》和短评《加强师德的重要举措》中,将爱岗敬业、教书育人、为人师表作为师德的核心内容、以及社会对教师职业道德的最基本的要求。2008年9月1日,教育部和中国教科文卫体工会全国委员会又联合颁布了新修订的《中小学教师职业道德规范》,其六条内容为爱国守法、爱岗敬业、关爱学生、教书育人、为人师表、终身学习,充分体现了"以人为本"的理念,较好地处理了继承和创新的关系,具有鲜明的时代

---

① 陶行知.陶行知教育文选[M].北京:教育科学出版社1981:90.

特征。2019年11月15日,教育部等七部门印发《关于加强和改进新时代师德师风建设的意见》,该意见深入贯彻落实了习近平总书记关于教育的重要论述和全国教育大会精神,对于加强和改进新时代师德师风建设,倡导全社会尊师重教有着重要推动作用。

二、国外教师职业道德的发展演变

尽管世界上各个国家的历史传统、文化背景和社会制度不尽相同,对于教师职业道德的表达方式和实施手段存在差异,但有一点是相同的,就是各国在不同的历史时期,都非常重视教师职业道德的研究和建设。通过对国外教师职业道德的纵向分析和横向比较,了解和把握世界各国的先进经验和发展规律,对推动我国教师职业道德建设有重要的现实意义。

(一)外国古代教育史上教师职业道德的发展[①]

1. 古希腊、罗马时期的师德观

古希腊、罗马时期的师德观主要有两种。一种认为教师应该严格要求学生,学生应该绝对服从教师,提倡教师对学生实施体罚。柏拉图提出必须使儿童服从教师,由教师对儿童进行经常性的监督,如果他们不服从,就使用"威胁和殴打"手段迫使其服从。甚至对于儿童的游戏,他也非常强调纪律,认为"如果游戏中缺乏纪律,儿童与之同化,要求他们长大后成为严肃而守法的人则是不可能了"。另一种观点认为教师应对学生友善,应依靠自身的才德把学生教育成为品德高尚的人。古希腊哲学家德谟克利特认为教师应教育学生多动脑筋、勤于思考,"应该尽力想得更多,而不是知道得更多"。亚里士多德强调通过实践养成良好的习惯,他是西方最早提倡"习惯成自然"的人,他还要求教师必须在学习、品德、人格、习惯上为学生树立良好的榜样,为人师表。昆体良是西方第一个系统论述教师职业道德的人,他认为,要做好教育教学工作,要培养完美的雄辩家,教师是至关重要的。昆体良对教师提出了极高的要求:首先,教师必须在道德上是值得学习的榜样,他既不能允许学生失德,更不能允许自己失德;其次,教师要以父母般的感情对待自己的学生,既爱护备至,又严格要求。

2. 中世纪的师德观

在中世纪,基督教会成为一种举足轻重的政治力量,并且垄断了当时的学校教育。所以,中世纪的教育具有明显的压制儿童天性发展的权威主义特点。但仍有

---

① 李国庆,赵国金.西方教师职业道德发展研究及借鉴[J].高校教育管理,2011(5):51—55.

一部分经院哲学家在理性指引下,开始从尊重儿童的视角向教师提出相应的要求,如托马斯·阿奎那提出:"在教学过程中,教师应当充分考虑到学生的心智活动状况和学生的个人经验以及接受知识的能力,努力调动学生的积极性,激发学生的思考,避免盲目地向学生灌输知识,与此同时,教师应当考虑到学生的个性差异。"① 经院哲学家安瑟伦在与一位修道院院长谈话时,阐发了关于教师职业道德的见解。他说:"一个著名的教育制度却正在把人变成牲口。告诉我,如果在你的庭院中种一棵树,你紧紧地把它绑起来,不给它生长枝叶的地方,结果会是什么呢?这些可怜的孩子交给你了,你就应该帮助他们成长,使他们思想成熟;但是如果不给他们自由,其身心发展必遭挫折。如果从你这里得不到温存,他们就将从错误的角度来看待一切。"②

3. 文艺复兴时期的师德论述

文艺复兴时期的教育思想家反对教师的权威主义和对学生的体罚,崇尚自由精神。他们期望发展儿童的积极性和独立性,并激发儿童的创造性。意大利人文主义教育家维多里诺主张对学生实行自治,减少惩戒,禁止体罚。维夫斯要求教师尊重儿童,在他看来,"没有比教师用残酷和威胁、发怒和鞭打,要求幼小儿童做这做那,更为愚蠢的了。这样的老师,他们自己就应该受鞭打"。伊拉斯谟认为,教师应关心儿童的身心发展,尊重儿童的个性,要鼓励与严厉并重,在对学生有深入了解的基础上,去说服教育学生。文艺复兴时期的师德论述还非常强调教师自身素质,强调教师要德才兼备。夸美纽斯在《组织完善的学校的要法》一文中宣称:"教师的职责伟大而光荣,是太阳底下最光辉的职业,教师要充分了解自己职业的社会意义,充满自尊心和自信心,加强品德修养,成为道德卓越的人;教师的职责在于用善良的范例,以诚恳、积极、顽强的态度去诱导学生,做学生的表率;教师应当无限热爱自己的工作,教师自己愈是热忱,他的学生愈会显得热心。"③ 在乌克兰和白俄罗斯,有的学校规定了教师应具有如下的品质:"教师还必须教导并热爱所有儿童,不论是富家子弟和贫苦孤儿,或是那些街头行乞的丐童,都应一视同仁。教导儿童应该视其才力之所能及,不得对某些学生努力教导,而对另一些学生教导不力。"④

---

① 转引自李国庆,赵国金.西方教师职业道德发展研究及借鉴[J].高校教育管理,2011(5):51—55.
② 伊丽莎白·劳伦斯.现代教育的起源和发展[M].纪晓林,译.北京:北京语言学院出版社,1992:33.
③ 转引自李国庆,赵国金.西方教师职业道德发展研究及借鉴[J].高校教育管理,2011(5):51—55.
④ 转引自施修华.教育伦理学[M].上海:上海科学普及出版社,1989:18.

(二) 外国近代教育史上教师职业道德的发展①

外国近代师德观主要包括两种观点。一种是教师要培养学生在德、智、体各方面的能力。英国教育家洛克认为,教师的责任是培养学生的绅士风度,使其形成良好习惯,具备德行和智慧,在学生需要的时候,给他力量、活力和勉励。瑞士著名教育家裴斯泰洛齐认为,教师要引导学生向善,激发他们纯洁的、高尚的道德情感,使学生认识到善,具有纯净的心灵。他明确指出:"我的初等教育思想,在于依照自然法则,发展儿童道德、智慧和身体各方面的能力,而这些能力的发展,又必须顾及它们的完全平衡。"②另外一种观点是教师组织教学要顺应儿童成长的层次性、规律性,顺应儿童的身心发展进行教育。卢梭在《爱弥尔》中指出,自然自由地发展就意味着像植物那样生长发育。因此,教师就要像园丁一样精心护理儿童,给他们提供"自我开拓心灵"的空间。福禄培尔也认为,教育要遵循自然万物发展的正确道路,要遵循儿童的天性,他认为儿童的天性是善的。

(三) 外国现代教育史上教师职业道德的发展

为加强教师职业道德建设,世界各国建立了一系列的相关措施和机制,并逐渐将其发展为系统化的职业道德规范,以保证教师在职业道德习惯养成中和社会在对教师道德行为评价时有规可依、有章可循,保证教师在实施学校道德教育中主体地位的充分发挥,并在实践中取得了良好的效果。

1. 美国教师职业道德发展概况

在美国,职业道德一般称为职业伦理(professional ethics)。教师职业伦理规范是用于调节教师工作所涉及的各种关系的行为准则。长期以来,美国一直重视对于教师专业伦理的理论研究和实践推行。美国对于师德规范的设定最早出现在19世纪。1896年,美国乔治亚州教师协会颁布了教师专业伦理规范,随后,各州相继仿效。美国全国教育协会成立之后,在大量调查访谈的基础上,于1929年通过了《教学专业伦理规范》,期望以理想的教师形象带动教师伦理建设,并在1941年和1952年进行了两次修订。与1929年颁布的规范相比,这两次修订虽然在内容与执行等方面均发生了一些变化,但总体而言,前期规范的精神较为完整地在这两次修订中得到了保留。这一时期,全美教育协会对规范宣传与执行中的问题给予了大量关注,以促使新修订的规范发挥实效。

---

① 李国庆,赵国金.西方教师职业道德发展研究及借鉴[J].高校教育管理,2011(5):51—55.
② 张焕庭.西方资产阶级教育论著选[M].北京:人民教育出版社,1979:206—207.

1960年,全美教育协会再次对规范提出修订,并获得了所有附属机构的赞同。基于这一决议,专业伦理委员会对规范进行了修订,这一修订本在1963年全美教育协会底特律代表大会上获得通过,并更名为《教育专业伦理规范》(Code of Ethics of the Education Profession)。到1965年,该规范已经得到了全美教育协会所有附属机构的一致通过,并首次取代此前较低级别的伦理规范,成为唯一得到全美认可的专业伦理标准,成为美国教育工作者职业行为过程中具有法理权威的伦理信条。在统一规范确立的背景下,美国全国教育协会又先后于1968年、1972年和1975年对伦理规范进行了修订。1975年,全美教育协会专门成立了检查委员会,以取代专业伦理委员会。协会规定,对于那些被指控违反《教育专业伦理规范》的事件,检查委员会有裁决权;同时,它有权指责、吊销或开除会员;行政官员或是执行委员会成员有权提出控告并审查管理部门实施协会章程与法规的行动。至此,全美教育协会《教育专业伦理规范》经过长达50余年、前后共6次的修订,最终定稿。

20世纪80年代,美国对教师"专业化"的探索达到高潮,教师专业伦理的研究也得到进一步深化。1983年,美国发表《国家处于危险之中》的报告。1986年,卡内基教育与经济论坛和霍姆斯小组分别发表了《国家为21世纪的教师作准备》和《明日之教师》两份报告。以此为契机,美国明确提出了教学专业化的要求和追求优质教育的目标。优质教育必须以优良师资作为保障,为了保障优良师资的培养,美国教师专业标准委员会制定了《教师专业标准大纲》,各州在此基础上还制定了更为细化、便于操作的教师专业标准,以保障培养优质教师的美好愿望能够得到落实。1996年制定的《优秀教师行为守则》共提出了26条要求,其中有21条涉及道德方面。具体内容是:(1) 记住学生的姓名;(2) 注意参考以往学校对学生的评语,但不持有偏见,并且与辅导员联系;(3) 真诚对待学生,富有幽默感,力争公道;(4) 要言而有信,步调一致,不能对同一错误采取今天从严、明天从宽的态度;(5) 不得使用威胁性语言;(6) 不得因少数学生的不轨而责备全班学生;(7) 不得当众发火;(8) 不得在大庭广众之下让学生丢脸;(9) 注意听取学生的不同反映,但同时也应有自己的主见;(10) 要求学生尊敬教师,教师对学生也要以礼相待;(11) 不要与学生过分亲热或过分随便;(12) 不要使学习成为学生的精神负担;(13) 在处理学生问题时如存偏差,应敢于承认错误;(14) 避免与学生公开争论,应个别交换意见;(15) 要与学生广泛接触,相互交谈;(16) 少提批评性意见;(17) 避免过问或了解学生们的每个细节;(18) 要保持精神饱满,意识到自己的言谈举止都会影响学生的行为;(19) 要利用电话等手段与学生家长保持联系;(20) 在处理学生问题时,要注意与行政部门保持联系;(21) 要严格遵守学校规章制度。①

由此可见,美国的师德建设注重的不是师德理想,而是师德规则。这些规则直接制约着教师各方面的行为,对教师这一特定的职业作出规范。

2. 日本教师职业道德发展概况

日本对教师的伦理道德的研究是从探讨"教师形象"开始的。纵观历史,日本的教师观因时代不同而各异,主要有明治维新以后提出的,要求教师绝对效忠天皇,生活上甘于清贫,道德上完美无缺的"教师圣职者论",第二次世界大战后出现的维护教师权益的"教师劳动者论",以及 20 世纪 70 年代后的"教师专业性职责论"。三种教师观,分别反映了不同时代理想的教师形象,同时也对教师的职业道德提出了不同的要求。

明治维新后,日本开始了现代化的进程,大力创办师范学校,注重培养教师。但日本的现代化从一开始就具有国家主义倾向,依照尊王爱国之策,日本政府要求教师成为国家的"奉献者",主张"师魂通士魂",即要求教师应有武士风度,逐步形成了"士族教师形象"。明治十九年(1886 年),日本第一任文部大臣森有礼制定师范学校令,锐意革新师范教育。该令为师范生提出"顺良、信爱、威重"的培养目标,并以之作为理想的教师形象,对以后日本师德规范的形成产生了巨大的影响。

第二次世界大战的战败,宣告了日本军国主义天皇制国体结束。1947 年,日本教职员组织成立并通过了以提高教职员地位与建设民主主义教育文化为目标的《宣言》。广大日本教师在对本国政府发动的侵略战争的反思中觉醒,放弃原来效忠天皇的"教师圣职者论",力图追求民主主义的"现代教师形象"。1952 年,日本教师联合大会通过的《伦理纲领》作为正式的师德规范颁布,至今仍然被广泛运用。该纲领规定:(1)教师要肩负日本社会的使命,同青少年一道生活;(2)教师要为教育机会的均等而斗争;(3)教师要保卫和平;(4)教师要站在科学真理的立场上行动;(5)教师不容许教育自由遭受侵犯;(6)教师要寻求公正廉明的政治;(7)教师要同家长一道跟社会的颓废作斗争,创造新文化;(8)教师是劳动者;(9)教师要维护生活权益;(10)教师要团结。1959 年起,"道德教育研究"被列为日本师资培训课程的必修科目。

20 世纪 60 年代后期开始,随着日本经济和教育事业的高度发展,教师职业伦理道德问题日益受到重视。通过大量出版和传播关于教师道德和教师职业伦理方面的著述,日本社会各界基本上确认了"教师职业是专业性职业,教师是从事专业性职业的专业人才"的教师观。日本当代著名教育家小原国芳撰写的《师道》一书,对师德的

---

① 傅维利.教师职业道德教育指南[M].北京:高等教育出版社,2009:65.

本质、内容、发展的条件等作了探讨,强调教师应当有独立、自尊、自信、自恃的伟大精神,应具有天下一流人物的自豪感,应努力在真、善、美、体育、劳动等方面全面完善自己,成为"完人式的理想教师"。日本教育家皇至道在《人类教师与国民教师》一书中分析了教师提高职业伦理素养的必要性,认为"教师的专业性与它的伦理性有深刻的关系"。他指出,关爱儿童和学生是教师的基本素养。教师要不断反省自己的道德、知识,才能看到自己的不足之处。不断地磨炼自己个性的教师,可以说是真正具有童心的教师。此外,新堀通也在谈到教师的道德时强调了教师以身作则的重要性。他说,在道德教育中,作为楷模的教师起到了决定性的作用。即使教师通晓古今东西的伦理学说,精于说教艺术,但要是其知识与说教没有行动作依据的话,孩子就将从教师那里学到言行不一,并对其所讲的道德产生怀疑。因此,在道德教育活动中,不仅要重视"孩子的道德"和"面向孩子的道德教育",而且也要留心"教师的道德"和"面向教师的道德教育"。

(四) 联合国教科文组织等国际机构关于师德规范的规定[①]

联合国教科文组织是一个处理国际教育、科学、文化问题的机构。它所开展的大量工作促进了世界和平、教育、科学、文化的进步与发展,其制定与发表的各类文件报告,如《学会生存——教育世界的今天和明天》《从现在到2000年教育内容发展的全球展望》《教育的使命——面向21世纪的教育宣言和行动纲领》《教育——财富蕴藏其中》等,都提出了富有创见的教育理念、教育基本概念、教育行动纲领,直接推动了世界各国的教育改革与发展,为世界的和平与发展和人类社会的文明与进步作出了特别的贡献。

1. 联合国教科文组织关于师德规范的规定

联合国教科文组织高度关注师德问题。在有关教师地位、教师作用、教师教育等主题的文件中,都有关于教师道德规范方面的论述。

1966年10月,联合国教科文组织通过了《关于教师地位的建议书》。建议原案由联合国专门机构之一的"国际劳动机关"与联合国教科文组织在1966年1月共同举办的专家会议上提出,所以这份文件也被称为《国际劳动机关·联合国教科文组织的建议》。联合国教科文组织在《关于教师地位的建议书》中提出的师德理想是:"应以人类个性的全面发展,以集体精神的、道德的、社会的、文化的和经济的进步、以及以对人权和基本自由极大尊重的谆谆告诫为目标,将最主要的注意力集中于教育对于

---

① 傅维利.教师职业道德教育指南[M].北京:高等教育出版社,2009:58—60.

和平以及对于各民族、种族或宗教集团间了解、宽容和友谊所作的贡献上。"而制定师德规范的指导原则是:"将对学生的教育损失减少到最低限度。"这个建议书提出的具体师德规范如下:

(1) 教师不得以种族、肤色、性别、宗教、政治见解、民族、社会成分或经济状况为理由,以任何形式歧视学生。

(2) 教师要为每一个学生提供可能的、最充分的受教育机会,应适当注意对教育活动有特殊要求的儿童。

(3) 教师应具有必要的德、智、体的品质,并且具有必要的专业知识和技能。

(4) 教师要尽一切可能与家长紧密合作,但也不能在教师专业职责等方面受到家长不公正和不应有的干涉。

(5) 教师要积极参加社会和公共生活。

(6) 为了学生、教育工作和全社会的利益,教师要力求与各行政主管部门充分合作。

(7) 教师应参加课程、教学方法和教学设备的改进工作。

(8) 教师要公正地评定学生的学业成绩。

(9) 教师应避免学生发生意外事故。

1975年,联合国教科文组织又提出了《关于教师作用的变化及其对教学专业的职前教育、在职教育的影响的建议》,其中也对教师提出了伦理方面的要求:教师要成为发展学生的能力、兴趣的教育者和顾问;教师要同社区的其他教育团体协作,使青少年为参与社会生活、家庭生活、生产等做好准备;教师要对学生和家长提供辅导和咨询;教师要参与学生课外活动的组织。

2. 国际教师团体协商委员会关于师德规范的规定

除联合国教科文组织外,其他一些世界性团体或组织也曾对世界范围内的师德规范提出要求,如国际教师团体协商委员会等。国际教师团体协商委员会是一个协商机构,由国际教育工会(1946年成立,会员600多万,为世界上最大的职业团体之一)、中学教师国际联合会(1912年成立,会员约12万)和小学教师协会国际联合会(1926年成立,会员约60万)于1948年11月共同发起成立。国际教师团体协商委员会的总部设在巴黎,通常每两个月举行一次会议,会议决议采取一致通过的原则。1954年8月,在国际教育工会的推动下,国际教师团体协商委员会在莫斯科举行第19次会议,到会的有苏联、英国、联邦德国、中国、法国、意大利等国家的教师代表,这次会议通过了《国际教师团体协商委员会教师宪章》。《国际教师团体协商委员会教师宪章》中规定各国都应遵循的师德规范如下:

（1）教师必须尊重学生的思想自由，并鼓励他们发展独立的判断力。

（2）教师要致力于培养作为未来成人及公民的儿童的道德意识，并以民主、和平与民族友谊的精神教育儿童。

（3）教师不能因性别、种族、肤色及个人信仰和见解的不同，将个人信仰和见解强加于儿童。

（4）教师要在符合学生自尊心的范围内实施仁慈的纪律，不得采用强制和暴力。

上述规范对各国教师教育与培训工作产生了广泛的影响。

思考与练习

1. 何谓教师职业道德？
2. 学习和践行教师职业道德的意义是什么？
3. 我国教师职业道德的形成与发展经历了哪几个阶段？

资料阅读

教师道德发展的几个境界[①]

我在《教师专业发展的几个基础性问题》（刊于《教育发展研究》2008年第12期）一文中，解释了教师专业发展中的教师专业究竟指什么、国外教师专业发展理论应如何借鉴、教师专业发展中的发展应如何理解等几个问题，提出了以教师专业发展中的职业道德境界、学科专业层次、职业专业水平来分析"专业发展"的初步设想，试图阐释一种超越形式或符号、超越年龄或教龄的教师专业发展势态。本文尝试解读教师专业发展中的教师道德发展境界。

一、在教师专业发展中讨论教师道德发展

教师道德同医生道德、律师道德等一样，是一种职业道德。职业道德是由特定职业所规定的，不同于一般意义上的人际伦理关系道德。职业的"业"与业务、专业的"业"的意思相同，职业道德的实质就是业务中的道德、专业中的道德。譬如医生道德指的就是医生在治病救人业务中、在医学专业学术活动中的道德，医德与医术、医学相辅相成、相伴相随，它们有着内在的统一性，不等同于医生在非职业领域里的人际伦理关系道德。因此，讨论业务或者专业发展问题，应当包括职业道德的发展，故此教师道德发展也应当纳入教师专业发展中来讨论。

---

① 杨启亮.教师道德发展的几个境界[EB/OL].（2009-06-10）[2016-10-21]. http://www.cnsaes.org.cn/homepage/saesmag/jyfzyj/2009/6/gj090610.htm

而教师道德与一般职业道德相比,又有其特殊的规定性,即教师道德还包括了教师在非职业领域里的人际伦理关系道德。这种特殊规定性在我国教师道德理论与实践中表现得最为突出,与许多西方国家相比,这也是一种中国特色。我国的教师教育一向都被称为"师范教育",这个"范"指的就是道德的模范和榜样,即要求教师身正为范、以身立教、以身作则。这个"范"概括了我们传承千年的教育理解:教师为人师表、道德垂范就是最好的道德教育。也正是这种理解,支持了"师道尊严"学说,如《礼记·学记》中说的"凡学之道,严师为难,师严然后道尊,道尊然后民知敬学"。从语义上看,这是主张维护师道尊严,但究其旨趣却是倡导尊严师道。

本文讨论教师道德发展的几个境界,尝试解读教师道德的发展势态,主要宗旨即希望更清楚地解读"发展"。由于直观道德理性的思维方式的局限,我们解读教育问题,通常会忽视发展,如论教师专业发展通常只论教师专业不论发展。因此在以往的教师道德发展解读中,我们解读的主要是外部规定性的、非自我的、被动遵守的规范道德;研究道德教育过程,探索知情意行辩证统一的过程规律,适应的也是规范道德。我们很少论及教师道德在渐进的运动变化过程中达到的程度、水平、境界,也就说不清教师道德发展的实质,说不清教师道德如何不断地从一个境界趋向另一个更高的境界。

二、遵守规范道德的境界

我们一向重视教师的规范道德,这无疑是必要的。对于新教师来说,特别是对于那些从来没有认真规范过自己、如今却要规范他人的年轻教师来说,如果不知道有哪些职业道德规范,或者说还不能严格遵守职业道德规范,试问何以能够立足?而对于那些经验丰富的教师来说,在市场经济大潮的冲击之下,必须清楚地记得并时时检点自己遵守师德规范的情况,否则岂不枉为人师?因此我们认为,遵守规范道德是教师职业道德发展的基础境界,就像盖房子首先必须完成地基。然而正如盖房子不能只完成地基一样,教师道德还需要发展,发展必须与时俱进,教师道德不能僵滞在遵守规范道德的境界。

或许我们应该认真思考,"规范道德"是一种什么性质的道德?"遵守"是一种什么性质的道德境界?规范道德对教师而言,是外在规定性的、社会所期望的并要求教师遵守特定准则的道德,它是建立在外在价值追求上的、未必同时满足主体价值和主体内在需要的道德;它是规定了相应的评价指标、遵守它可以受褒奖、违反它则可以被惩处的道德。规范道德的价值外在性、非主体性、可以用严格的评价指标予以考评的特点,使其有可能被异化成虚假不实的形式主义的道德,也使有关规范道德的教育有可能被异化成冷冰冰的规训、自欺欺人的教条,因此易遭遇教师们的心理逆反和厌倦。如今是主张弘扬人的主体性的时代,而被动性的遵守、外在性的奖惩,都具有抑制主体精神、漠视主体体验的性质,因此,遵守规范道德的境界是肤浅的。

或许我们应该认真思考,规范道德里的许多关键词,如忠诚、奉献精神、热爱、诲人不倦等,它们已伴随我们走过了教师道德发展的千百年历程,仿佛真的可以规定、遵守、笃行,但有谁能够真正地践行它们或者科学地评价它们?有谁能"让"它们成为教师自己的觉悟?这不仅是太高或者太理想化的问题,而是它们从性质上就不可能由外部规定,也不可能只凭现象、可量化的指标就可以达成,凭所谓的科学统计就可以正确判断。但实践中我们却正是这样判断的,我们把上述关键词慷慨地给予了教师,其中有名副其实、当之无愧的,也不乏滥竽充数、自欺欺人的,甚至还会有欺世盗名者蒙混其间。可以说,遵守规范道德的境界存在着许多不确定性。

或许我们应该认真思考,规范道德即使可以被规定,也能够真正被遵守笃行,依然还有一个如何正确解读的问题。教育,尤其是基础教育,是关系到国家兴亡、百年大计的根本性问题,是关系到中华民族伟大复兴事业的关键性问题,而教师是教育事业的直接责任肩负者,对其道德或不道德的解读,是个复杂且意义深远的问题。如果只是依据急功近利的、狭隘的所谓成功与失败的标准来判断教师道德或者不道德,显然是不够的,甚至是舍本逐末的。譬如单纯的学生考试成绩排名或者升学率高低、各种恶性竞争或者评估,就与教师道德没有太多关联,更确切地说,这里的成功还很可能与教师不道德相关。在如今功利主义盛行的情况下,我们需要对几乎没有异议的师德规范重新进行更高层次的判断,因而也就需要对遵守规范道德的境界本身进行新的解释。

三、拷问良心道德的境界

在人们的经验解释中,凭良心、讲良心之类的说法会给人一种基础道德的印象,但若用西方伦理学有关良心、良知的理论进行严格分析,良心道德的境界并不比规范道德的境界更高。从发展的角度来看,人对待职业的良心道德却必然经历一个由外向内的生成过程,它是人们隐藏于内心的意识活动,让人自觉地意识到自己职业的道德责任,所以具有价值判断与选择的内在性、自觉性、非外部约束或外部评价等特征。因此,在践行遵守职业道德规范基础上养成职业道德良心,就是一个由外在规定转化为内在生成、由外部奖惩转化为内在自觉的过程。同样,在人们的经验解释中,凭良心、讲良心之类的说法还会给人一种超越规范、超越外部评价的印象,这往往是因为道德规范或者道德的外部评价乏力,失去了人们赖以信任的道德意义,因此人们需要用发自内心的道德来支持自己的职业行为。在这样的情况下,拷问良心道德就成为更高层次的道德境界。

让良心面对"忠诚于人民的教育事业、具有奉献精神"的规范道德,时下最需要辨析的是对待教育事业的良心和奉献的良心。事业与职业的根本区别就在于是否有一种劳动"交换关系",奉献的根本特质就在于超越"交换关系",试问,时下有多少教师弄清楚了"教育是事业"这个基本判断,自觉地超越了"交换关系"?基础教育是以"一个都不能少"为基本判断的关乎国民基础素质的事业。当我们为建起了比发达国家更奢华的学校而自豪的时候,当我们为培养了几个精英人才而沾沾自喜的时候,是否想过,数千万农民工子弟的教育、打着赤脚翻几座大山读书求学的孩子的教育,他们是否同样是我们教育的坚强基石?

让良心面对"热爱学生、诲人不倦"的规范道德,时下最需要辨析的是教师对学生的责任心和真爱之心。这里的教师良心道德有个敢于负责、善于负责、全面担待责任的问题。教师向学生负责,意味着面向全体学生、不以贫富贵贱而转移的责任,以及不以学生学业成绩优劣、思想道德水平高低为转移的责任。在教育备受市场经济冲击的现实背景下,这些责任更为严峻地拷问着教师的良心。"世界上最仁慈的职业有两种,一种是医生,另一种是教师",这个说法对教师道德特殊责任的诠释很耐人寻味,试想,如果医生对待贫穷的病人、重病的病人或有疑难杂症的病人不能倍加关爱、竭心尽力,而是厌弃他们乃至放弃治疗,我们能不拷问他的医德吗?同理,如果教师对待家庭经济困难学生、学业成绩不良学生或问题学生不能倍加关爱、竭心尽力,而是厌弃他们乃至放弃对他们的教育,我们能不拷问他的师德吗?

教师对学生的真爱之心,主要是教师能不能为学生的长远发展考虑的问题。在这里,帮助学生奠定一生发展的底线基础、关心底线基础的普遍适应性是最根本的。这两个问题与考试竞争既不矛盾也不冲突,越是出类拔萃的精英人才,就越是要解决好这两个问题。时下对教师良心的拷问在于:我们对学生一生的发展负责了吗?或者我们不惜以其一生发展的底线坍塌为代价,只是为了把他们送进重点中学或者大学?这里说的底线基础,其实就是人之为人的最起码的合格性标准,如健康的体魄、良好的德性、充盈的聪明才智和审美修养、能够自食其力的普通劳动者素养等;所谓底线坍塌,就是达不到最起码的合格性标准。当我们的许多精英连基本的劳动生存能力都不具备时,当许多艺术特长生仅仅把艺术理解为通过各类考级时,当许多学生开始厌恶学习时,我们说那就是底线坍塌了。如果真是如此,只能说我们是在制造昙花一现的教育成功,同时也为学生制造了不堪其忧的未来,这样还能说是为学生长远发展考虑的真爱之心吗?

让良心面对"为人师表、以身作则"的规范道德,时下最需要辨析的是道德的价值与功能。在规范道德中,对此问题是从教育责任的角度来予以解释的。即教师的责任是育人,育人先育己,育己是为了给学生树立榜样。在我看来,这样的解释有双重"失落":一是它"失落"了教师的存在就是榜样,就是客观存在的教育,无论教师是否意识到,其行为都会对学生有所影响;二是它"失落"了教师的自我教育与自我发展,教师对学生的道德良心同时也是对自己的道德良心,教师不只是教育培养学生,同时也是教育发展自身。换句话说,教师不只是为了给学生做榜样才严于律己、宽以待人。教师以诚信待自己,这同时就是向自己负责,教师如果有自尊自爱之心,事事处处向自己负责,必定会自强不息地发展自我,自然也就能以身立教。

四、体验幸福道德的境界

无论是中国传统的忠恕之道、仁义之德,还是我们现在所说的教师职业道德,它们都有一个共同特征,即道德具有某种给予他人、赋予他人、容忍自我、牺牲自我的性质。正因如此,人们才会赞许和褒扬道德,才用高尚、崇高、伟大等词评价教师道德。夸美纽斯说的"太阳底下没有比教师这个职业再高尚的了"才成了前无古人、后无来者的教师道德评价,而如蜡烛、春蚕、梅花、人梯等的比喻,才成了这种评价的最形象写照。诚然,这可能是教师道德的写实性评价,在许多教师道德楷模那里也可能是真实的。但这里忽视了一个重要问题,即教师是主体的人,他有属于自己的主观体验,以上美好评价毕竟只是规范道德范畴的评价,是外在评价、他人评价、社会评价,却未必是教师自己的主观感受。而我们所说的幸福道德,是指主观感受和体验的道德,它是教师在自己热爱的教育事业和朝夕相处的学生中获得的。一个真正拥有体验幸福道德的教师,会用"太阳底下没有比教师这个职业更幸福的了"来回答夸美纽斯,因此,体验幸福道德是更高的教师道德境界。

忠诚于事业、有奉献精神、热爱学生也热爱自己的教师,应当就是拥有幸福道德的教师。如果他不只是个停留在职业交换关系水平上的工具性的人,而是在这个过程中实现着自我精神追求的人;如果这种自我实现的过程是充实的和有意义的,他同时也就可能拥有了马斯洛论自我实现境界时所说的"忘我"的境界。燃烧的蜡烛正是在照亮他人的同时辉煌自我、张扬自我的,它未必就得体验"蜡炬成灰泪始干"的凄楚,我们为什么一定要把殉道者而不是得道者的体验强加给教师呢?或许,一些看上去物质环境恶劣或者仅仅是贫困的教师会触动人们的怜悯和同情之心,人们会说他们在奉献或牺牲,但其实,改变教师的物质生存环境只需要公正和正义而不需要施舍,支持教师的教育事业只需要理解和承认而不需要标榜,体验幸福道德的教师默默奉献也默默收获着,却唯独没有奉献者的体验。

我们对一些教育的理解常有顾此失彼之嫌,如规范教师"热爱学生,诲人不倦",往往就忘记了尊重学生主体,硬是把学生解读成无情无义、顽劣不堪的愚氓。而实际上人的情感交往是双向互动的,真诚热爱学生的教师遭遇的不只是怨恨、不只是麻木不仁,还有真诚热爱和拥戴,或许它会来得迟一些,但精诚所至、金石为开。体验幸福道德的教师是幸福的:拥有人间大爱的教育情怀,其付出本身就是幸福的,历经水滴石穿的艰辛是来之不易的幸福,春风化雨、润泽万物是秋收冬藏的幸福。人们常说要"心存感激",这句话不只适用于学生对教师,也适用于教师对学生。哪一个教师的优秀不是因为优秀的学生、不是因为学生质朴纯真的对教师的热爱?体验幸福道德的教师总是对学生心存感激,却唯独没有居功者的体验。

有人把教师比作春蚕、比作人梯,听上去是溢美之词,细细品味却让人感到些许无奈和苦涩。当教师职业本身还谈不上专业发展、学术成长的情况下,他仿佛就是个教书匠,只是个坚韧地吞着桑叶把丝绸献给人间的角色,或者是木讷地贡献出肩膀把发展留给学生的角色。记得曾有人预言:小学教师、中学教师、大学教授将越来越不再具有学术地位的差别。南通师范附属第二小学的李吉林老师,在小学低年级语文情境教学的几十年研究道路上已经兑现了这种预言,千百万教师时下也正在兑现着这种预言。如果说他们依然是春蚕或者是人梯的话,那么至少也是同大学教授或者科学家们一样的春蚕和人梯,其间的道理并不复杂,体验幸福道德的教师总是与他的学生共同发展,却唯独没有平庸的体验。

可能我们在规范道德的基础境界上停留得太久了,可能我们在局限的师道尊严论那里继承的权威观念积淀得太深了,可能我们在简单地批判师道尊严,也简单地尊重学生主体时矫枉过正了,我们竟然在呼唤学生是个大写的"人"的语境中,不敢平等地呼唤教师也是个大写的"人"了。作为大写的"人"的教师,不仅应该严格遵守规范道德,也应时时拷问良心道德,同时还有权力也有责任体验幸福道德。教师应该是幸福的人,不只是因为教师培养了学生,学生获得了幸福并对教师心存感激,教师只能默默地奉献着,并且伟大着;而且因为学生们培养了教师,教师获得了幸福并对学生心存感激,教师也是奉献着、伟大着的幸福的人。

第一章　教师职业道德的基本原则

学习目标

1. 了解教师职业道德基本原则的地位与作用。
2. 掌握我国教师职业道德的基本原则。
3. 结合现实把握教师职业道德基本原则的实际应用。

第一节　教师职业道德基本原则概述

教育活动是一项复杂的系统工程,在教育、教学实践活动中,教育工作者必须遵循一定的道德原则,以调整教育过程中的各种关系,使教育活动能合乎目的地运行。教师职业道德原则是统摄教师职业道德全局和贯穿教师职业道德始终的准则,是制定教师职业道德规范、贯彻教师职业道德要求的指导和依据,也是教师职业道德区别于其他类型职业道德的最显著的标志。① 因此,确立教师职业道德的原则,是研究教师职业道德问题的重要内容,对教育过程具有重要的意义。

一、教师职业道德基本原则的地位和作用

在人类历史上,每一种道德类型的规范体系都贯穿着一些根本的核心要素,并以其作为处理个人利益和社会利益的基本原则。教师职业道德基本原则是对教师指导性、原则性的要求,是教师职业道德体系的核心。

(一)教师职业道德的基本原则是评价教师职业行为的最高道德标准

首先,这是由教师职业道德基本原则在教师道德体系中的地位所决定的。教师职业道德基本原则贯穿于教师的整个职业活动过程,指明了教师职业实践中行为的总方向,体现了教师职业道德活动的本质属性,对教师的职业行为起根本的指

---

① 任者春.高校教师职业道德修养[M].济南:山东大学出版社,2011:43.

导作用。教师职业道德基本原则在教师道德体系中的核心地位和统帅作用,决定了教师职业道德基本原则是评价教师整体和个体职业行为的最高层次的道德标准。

其次,这是由法律与道德规范人们的不同方式所决定的。法律依靠国家强制力约束人们的行为规范,具有强制性。相对于道德而言,法律是一种外在的约束力量。道德是依靠社会舆论、传统习俗和人们的内心信念来维系的,它主要体现在人们把社会的要求内化为自身的行为准则,依靠自律指导自己的行为。相对于法律来说,道德是一种来自人们内心的精神力量。因此,道德的要求比法律的要求层次更高。从这个意义上说,教师职业道德基本原则是评价教师职业行为的最高标准。

(二)教师职业道德的基本原则是调整教师个人与他人和社会利益关系的根本指导原则

每种职业都体现和处理着一定的利益关系。在现阶段的社会里,职业劳动是为社会创造经济、政治、文化效益的活动,同时也是劳动者个人生活资料的来源。因此,各种类型的职业道德,必然要承担起协调本行业内人与人之间,本行业与其他行业、行业服务对象、社会整体或国家之间的利益关系。要处理好这些关系,就需要有一个基本的指导原则。教师职业道德基本原则就是指导教师调整行业内人与人之间、教师职业与其他行业之间、教师与学生之间、教师与社会整体或国家之间利益关系的指导原则,它反映了教师职业所应承担的一定的社会责任、应履行的社会义务、履行义务所应享有的社会权利及社会利益,是教师职业道德区别于其他类型社会道德的最根本的标志。

二、确立教师职业道德基本原则的依据

教师职业道德作为调节教育工作者行为的准则,并非人的主观臆想或逻辑推演,而有着充分的客观依据。

(一)符合当时社会经济、政治的需要

道德作为上层建筑、意识形态之一,是由社会经济关系、社会存在决定的。社会经济关系首先是作为利益表现出来的,它决定着社会道德基本原则的要求,而道德原则和规范的确立,最终是为了调整个人利益与社会利益的关系。因此,作为上层建筑、意识形态内容的教师职业道德,也必然由社会的经济关系、社会存在所决定,并随着后者的变化而变化。同时,道德与政治是上层建筑诸因素中的重要组成部分,它们

各以特定的角色反映社会存在和经济基础,两者相互联系、相互区别。在现代社会中,政治关系对道德关系产生重要的影响和制约作用。综上所述,教师职业道德的基本原则必须反映当时社会的经济关系、政治发展的需求。在社会主义条件下,教师道德的基本原则必须符合社会主义经济、政治发展的需求,否则势必会因偏离社会主义方向而失去现实根基,落入思想迷途。

(二) 反映教师劳动的特点,并在教师道德规范体系中占主导地位

教师职业道德是从教师劳动实践中引申出来的。教师劳动的目的是培养人,劳动的对象是人,劳动的产品同样是人。教师劳动的这些特点,向教师提出了道德上的特殊要求,也指明了教师职业道德基本原则的方向,即必须反映教师劳动的特殊本质,使之成为教师职业道德与其他职业道德既相联系又相区别的标志。教师职业道德的基本原则必须贯穿于教育过程的始终。教育过程是一个复杂的系统工程,它对教师的要求是多方面、多层次、全方位的,因此教师职业道德原则就是对诸多要求的概括。

在社会主义国家,教师职业道德的基本原则应当是社会主义社会对教育者行为要求的高度概括,是社会主义道德在教育者教育实践中的集中表现。一方面,它对教育者的实践活动具有导向功能;另一方面,它对教育者的行为具有严格的约束功能。这种基本原则体现了教育活动中人与人之间最基本、最重要的道德关系,对教育者的思想、言论和行动起到最普遍、最根本的指导作用,是教师职业道德规范的灵魂与价值导向。

(三) 符合法律、法规和政策要求

法律、法规、政策等本来是具有强制性的行为规范,但在社会主义社会中却具有特殊的道德意义。人民教师教书育人,要自觉遵守社会主义纪律,带头执行党和国家的政策、法令,具备良好的法纪风貌。

在社会主义现代化进程中,加强法治建设,全面推进依法治教,是教育改革和发展的客观要求,也是现代化教育发展的必然产物。正是在这种背景下,近年来,我国相继出台了一些教育法律、法规,并构成了教育法律、法规体系。我国有关教育法律、法规的完善和实施,要求国家机关以及有关机构严格按照法律规定,在其职权范围内从事有关教育的活动;要求各级各类学校、其他教育机构、社会组织和公民严格依照法律规定,从事办学活动及其他有关教育活动;要求教师坚持依法治教。

第二节 教师职业道德的基本原则

教师职业道德的基本原则不仅与社会公德的原则和价值观有密切关系,也同样包括集体主义、人道主义、爱国主义、为人民服务等内容,更反映了教师职业的基本特点,以及教师这一职业的最根本的道德要求,如教书育人原则、乐教勤业原则、人格示范原则等。本节内容探讨的主要是乐教勤业原则、依法执教原则和教育人道主义原则。

一、乐教勤业原则

(一)乐教勤业原则的含义

乐教勤业原则是指教师乐于从事教育事业,勤奋努力地从事教育工作。教师乐教勤业,是由教育实现自身效益和社会价值的内在需要决定的。任何一种职业的存在,不仅是人们生计的需要,也是社会的需要,具有一定的社会价值。一个行业在努力实现社会价值的过程中,必然会产生对职业活动效率和效益的追求,从而唤起从业人员对职业的敬重感,使之乐于从事本职业。勤奋工作是获得行业活动质量和效益的根本保证,教育也是如此,它的育人特点和自身效益、社会价值实现的需要,内在地决定了从业者要乐于从教、勤奋工作。

乐教勤业是教师从事教育工作的基础和动力,是教师职业道德原则的核心。只有乐教勤业的教师,才能全面、深刻地认识到教育工作的伟大意义,才能被教育工作本身所具有的乐趣所吸引。教师的职业有苦有乐,平凡中见伟大,只有乐教勤业,教师才能积极提高自身修养,不断完善自我。

乐教勤业也是教师胜任教育工作,做好教育工作的首要条件,乐教才能勤业,勤业才能强化乐教。乐教是勤业的内在动因,是勤业的动力和能源;勤业是乐教的具体体现,是满足乐教需要的基本途径。

(二)乐教勤业原则的实施要求

1. 热爱教育事业、乐于奉献是乐教勤业原则实施的前提

热爱教育事业、乐于奉献是从事教育工作的基础和动力,是教师践行乐教勤业原则的前提条件。只有热爱教育事业的教师才能全面深刻地认识到教育工作的伟大意义;才能被教育工作本身所具有的乐趣深深吸引;才能积极承担自身的社会责任和社会任务,以育人为乐;才能自觉地强化自身修养,不断完善自我,在教育活动中有所收获。

工作的心态最终决定着工作的状态和职业幸福感的高低。教师要有对事业的执着追求,钟爱自己所从事的工作,才会在工作中感受到无穷的快乐和幸福。工作不仅是谋生的手段,更是自身价值的体现。

> **案例 1-1**
>
> ### "人民教育家"于漪从教超70年
>
> "基础教育做的是地底下的工作,打做人的基础,没有什么惊人之笔,但是它关系到国家的千秋万代,关系到学生的青春。一个孩子只有一个青春啊!"于漪告诫自己,无论如何不能误人子弟。于漪每天晚上9点以前工作,9点以后学习,两三年下来,把中学语文教师应当掌握的语法、修辞、逻辑知识,应当掌握的文、史、哲知识,应当了解的中外名家名著都过了一遍。她还立下规矩,不抄教学参考书,不吃别人嚼过的馍,而是独立钻研,力求自己先懂,再教学生,绝不以其昏昏,使人昭昭。
>
> 但课堂的化境哪能轻易抵达?为了向习惯"开刀",于漪"以死求活"。她把上课的每句话都写下来,先修改,背下来,再口语化。每天到学校的路上,就把上课的内容"过电影"般地在脑子里放一遍……她要让自己的语言变成蜜,粘住学生;要把每一节课都当成一件艺术品,去精心雕琢。
>
> 从教七十多年,于漪从未离开讲台。她臂膀单薄而一身正气,始终挺着中国教师的脊梁。"当我把个人的生命和国家命运、人民幸福联系在一起的时候,我就觉得自己永远是有力量的,我仍然跟年轻人一样,仍然有壮志豪情!"于漪说。

点评:教师可以通过以下几方面的努力来增强其对教育事业的热爱之情:

首先,要不断深化对教育价值的认识,增强自身的教育责任感,乐于从教,主动开拓,奋发进取,充分发掘自己的潜能。

其次,要不断深化对教师社会作用的认识,从社会历史、现实和未来的发展中领会自己对当今社会文明与进步所肩负的神圣使命,以及教师职业所拥有的崇高社会地位,增强荣誉感。

再者,要善于从复杂的育人工作中,体验艰辛劳动中的欢乐。当看到学生的一点点进步时,当看到学生走向社会、为社会作贡献时,都能从中品味到从教的幸福感。

最后,要不断增强热爱学生的社会责任感,认识到学生是祖国的未来,这种强烈的责任感也能促使教师热爱自己的事业。

2. 终身学习,提高自身专业素质是乐教勤业原则实施的关键

在日新月异、瞬息万变的当今社会,学生的认知水平也随着时代的发展而具有了更高的起点。在这种新的形势下,教师只有通过连贯地、持续地学习来提高自己的专业知识和教学方法,才能展现"学高为师"的职业风范。所以,终身学习是当代社会教师勤业、敬业的重要体现。

陶行知先生曾经说过:"唯其学而不厌,才能诲人不倦;如果天天卖旧货,索然无味,要想教师生活不感到疲倦是很困难了。"[①]一些优秀教师之所以能获得教学上的成功,之所以有游刃有余的教学机智,都与他们丰富的知识以及对业务的努力钻研、精益求精分不开。只有当教师具备了丰富而又广博的知识,才能博观约取、厚积薄发;否则信息闭塞、知识贫瘠、孤陋寡闻,势必导致教学上的力不从心和捉襟见肘。

"终身学习"不是一句空话,教师要自觉地将其融入工作中去。教师要通过学习主动适应社会和教学的变革,参与课程的改革,探索适应时代要求和具备自身特色的教学风格,从只具备单一的学科教学能力向具有多元知识储备、掌握多种教育手段的方向发展,成为"复合型"教师。其基本要求如下:

一是要有较丰富的教育心理学知识。除了学习并掌握基本的理论知识,还要求教师走近学生,了解学生,认知学生的年龄特征和心理需求,掌握学生的情绪变化,研究学生的群体特点和个性气质,加强对学生的个案研究,因材施教,关注学生的道德发展和心智构建。

二是具备精深的专业学科知识素养。没有对专业学科知识的全面学习和深刻理解,就不可能在学科教学中取得理想的绩效。一方面,教师要全面掌握本专业的理论知识;另一方面,教师要深入了解本学科的教学发展动态及最新理论成果。教师对学科知识理解得越深刻,就越能有效地驾驭日常教学,学生的学习效果就越理想,额外负担就越轻。

[①] 江苏省陶行知教育思想研究会,南京晓庄师范陶行知研究室.陶行知文集[M].南京:江苏人民出版社,1981:817.

三是要有广博的知识视野。完善的专业学科知识结构可以帮助教师胜任本学科教学,而多元知识储备又可以为教师的教学和自身发展提供丰富的资源。现代学校教育中,学科之间相互交叉渗透,这要求教师加强对其他相关学科的了解,扩大对边缘学科的把握,提高对校本研究过程与方法的驾驭能力,重视综合实践活动的指导作用,"博观而约取,厚积而薄发",增强在教学中的探究创新精神。终身学习、创造特色应当是教师矢志以求的成长目标。

四是要有丰富的实践性知识。实践性知识是指教师在实际的教育教学工作中所具有的关于客观现实的背景知识。这类知识主要来自教师的教育教学实践,是教师鲜活经验的累积。丰富的实践性知识对提高教师的教育教学效果,促进教师的专业化发展具有非同寻常的影响。教师获得实践性知识的一个重要途径就是对自身教育教学实践的反思。当前,新课程的实施为丰富教师的实践性知识提供了一个新的平台。随着新课程的实施,教师的教育理念逐步转变,教师的教学方式和学生的学习方式都发生了根本性的变化。在没有现成经验可借鉴的情况下,更要求教师要勇于实践、勤于实践,在实践中不断反思并改进自己的教育教学,从而积累丰富的实践性知识,以自身的实践性知识优化整合主体性知识、条件性知识和一般性文化知识,确保新课程的顺利实施和教师自身在新课程实施过程中的更大发展。

总而言之,现代教师的知识结构既非线性的,也非平面的,而是呈现出类似于"长方体"的开放的复合型结构。其中"长"指所教学科专业特长,"宽"指相关学科知识面宽,"高"指现代教育学、心理学素养高。这三个方面的内容既相互独立又相互影响、共同作用,形成了现代教师的知识容量。

案例 1-2

三个人爬山的故事

有三个性格不同的人相约去爬山看风景。第一个人是慢性子,他爬一步就回头看一眼,想随时知道自己爬到哪儿了。他爬了一会儿就想:山顶那么远,我还是不爬了吧!于是他就下山了。第二个人是个急性子,他一口气就爬到了半山腰,这时他想:山上山下的风景一样,我还是不爬了吧!于是他也下了山。只有第三个人不急不躁,他既不抬头看山上也不回头看山下,只是一步一步地爬,终于爬到了山顶,看到了只有山顶才能看到的风景。

实践反思:通过这个故事,你得到了什么启发?

二、依法执教原则

(一) 依法执教的内涵

1. 依法执教的含义及特点

依法执教是指教师在教育教学活动中,按照教育法律的规定,依法行使权利,自觉履行义务,逐步使教育教学工作走上法治化和规范化的道路。教师依法执教包括教师依法行使教育教学职权和依协议履行教育教学义务两个方面的内容。依法执教具有四个特点:一是执教主体的特定性,依法执教的主体只能是在学校或其他教育机构中任教的教师和其他从事教育管理工作的人员;二是执教依据的专门性,作为整个教育活动中的一个环节,实施教育的教师的执教活动必须依照教育法律进行,根据教育法律调整并受其规范;三是权利与义务的双重性,教师对学生的教育和管理行为,既不能任意行使也不能随意放弃,而是集权利与义务为一体;四是执教性质的特殊性,教师执教是在教育法律的明确授权或教育行政部门和学校的委托下进行的,教师的纯个人行为或依据非教育法律做出的行为都不具有执教的性质。

2. 教师职业道德与依法执教的关系

在教师职业道德建设过程中强调依法执教的目的在于保证教师职业道德修养水平的提高,辅助教师真正做到为人师表,学高为师、身正为范,发挥教师"以德育人"的功能。教书育人,法德并育,相辅相成,相互促进。依法执教对教师职业道德的培育有着积极的促进作用,反过来,教师职业道德又为依法执教奠定了基础、创造了条件,并对依法执教的发展与完善起着重要作用。因此,每位教师都应努力成为依法执教和以德施教的楷模。

(二) 教师依法执教的必要性

1. 依法执教是时代对教师职业的要求

依法执教这一规范的实质,就是要求教师站在严格守法的高度,在所有的职业行为中始终坚持正确的方向。依法执教,不仅是对教师职业道德的规范,更是对整个教育行业的规范。目前,国家提倡"依法治国"与"以德治国"相结合,时代对教育工作者也提出了新的要求,教师不仅要有高尚的道德品质,还要有正确的法律意识。改革开放以来,法治化成为我国现代化建设的重要目标,各种与教育有关的法律法规不断出台、完善。为了确保教育有力地支撑我国的现代化建设,依法执教已成为当代教育发展的大趋势。

2. 依法执教是建立良好师生关系的基础

学生是教育对象,与教师构成教学中相互依存、相互作用的矛盾体。学生首先是独立存在的人,是具有发展潜能、发展需要和主观能动性的教育对象。然而,当前社会并未完全把学生视作具有人性价值的存在,甚至存在部分教师把自己的主观价值强加给学生,要求学生绝对服从,否则就施以体罚的现象。中国重"孝""忠"的价值取向深刻影响着当代人的学生观。顺从、听话、老实一向被视为好学生的标志,而有自己独到的见解,敢于发表不同意见的学生则被认为是不守纪律、调皮捣蛋。这种学生观造成了教师对学生合法权利认识的偏差。要解决上述问题,就必须以立法形式保护学生的合法权利。我国现行法律体系中对受教育者的生存权、人格权、身心安全权、隐私权、受教育权、受尊重权等都有明确的规定,教育者必须依法维护和保障学生的这些权利。只有教师在教育教学活动中尊重学生的合法权益,依法执教,才会形成教师关爱学生、学生尊重教师的和睦局面,从而保证教育教学活动的顺利开展。

(三)教师依法执教的条件[①]

依法执教必须具备一定的条件,包括影响教师依法执教的客观条件和主观条件。

1. 客观条件

首先表现为较为完备的、良好的教育法律制度。所谓"较为完备",是指有关教育的各个重要环节和重要方面都有相应的法律规范的规定;"良好"则指教育法律制度明确、科学和内部协调一致,并且其内容符合自由、民主、平等、公正等基本价值原则。其次是健全的教育行政执法。完备、良好的教育法律制度要得到贯彻落实,关键是教育行政机关在管理教育的过程中做到严格执法,依法行使教育行政管理权,不越权限、不滥用权力、不失职。只有教育行政执法健全,依法管理教育,依法管理教师,教师才能真正把法律作为自己教育教学行为的最高准则,做到依法执教。最后是学校内部的法治化管理。在现代社会,教师通常是作为学校这一教育机构中的职员进行工作的。因此,教师的教育教学行为不但受教育行政机关的行政管理影响,而且更直接、更经常地受学校内部管理行为的影响。所以,学校的法治化管理是教师依法执教赖以存在的重要基础。没有学校的法治化管理,教师要做到依法执教将困难重重。

[①] 王柏民.论教师依法执教[J].河南师范大学学报(哲学社会科学版),2001(3):110—113.

2. 主观内在的条件即教师的法治素质

教师的法治素质是指已经内存于教师身上,能够比较稳定地影响教师行为,符合法治社会要求的知识观念、情感意志、心理定式等文化和精神因素。一个教师不是心里想到要依法执教,就可以马上在行为中落实依法执教的。只有当这个教师从思想观念到心理习惯再到行为技能都与法治要求相一致时,才有可能做到依法执教。人们很难自然地从历史积淀中获得现代社会所需要的法治素养。教师和其他人一样,要学会依法办事,需要经历一个从知识观念获得到行为习惯养成的复杂过程。

教师依法执教需要上述条件,是指这些条件是否具备会直接影响依法执教的实现程度,但这并不意味着只有等到这些条件都具备以后教师才能够依法执教。教育是面向未来、孕育未来的事业。作为一名身处正致力于实现依法治国宏伟目标的国家的现代教师,只有积极主动地克服现实生活中的种种困难,遵纪守法,才能实现依法执教。

(四) 教师依法执教的标准[①]

衡量教师依法执教的标准应该包括以下几点:

1. 教师的主体资格合法

现代教育是一种专业化活动,要求教育者必须具备一定的条件才能从事教育教学工作。为此,许多国家建立了专门的教师资格制度。一个公民只有具备教师资格才能当教师,没有教师资格或者已经丧失了教师资格就不能当教师。我国1995年《教师资格条例》第二条规定:"中国公民在各级各类学校和其他教育机构中专门从事教育教学工作,应当依法取得教师资格。"因此,教师主体资格是否合法是衡量教师是否依法执教的首要标准。

2. 教师的教育教学活动符合法律规定的培养目标

教育是一种有目的的活动。现代社会,多数国家对教育的法律控制首先表现在对教育要培养的人才目标进行不同层次的立法规定,一般包括:国家总的教育目标、不同类型学生的教育目标、课程的教育目标、教学课时的教学目标。这些不同层次的法定教育目标是教师教育教学行为必须严格遵循的法律准则。

3. 教师教育教学活动的内容符合法律规定的要求

教育是富有创造性的活动,因此各国的教育法律往往允许教师在开展具体的

---

① 王柏民.论教师依法执教[J].河南师范大学学报(哲学社会科学版),2001(3):110—113.

教育教学活动时比较自由地选择教育教学的内容。但由于教育内容与教育目标之间有不可分割的联系，为了实现法律规定的教育目标，国家也往往会对教育教学内容作出法律层面的界定。这些界定包括对课程开设的法律界定，如我国教育部2017年印发的《中小学德育工作指南》规定："严格落实德育课程。按照义务教育、普通高中课程方案和标准，上好道德与法治、思想政治课，落实课时，不得减少课时或挪作他用。"还有针对课程计划和课程标准或者教学大纲和教材使用的法律界定。教师对教育教学内容的选择必须在法律界定的范围内进行。

4. 教育教学活动的形式符合法律要求

虽说教无定法，但许多国家对教育教学的形式作出了一些法律上的规定。如规定班级的规模、每周或每天的教学课时、每节课的时间等。无论教师采用什么样的形式施教，上述的法律规定都不得违反。

5. 依法行使教育教学改革权、对学生学业成绩的评定权等

教育必须随社会的发展变化而不断更新，为了确保教育教学活动的效果，教师需要时常进行教育教学改革。《中华人民共和国教师法》（以下简称《教师法》）第七条规定教师有"开展教育教学改革和实验"的权利。但是，教师行使这项改革权要受到有关法律的约束，不是想怎么改就可以怎么改。国家教委1993年颁布的《关于减轻义务教育阶段学生过重课业负担、全面提高教育质量的指示》第一条中就有规定："如因教学改革试验或教育发展基础的特殊需要，对课程、授课时数和教学要求进行调整时，应经省级教育行政部门或其授权的教育行政部门批准。"同样，我国《教师法》规定教师有评定学生学业成绩的权利。这是教师开展正常教育教学活动所必需的权利，但教师在行使此项权利时必须合乎公正原则，并受到必要的监督和约束。

6. 维护教育教学秩序

教师的教育教学活动必须在一定的秩序中进行才能达到良好的效果。因此，教师在实施教育教学这项本体性工作的同时，还有一项不可推卸的辅助性职责，即维护教育教学秩序。当教育教学的现场有扰乱教育教学秩序的行为出现，如校外人员进入教室干扰学生上课学习，或课堂上部分学生吵闹影响其他学生上课学习等，教师应当及时采取必要的措施予以制止，从而确保教育教学活动得以正常进行。

7. 确保未成年学生的安全

当教育对象是未成年人时，教师的依法执教还包括确保未成年学生安全的内容。在法律上，未成年人一般被认为是没有足够自我保护能力的人。因此，法律中设有一

些制度,使未成年人总能处在有关成年人的保护之下。《中华人民共和国民法典》规定,未成年人的父母或其他监护人对未成年人有监护职责。所以,在日常生活中,确保未成年人安全的具体责任主要由父母或其他监护人承担。但当该未成年人进入学校接受教育时,学校就负有确保其安全的责任。《中华人民共和国未成年人保护法》规定,"学校、幼儿园不得在危及未成年人人身安全、身心健康的校舍和其他设施、场所中进行教育教学活动","学校、幼儿园安排未成年人参加文化娱乐、社会实践等集体活动,应当保护未成年人的身心健康,防止发生人身伤害事故"(第三十五条)。《教师法》也规定教师在教育教学过程中有义务"制止有害于学生的行为或者其他侵犯学生合法权益的行为"(第八条)。因此,对于教授未成年人的教师来说,要做到依法执教,除了教好书、育好人,还应该管好人,确保学生的安全。不管是在上课时间还是在课间,只要是在学校的教育教学时间内,教师就负有确保未成年学生安全的责任。

8. 教育教学行为尊重学生权利,不侵犯学生的人身权和财产权

学生作为受教育者,应当履行一定的人身和财产义务,如遵守教育教学秩序、缴纳规定的费用等。但依据教育法,他们同时还享有相关的权利,如我国《教育法》第四十三条规定受教育者享有"参加教育教学计划安排的各种活动,使用教育教学设施、设备、图书资料"等五项权利。学生作为公民,还享有宪法和法律所规定的一个公民的权利,如生命健康不受损害、人身自由不受限制、人格尊严不受侵犯、通信自由和通信秘密受法律保护等。学生的这些权利是受法律保障的,不得随便限制或剥夺。因此,教师在管理活动中应当注意尊重学生的这些权利,不得漠视、更不得侵犯这些权利。

(五)教师依法执教的实践要求①

1. 教师首先要学法懂法,树立教育法律意识和高度的教育法治理念

教育法律意识是人们对于教育法律现象的思想、观点、知识和心理。知是行的先导。教师只有先行学习和深刻理解我国教育方面的法律法规,树立起强烈的教育法律意识,才能在自己从教的实践中将其内化为守法、护法的行为。所以,教师要加强对教育法律法规的学习,要系统了解教育的本质特征、教育的法律规范、教育者和受教育者的权利和义务、以及如何实施教育法规。除此之外,还要具备有关行政诉讼法、民法和刑法的基本知识。我国已形成了中国特色的社会主义法律体系,其中与教

---

① 邱晓雯.依法执教是现代教育的重要特征[J].中国集体经济,2012(14):76—78.

育有关的主要法律法规包括《中华人民共和国宪法》《中华人民共和国教育法》《中华人民共和国义务教育法》《中华人民共和国教师法》《中华人民共和国民办教育促进法》《中华人民共和国未成年人保护法》《中华人民共和国预防未成年人犯罪法》《学生伤害事故处理办法》等。所以,教师要知法、懂法,不下一番苦工夫学法是不行的。

2. 教师要守法、护法,依法治教、依法执教

遵守法律是每一个公民的义务,也是教师依法执教、依法治教的前提。教师只有自己率先做到遵纪守法,才能为学生做出表率,才能在学生面前理直气壮地"说法"。教师要严格以法律为准绳,去规范自己的教育教学行为,自觉守法、护法,并影响和带动社会大众遵法守法。教师作为社会的知识阶层,要敢于维护法律的尊严,对社会上其他违反教育法律法规的现象也要大胆说"不",主动检举、揭发,从而提高社会大众的教育法治意识,维护教育法治成效,实现依法治教,推动依法治国。

教师不但要依法治教,更要依法执教。教师要依据法律法规履行教书育人的神圣职责,在法律法规所允许的范围内施行教育行为。教师不能把"好心"当成"办错事"的借口,任何违反法律法规的教育教学行为都要受到惩处。师生是平等的法律主体,没有任何一条法律法规授予教师可以凌驾于学生之上的权力。教师教育学生是出于自身责任与职业义务,但教育的一切行为与方式都应遵从法律,不能打着"为学生好""教育学生"的旗号,体罚、侮辱学生,这既触犯法律,又会对学生造成身体上的伤害乃至严重的心理创伤。

3. 教师要用教师职业道德规范约束、规范自己

教师的教育教学行为要符合教师职业道德规范,德为立师之本,无德便无以为师。教师职业道德规范的核心是"教书育人,为人师表",要求教师真正做到依法执教、爱岗敬业、热爱学生、严谨治学、团结协作、尊重家长、廉洁从教、为人师表。每位教师只有以此来约束、规范自己,才能逐步树立起教师的德望;只有以此来诫勉自己,才能无愧于"人类灵魂工程师"的光荣称号。总之,教师的教育教学行为既要与法律法规相符合,又要经得起道德良心的检验。

4. 教师要懂得用法律维护自己和学生的权益

知法懂法的最终目的,就是要会用法。用法律维护自己和学生的合法权益、维护学校的合法利益,不仅是教师的法定权利,也是教师应尽的义务。对于学校而言,应严格遵守法律法规,不得侵犯教师、学生,以及社会上其他组织和个人的合法权益。

而当社会上其他组织或个人侵犯了学校师生的合法权益时,学校要敢于运用法律的手段,依法保护师生的利益。对于教师而言,当自己和学生的合法权益受到侵害时,要善于和敢于运用法律武器,通过法律途径维护合法权益,积极履行自身的职业义务与法定权利。

为建设和谐的社会环境,避免师生发生冲突,要做到:第一,教师要平等地对待每一个学生,不能戴着有色眼镜去看待学生的行为。第二,教师要尊重学生,关爱每一个学生。第三,教师要有法律意识,一切教育的方式及行为都必须依法守法。当然,避免师生冲突并不意味着害怕师生冲突的发生,面对冲突时,教师也要秉持法律精神,运用法律武器保护自身的合法权益。

总之,依法执教是每个教师的责任与义务。身体力行,成为实实在在的依法治教的先锋、骨干,是时代赋予教师的光荣使命,需要每个教师不断地努力践行。

案例 1-3

女教师留学生做作业被判有期徒刑 10 年

某日中午 12 时许,某小学女教师张某以本班学生张某某未完成作业为由,放学后,将其反锁在教室内补做作业,并将门锁钥匙交给本班值日学生后离去。13 时许,该校学生发现年仅 7 岁的张某某被书包带系在教室南侧中间的钢筋护窗上,送医院抢救无效死亡。当晚 6 时许,县公安局对被害人尸体进行了检验,鉴定结论为:张某某系缢颈窒息死亡。当地人民法院以非法拘禁罪一审判处女教师张某有期徒刑 10 年。

点评:非法拘禁,是指故意以拘留、捆绑、禁闭或者其他强制手段,非法剥夺人身自由的行为。例如,教师怀疑学生偷了财物,强行禁止学生上课或回家,长时间将学生拘留在学校或者禁闭在其他场所,采取逼供的形式迫使学生承认偷了东西,或教师长时间留学生在校补习功课或者不准出校门等,这些教育行为会产生严重后果,需要教师们特别警惕、努力避免。《刑法》规定,"非法拘禁他人或者以其他方法非法剥夺他人人身自由的,处三年以下有期徒刑、拘役、管制或者剥夺政治权利。具有殴打、侮辱情节的,从重处罚"。"致人重伤的,处三年以上十年以下有期徒刑;致人死亡的,处十年以上有期徒刑"。该案以非法拘禁学生构成非法拘禁罪,应引起教师们警示!教师应通过教育和指导处理这类事件,使学生避免和改正不良行为,给学生自我认识和纠正错误的机会。当学生认识到自己的行为不对并自觉改正时,教师应该及时给予

鼓励和赞赏,而不是不依不饶或过分严厉斥责。

> **案例 1-4**
>
> 　　某市第二十中学将一批复习资料投放进阅览室让学生查阅,可是第一天就少了6本。有的人主张严肃查处,可是校长却不同意,他写了几句话贴出去:"作为校长的首要责任是要使全校师生明白,二十中人的人格是无价的。然而朋友,你信吗?投放的书少了6本。"第二天有人送回了一本,校长又公开写道:"你送回的不仅是一本书,你送回了人格,送回了二十中良好的校风。"第三天,其他5本也都送回了。

点评:案例中的校长面对"学生拿走了图书阅览室里的几本书"的事件,不是严肃查处,而是动之以情,晓之以理,用"二十中人的人格""二十中良好的校风"感化学生,激起了学生积极情感的反应,于是学生就放回了书。在这里,校长采取的做法既包括集体荣誉感的教育,又包括人格尊严的启发。校长的处理方式很有感染力、渗透力,体现了他对教育的忠诚和对学生的爱护。

三、教育人道主义原则

　　人道主义源于拉丁文 humanus,即人性的、人道的、文明的意思。历史上人道主义的含义,有广义和狭义之分:狭义的人道主义是指欧洲文艺复兴时期新兴资产阶级反对神学、反对神道的一种文化思潮;广义的人道主义,是指维护人的尊严、权利和自由,尊重人的价值,要求人能够得到自由发展的思想和观点。

　　社会主义人道主义是社会主义的重要规范之一,是以马克思主义的世界观和历史观为基础,反映社会主义经济基础和政治制度,同时也是在批判继承历史的人道主义合理成分的基础上而形成的一种新的、更高水平的人道主义。社会主义人道主义的内容是:尊重人,关心人,同仇视人民的邪恶势力作斗争。

　　教育人道主义是社会主义人道主义在教育领域、教育过程中的具体化、职业化。它调整教育过程参与者之间的各种人际关系,并为这些关系制定原则和规范。如果说在社会主义社会中,社会主义人道主义作为调节人际关系的基本道德要求和价值准则,构成了一般原则与规范,那么教育人道主义便是这"一般"中的"特殊"。

教育人道主义,规定了教育者与受教育者都应当从社会主义人道主义原则出发,尊重对方作为人的价值和尊严;在此基础上,要求教育者应当特别注意发挥自己作为过程主体的角色作用,以完善的人格要求自己,以人道主义原则协调自己与他人之间的关系,从而调动受教育者和教育过程中的其他参与者的积极性,以利于教育任务的完成、教育目标的实现。

教育人道主义对教育者的要求是多方面的:

(一)教师要尊重学生,构建和谐的师生关系

教师的教育人道主义原则要求教师在教育实践过程中,一切以学生为本,尊重学生,关心、爱护学生,构建平等、和谐的师生关系。

1. 教师要了解学生

了解学生是尊重学生的前提,教师对学生的了解越多,师生关系就越好。学生具有独立的人格,教师应从学生特点出发,时时事事为学生发展着想,研究他们、了解他们、尊重他们,努力引导他们实现自我。教师要做到客观公正地看待学生,要善于发现每个学生的闪光点,并精心呵护、引导。教师要充分了解自己的教育对象,诸如学生的性格、习惯、兴趣、爱好、优缺点、潜能和心理状态、家庭状况以及缺点的成因,作出客观公正的评估,避免偏颇,这样才能有的放矢地进行人道主义教育。

2. 教师要尊重学生

教师要尊重学生的个性,承认学生的个性差异。教师要在思想上接受学生存在个性差异是正常的、合理的,同时,在实践中容许其存在,并且给予重视,引导学生个性向积极的方向发展。教师要了解学生的特长、兴趣和爱好,将其看成是开发学生潜能的重要工作,并为学生的个性发展提供尽可能多的条件。

教师要尊重学生的情感。青少年正处在热情奔放、生气勃勃、憧憬未来的时期,他们有自己的思想、自己的情感、自己的观点、自己的标准,虽然他们的身心发展尚未成熟,但情感世界是非常丰富的。

教师要尊重学生的隐私。每个人的隐私都是不愿意被别人知道、不愿意被公开的。隐私权是每个公民的基本人格权利。

3. 教师要注意赏罚分明

教师公正是孩子信任教师的基础,学生能从中感到平等尊重和对自身的肯定。教师公正的具体表现就是赏罚严明。对学生进行赏罚必须以教育为前提,在施教中做到赏罚有据、有度、有节和公平合理。赏,一定要给予积极上进、表现突出的学

生;罚,一定要施加于有过错的学生,并且要符合教育行政法规。赏罚要坚持"诛大赏小"的原则,"诛大"就是要抓住带头的、处理首要的,"赏小"是指要多关注、奖励普通学生。赏罚还要成为激发调动学生内在动机的有效手段,如此才能取得长久的教育效果。

> **案例1-5**
>
> **善意的惩罚**
>
> "罗森塔尔效应"说的是学生在教师的关爱和悉心帮助下,身心得到健康而迅速的发展,学习成绩进步幅度明显,情绪活泼开朗,求知欲望强,并且与老师的感情非常深厚。这个教学理论启发我们,教师在教育教学中要多使用鼓励的语言,鼓励学生将自己的好想法、好思路,甚至看过的一本好书、一道好题拿出来共享。在课堂上,师生可以平等对话、讨论和交流。教与学之间不再是教师讲、学生听,而是教学主体之间的互动;学生不再是知识的被动接受者,而是知识的主动探索和积极体验者。教师应有一颗宽容的心,要认识到处于身心发展期的学生身上有缺点、行为有错误是正常的,要给学生自我反思和改正缺点的时间。陶行知先生用糖果来奖励打架学生的事例广为传颂。他的方法善于从错中找对,善于用放大镜来寻找学生的优点,并以表扬替代批评,以奖励替代惩罚。这种处理学生过错行为的方法或许在常人看来是不可理解的,却对学生未来的良性发展具有深远影响。
>
> 英国科学家麦克劳德上小学时,曾偷偷杀死了校长家的狗,但麦克劳德遇到了一位高明的校长,校长对他的惩罚是画出两张解剖图:狗的血液循环图和骨结构图。正是这种饱含理解、宽容和善待情怀的"惩罚",使小麦克劳德爱上了生物学,并最终因发现胰岛素在治疗糖尿病中的作用而荣获诺贝尔生理学或医学奖。教师应关注学生成长与发展中的每一点进步,帮助学生认识自己,肯定自己。教师还要关注学生的个性差异,因材施教,使每一个学生都能生动活泼地去发展。

(二)教师要尊重其他教育者的劳动,做到和谐相处

在现代教育教学过程中,教育人道主义要求教育者应襟怀坦白,与其他合作者相互尊重,真诚合作,不嫉贤妒能,不"文人相轻",努力与他人形成一个融洽的集体,同心协力促进教育过程的顺利进行。

1. 教师要谦虚谨慎,尊重同事

"文人相轻"是封建社会遗留下来的一种坏习气,指的是文人之间互相轻视、贬低的不良习气。这一现象的存在同知识分子劳动的特点有关。由于知识分子的劳动具有个体性和创造性,自我欣赏、夜郎自大是他们很容易形成的通病。教师是知识分子的一部分,教师的劳动也具有较强的个体性和创造性。教师在教学方法和教学风格上存在着差异,在大多数情况下,这些不同的教学方法和教学风格在实际效果上是各具特色、各有千秋的,因此在客观上具有自我肯定和自我欣赏的基础。如果缺乏自知之明,不能客观地评价自己,很容易表现出妄自尊大、看不起别人,轻易否定其他教师的教育教学成绩,讽刺、打击获得各种荣誉的教师,夸大他们的缺点和不足等。因此,教师要辩证地看待自己已有的成绩。山外有山,天外有天,学海无涯,学无止境。一个人不论达到多高水平,都要牢记"虚心使人进步,骄傲使人落后"这句格言,做到谦虚谨慎,戒骄戒躁,不要浅尝辄止,故步自封。同时,教师要看到自己的每一点进步中都包含着其他人的心血,现有成绩绝不仅仅是个人努力的结果,其中凝结着领导的关心、同事的帮助、老教师的传授、学校创造的条件等他人的心血,因此,不能把成绩全部归功于自身。教师要想继续进步,就要虚心向其他优秀教师学习,善于取他人之长,补自己之短,这样才能百尺竿头,更进一步。

2. 教师要互帮互助,团结合作

教育活动是一种教师密切配合的集体协作劳动。学校教育目标的实现、学生整体素质的全面提升,绝不是由个别老师独立完成的,而是由多位教师互相配合、互相协作来共同完成的。因此,教师的劳动是一种个别劳动和集体劳动相结合的劳动。每一位教师都要尊重同事的劳动,维护同事的威信,发现问题要及时补救,千万不能在学生面前贬低其他老师;同一学科的教师要团结互助,互相学习,新老教师之间可以通过拜师、结对子、确定指导关系等方式进行传、帮、带;同一年级不同学科的教师要密切配合,采取课题协作、专题研究、情况沟通、重点突破等方式,齐心协力做好工作。

(三)教师要尊重家长的教育责任,做到联合共进

家庭是社会的细胞,是孩子健康成长的重要场所,家长则是孩子的第一任老师。孩子入学后,他们的全部生活仍然与家庭保持着密切的关系,家长的教育仍具有重要意义。所以,教师除了和学生产生联系外,还会不可避免地和学生的家长进行接触,和他们一起交流学生的学习、生活情况,一起探讨提高学生学业的方法……于是,教师与家长在交往过程中,以学生为纽带,形成了共同的目标与共同的责任。

教师与家长之间建立合作关系的方式有很多,每种方式的目的都应该是形成教师和家长平等、相互指导的氛围,从而实现双向的、互相尊重的、诚实的和充分的交流。

1. 教师要了解学生家庭的基本情况,根据学生的实际情况进行针对性教育

家庭是学生生活的最基本环境,家庭环境的优劣,直接关系孩子的身心健康与发展方向。一个有问题的家庭造就的是有问题的学生,如何弥补由于家庭问题造成的教育缺失,首先是教师必须全方位了解学生,了解学生赖以生活的家庭。乌申斯基认为:"如果教育要从多方面来培养人,那么他首先要在多方面了解学生。"了解是热爱的起点,是尊重学生、对学生进行教育的前提,没有了解的爱是盲目的爱,没有了解的教育是无的放矢的教育。只有家长与教师之间进行广泛交流,教师才能从问题入手进行有针对性的教育;家长只有开诚布公地让教师了解家庭的基本情况,才能在交流中建立一套教育孩子的框架与方案。

2. 教师要尊重每一位学生家长

尽管在教师与家长的关系中,教师起主导作用,但两者在人格上是完全平等的,不存在尊卑、高低之别。因此,教师必须尊重学生家长的人格,特别是要尊重所谓"差生"和"不听话"孩子家长的人格。对教育过程中出现的问题,教师首先要从自己身上找原因,并客观地分析问题的症结所在,公正地评价学生的表现和家长的家庭教育工作,与家长共同研究解决问题的方法。

教师不要动辄向家长"告状",不要当众责备他们的子女。作为教师,更不能训斥、指责家长,不说侮辱学生家长人格的话,不做侮辱学生家长人格的事。否则会造成教师与家长之间的隔阂甚至对立,还可能引起学生对家长或教师的不满,损害教师的形象,降低教育效率。尊重别人是自尊的表现,也是得到别人尊重的前提,正如常言所说:"敬人者,人恒敬之。"

其实,很多学困生的家长,在与其他家长互相联系、交流的过程中,也会因为子女读书成绩差这个问题而感到自卑。所以经常可以看见,一年级时所有接送孩子的家长都聚集在门口,议论学校发生的事。而到了三四年级,有部分学困生的家长渐渐淡出了这个圈子,这是因为他们整天听着别人的家长议论自己孩子的学习成绩,当问到自己的孩子时,自己说不出口,所以只能避而远之。而往往这样的家长,很不愿意和学校老师做沟通工作,甚至有部分家长会因此而觉得老师对他们也有

偏见。像这样的家长，老师一定要注意多主动去表扬他们的孩子，切忌见面就告状。

案例 1-6

谈教师如何与家长沟通①

（一）现在有的学校班里开家长会都是分别进行的，好学生的家长会先开，成绩差的学生的家长会后开。曾经发生过这样一件事：有一个成绩不在前 15 名的学生家长推门进去参加家长会，被老师拒绝。老师说，你们的会在下一拨，先出去吧。这位家长很不好意思，脸红了大半。

（二）我们班里有一个小姑娘，学习成绩一直比较落后。一年级时，她的家长是学校门口圈子里最爱叽叽喳喳的妈妈，自从上了三年级后，她的妈妈因为自己女儿的成绩问题，老是站在门口最远处。有一次，我将学生带出门口后，想找这个家长谈一谈，等了好久这个妈妈才缓缓地走过来，一脸的不情愿，开口就是一句："李老师啊，我们家园园最近是不是很不好啊。"说完，狠狠地瞪了自己的女儿一眼。我急忙说："其实也不是的，只是因为最近你的孩子经常迟到，今天想提醒你一下。每天让她早些出门。""哦，好的好的，我知道了，不好意思啊，李老师。"说完，妈妈带着孩子便走了。远远地，我还听得到她们的对话声："你呀，害得我都不好意思到学校来接你，真是把妈妈的面子都丢光了！"听着孩子家长这句话，我心里忽然也觉得不好受，让这个妈妈这样没面子的其实不只是她的孩子，还有我啊。试问，哪个家长不愿意听到对自己孩子的表扬？又有几个家长能一次又一次地承受住老师批评的打击？孩子学习上落后，难道就要让家长做人抬不起头吗？于是，我换了一种方式，经常主动上去和她妈妈说园园有几天没迟到了，学习小有进步了，作业及时完成了，或者是毽子踢得好了，逮到鸡毛蒜皮的事就表扬她的妈妈会教育孩子。后来，她的妈妈会主动与我沟通，也乐于接受我小小的提醒。连带着，她的孩子也慢慢地进步了，以前背诵是老大难，现在居然能一口气把《木兰诗》和《桃花源记》背完。

---

① 李明璐. 谈教师如何与家长沟通[EB/OL]. (2009-04-29) [2016-10-21]. http://www.gsjy.net/sites/main/template/detail.aspx?id=20151,2009-04-29/2016-10-21.

3. 教师与家长要多进行沟通和交流

沟通和交流是合作的关键。教师面对众多的教育对象，其家庭情况千差万别，教师要主动、经常地与家长进行沟通和交流。沟通的方式可以灵活采用，如打电话、发电子邮件、开家长会和家访等。在交流中，要讲究语言艺术，既不要对优等生的家长一味夸赞，也不能对后进生的家长讽刺、训斥；既要充分展现学生的优点，又要诚恳地指出学生的不足，让家长能够更深层次、更全面地了解学生，看到的是一个既有很多闪光点、又有一些小纰漏的真实的立体的可爱的孩子。同时，要善于倾听，既要倾听家长对孩子的了解和期望，也要倾听家长对教师工作的批评和建议。任何教师，无论他从事教育工作多少年，无论他具有多么丰富的实践经验和理论素养，都不可能是完美无缺的，要通过家长的反馈不断地改进和完善自己的工作。通过沟通与交流，教师和家长能在彼此信赖的基础上，从不同角度对学生提出不同的要求，共同引领学生，形成合力，促进学生健康成长。

案例 1-7

一个孩子的母亲，因孩子把她刚买回家的一块金表当成新鲜玩具而弄坏了，就狠狠地揍了孩子一顿，并把这件事告诉了孩子的老师。不料，这位老师却幽默地说："恐怕一个中国的'爱迪生'被你扼杀了。"这个母亲不解其意，老师为她分析说："孩子的这种行为是创造力的一种表现，你不该打孩子，要解放孩子的双手，让他从小就有动手的机会。"

"那我现在该怎么办？"这位母亲听了老师的话，对自己的行为后悔不迭。"补救的方法是有的。"老师接着说："你可以和孩子一起把金表送到钟表铺，让孩子站在一旁看修表匠如何修理。这样，钟表铺就成了课堂，修表匠就成了先生，你的孩子就成了学生，修表费就成了学费，你孩子的好奇心就可以得到满足。说不定，他还可以学会修理呢！"

这个故事中的那位老师就是我国著名的教育家陶行知先生。

点评：学生的全面发展既是学校教育、教师集体劳动的结晶，又是家庭和社会影响的结果。苏联教育家苏霍姆林斯基说："教育的效果取决于学校和家庭教育影响的一致性。如果没有这种一致性，那么学校的教学和教育过程就像纸做的房子一样倒塌下来。"

总而言之,教育人道主义原则要求教师:全方位有效地协调、处理好与教育过程具有直接或间接联系的对象之间的各种关系,尊重和关心这些对象的价值,并努力在教育过程中使这些价值能最大限度地发挥作用。

思考与练习

1. 如何理解教师职业道德原则在教师职业道德中的地位?
2. 阐述教师职业道德基本原则的内容及实施要求。

资料阅读

师德:一种高尚的人格精神[①]

20世纪50年代至60年代初,教过我的三位老师令我一生难忘,从他们的身上我受到了思想的启蒙、情操的陶冶、智慧的启迪,这些使我受益终身;从他们身上我渐渐懂得了"教师",明晓了"师德"。

在由农业合作社走向人民公社的那个年月,我在坎山镇边缘的一个村子的初级小学认识了第一位难忘的老师。她是这所小学唯一的教师,女性,她那时四十出头,大家管她叫盛老师。

小学的房子是用茅草加稻草盖成的,形如稻桶,人称"稻桶所(舍)"。学校有四五十个学生,四个年级复式教学。盛老师每天的生活被备课、上课和批改作业占据得差不多,煤油灯的光亮总在12点钟以后才可能熄灭。遇到上级有"扫盲"任务下来时,盛老师自然更加忙。她的教室白天坐的是小学生,晚上大汽灯下挤满了农民兄弟和姐妹。她的床和一张办公桌就安在教室的一角,用稻草篱笆加一扇盐板门与学生课桌相隔。她的厨房设在"稻桶"毗邻的小草舍里,最有价值的灶具是那个用竹篾把田泥围起来的"扛扛灶",煮饭烧水得十分小心。

盛老师对教书极其认真,板书字端正漂亮,每节课都要准备一大沓卡片,还自己动手制作了不少教具,最初教珠算用的大算盘,我记得是用黄麻杆截成算珠穿成的。她也组织体育活动,和学生们一起在用盐板搁成的球桌上打乒乓球,有时做"老鹰捉小鸡"之类的游戏。盛老师也常教我们唱歌,看着我们学会了唱《我们要和时间赛跑》《社会主义好》,她的脸上洋溢起快乐的笑。盛老师对学生真是如同慈母,学生家出不起学杂费,她帮助垫付;学生家拿不出椅子,她替他们买(以前学校曾经要求学生自带

---

① 周佳茂. 师德:一种高尚的人格精神[EB/OL]. (2004-09-08)[2016-10-21]. http://www.people.com.cn/GB/jiaoyu/8216/36676/36602/2769014.html.

椅子);学生有个头疼脑热,她为他们花钱请医。

在那个年代,盛老师每逢星期六中午放学后,就得步行7华里,匆匆赶到社小参加会议,又常常打着手电筒回校。尽管盛老师十分忙碌,但她同村民们有很多往来。一到星期天,她就去学生家做家访,农忙季节,她就到农民的田间地头参加义务劳动。村里的老百姓都把她当自己人,婚庆喜日请她到场,遇到为难之事也愿跟她商量。早些年在村里教书是由村民派饭的,吃百家饭,后来改取工资,每月长期是39元,盛老师往往花费其近半的工资资助急难村民。

我在盛老师那里读书的时间只有三年,接受的是启蒙教学,但这位可敬的女性却使我明白了师德的含义——师德是一种"乐",乐在安于职业,甘于清贫。

在盛行吃"食堂饭"的那年,我转学到龙虎小学读高小,在那里我遇上了第二位我心目中最尊敬的老师——郑毓晖老师,我认为她是一位中国乡村的"瓦尔瓦拉"。

郑老师的老家在杭州,早年毕业于杭州女中。据说,她的家人很不赞成她来乡下教书,曾经多次来找她回杭城,但她却抱定主意,服务乡村教育一辈子。她一直单身过日子,不曾结婚。几番番月圆月缺、几回回风霜雨雪,她依然只是与乡村孩子为伴,与乡村的课堂结缘。

那时她三十多岁,负责教授语文课,她的课上得很生动,总能用动情的语言吸引大家,也很注意让同学们思考问题,激发大家对语文学习的兴趣。有一次她批改作文,对着我的数学老师夸我的作文,让我直乐了好几天。不过,我在郑老师那里只读了一年书(五年级)。

当我再与她见面并在一起工作时,已经是1972年了,生产大队要我到学校当民办教师。能与尊敬的老师一起工作,是我的一段"造化",因为我从老师身上品尝到了世间"师爱"与"师德"的原汁原味。

我第一次家访,是跟郑老师一块去的,一连走了好几家。天时已晚,她班上有一名姓李的女生家离校很远,两天没上学了,她说心里惦记着,一定得去看看。快掌灯了,我们来到那个女生家,里屋床上躺着个病人,是小女孩的母亲,小女孩在灶间烧火做饭,柴草的烟熏得我打了个退步,但郑老师径直走到床前,和女孩的母亲拉起了长短。原来这女生的父亲两年前就得病过世了,她的母亲在这些天又受了风寒,干不了活,孩子放心不下就没有去学校。听说孩子母亲因缺钱还没看医生,郑老师急了,马上从自己身上取出仅有的两张五元票,交到女孩母亲的手上,要她明天一定去求医……回来的路上,郑老师又特意绕道到赤脚医生家,嘱咐他辛苦一趟去李家。后来我知道郑老师一直在照顾那位学生,经常去她家看望,她本来就不多的工资好多花在了学生身上。

郑老师是学校的老教师,教学经验丰富,她备课总是非常详细、认真。

有一个秋夜,家访归来的她带着一身倦意去推学校的小门,没想到一个趔趄,右眼撞在门环上,引起玻璃体浑浊、视网膜出血。她没有遵医生"多休息一段时间"的劝告,不出两天,缠着绷带的她就步入了教室。郑老师工作一直都很起劲,后来年事已高,向来瘦弱的她,健康一天不如一天,有一次竟因突发性休克晕倒在讲台前……

龙虎村好多家庭的两代人都在她那里读过书,当郑老师退休回杭州时,全村许许多多人过来送行,后来也有许多学生经常去她在建国中路杨衙弄三号的家看望她。这种对老师的眷恋之情自然来源于老师所付出的爱,这爱其实就是一种至高的师德,或者说,师德是一种爱,这"爱"须终生付出,默默去奉献。

1963年,已是初二学生的我,在衙前中学遇到了又一位难忘的语文老师——张汝扬先生。张老师是宁波人,大学毕业就落脚到凤凰山下。

要说张老师的好处,给我留下深刻印象的事例不下二十件,首先是他的课上得特别好,用语清晰,风趣幽默,抑扬顿挫,我们听他的课从来都是精神饱满的,也经常有陌生老师来听我们的语文课堂。张老师的文言文教学更有独到妙处,他能让诸如"曹刿""触龙""廉颇""蔺相如"等历史人物似活生生站立在我们身旁,至今让我记忆犹新。这种教学上的造诣,现在想来,必是张老师刻苦钻研教材,潜心施教的结果。

其次张老师待人一片赤诚之心。他当我们班主任那年,最初走进教室作自我介绍,就非常坦诚地向大家交心,剖白自己,说自己家庭出身是非劳动家庭,但是希望大家不要把他当成专政对象,他说他是多么愿意为党的教育事业好好工作,他愿意服务人民的教育事业一辈子。我当时虽不能洞察政治气候对于他有多大的压力,只是觉得张老师的情是洁白的,心是诚挚的。记得有个星期天我没回家,傍晚张老师看到我,动情地问我吃饭了没有,了解到我因远足耽误了吃饭后,当即跟食堂的老吴师傅联系特意加了小灶。曾有好几个星期六或星期日晚上,他都让我到他的小房间去看书、做作业、过夜,夜深时,他利用煤油灯上的余热煮熟面条让我充饥。

记得那时我和我的一位同学合吃一份菜,两人每月省下三元钱用于购买半导体零件,组装简易收音机。有一次因为不小心竟烧毁了一只高频管,我们只好继续省吃俭用花钱再买,可月底已到,下个月菜金要交,家里又不能多要,在窘急之时,是张老师为我垫付了菜金。后来也拒绝让我们归还,他那时的工资只有四十几元。

我还记得一次星期六晚上露营活动,贪玩的我们到后来全睡得很沉,张老师却一整夜没合眼,他守候在营帐口,以防毒虫的侵袭,还不时为我们驱赶蚊子或是盖毯子。

我从终生难忘的三位好老师身上领悟到"师德"的真义与"人师"的风貌。"人师"之"师德"是一种"乐",乐于教师职业;是一种爱,投向所爱的天地;是一种美,陶冶人之情操。人师之"师德"是忘我的、无私的,站方寸之位置,具天地之背景,燃泪之红烛,抽丝之春蚕。"师德",是一种高尚的人格精神!

第二章 教师职业道德规范

学习目标

1. 了解中华人民共和国成立以来教师职业道德规范的沿革。
2. 理解教师职业道德规范的含义、结构与功能。
3. 掌握我国教师职业道德规范的内容。
4. 结合具体事例说明如何在教育实践中践行教师职业道德规范。
5. 能自觉按照教师职业道德规范的要求不断完善自己。

在教师职业道德体系中,教师职业道德规范居于重要地位,它不仅是教师职业道德体系的基本构成要素,还是教师职业道德原则的体现、展开和具体化。教师职业道德修养是依据教师职业道德原则和教师职业道德规范进行的职业道德品质、职业道德意识方面的"自我锻炼"和"自我改造"。因此,教师职业道德规范是教师职业道德行为的标准。如果没有教师职业道德规范,教师职业道德修养就缺乏具体要求和标准,教师将难以达到应有的职业道德境界。教师只有自觉遵守教师职业道德规范,才能更好地履行教师职责和义务。

第一节 教师职业道德规范概述

第二章第一节

一、教师职业道德规范的含义

道德规范,是指一定社会历史条件下,指导和评价人们行为善恶的准则。此准则既包括一定社会或阶级以格言、戒律等形式自觉概括,以表达行为善恶的标准和规则,也包括在长期生活实践过程中人们自发形成的"应当"或"不应当"的道德关系。

道德规范与道德活动、道德意识之间的关系密切。首先,道德规范是在一定道德活动和道德意识的基础上概括形成的,集中体现着道德意识和道德活动的统一;其次,道德规范一旦形成,往往作为一种社会法则指导和制约人们的道德意识和道德活动。

所谓教师职业道德规范,是指教师在教育职业活动中必须遵循的行为准则。教师道德规范的产生和形成,有着深刻的社会根源,是由社会的物质生活条件、社会关系和职业的特点决定的,是教师在长期的教育教学实践中不断形成和发展的,也是由教师道德基本原则派生出并受其制约的。

二、教师职业道德规范的结构与功能

制定教师职业道德规范,必须首先明确规范的基本结构,包括规范的基本成分、层次、类型和合理的框架等,以便从整体上把握规范中所提出的各项要求。不同层次的教师职业道德规范具有不同的功能。

(一)教师职业道德规范的结构

1. 教师职业道德规范的基本成分

一套完备的教师职业道德规范,应当包括以下成分:说明教师职业道德规范颁行的目的;确立教师从事教育专业信奉的道德理想;阐明教师专业遵循的道德原则;制定教师专业履行的道德规则;提出教师专业恪守的道德标准;规定教师专业伦理规范的执行程序和修订程序。其中,教师职业道德理想、教师职业道德原则和教师职业道德规则是教师职业道德规范中必不可少的基本成分。

2. 教师职业道德规范的层次

教师职业道德理想、教师职业道德原则和教师职业道德规则作为教师职业道德规范中必不可少的三个基本成分,其层次关系可理解为:

教师职业道德规则是对教育专业行为的具体要求,教师职业道德原则是对各种规则的一般概括,教师职业道德理想体现各项原则的基本价值。

教师职业道德理想通过教师职业道德原则和规则得以体现,教师职业道德原则通过各种具体的教师职业道德规则得以落实。教师职业道德规则所反映的是对一个称职教师最基本的要求,与教师职业道德理想相比,教师职业道德规则更明确、具体、更具可操作性。在具体的教育情境中,当两条或两条以上的教师职业道德规则发生冲突时,教师需要诉诸更高层次的教师职业道德原则,以整合或化解冲突。当两条或两条以上的教师职业道德原则发生冲突时,教师需要诉诸更高层次的教师职业道德理想,以解决或消除矛盾。

由此可知,教师职业道德理想、教师职业道德原则、教师职业道德规则在师德规范中分别属于不同的层次,依次对应教师职业行为的最高要求、中级要求、最低要求。

3. 教师职业道德规范的类型

教师职业道德规范向每一位教育工作者指明在教育活动中如何按照教育职业道德的原则和规则,正确处理好个人利益与集体利益、社会利益的关系问题,指导每个教师在教育活动中正确选择自己的行为,保证教育工作的顺利进行和教育任务的出色完成。教师在教育工作中既要处理教师与国家、民族的关系,又要处理教师与教师之间、教师与领导之间、教师与学生之间、教师与学生家长之间、教师与其他教育机构之间的关系等。教师职业道德规范阐明对教师的道德要求,即道德义务或伦理职责。教师职业道德规范应处理好的关系可概括为以下几种类型[①]:第一,关于教师与国家、民族之间关系的道德要求,即对待教育事业的伦理职责;第二,关于教师与同事之间关系的道德要求,即对待从事教育工作的群体的伦理职责;第三,关于教师与学生之间关系的道德要求,即对待教育工作对象的伦理职责;第四,关于教师与家长和其他社会教育工作者之间关系的道德要求,即对待影响教育对象的社会群体的伦理职责。

4. 教师职业道德规范的合理框架

结构合理的教师职业道德规范由序言和主干构成。序言主要阐明规范颁布的目的及执行和修订规范的程序,阐明教育专业信奉的道德理想以及坚持的道德标准。主干部分重点阐述教师职业的道德原则和道德规则,采取一条原则统帅多条规则的方式,分别规定教师对学生和职业的道德责任和行为准则。

例如,从《美国教育协会道德规范》中就可看出教师职业道德原则与教师职业道德规则之间的关系。

《美国教育协会道德规范》[②]

原则一:对学生应承担的义务,教育者

1. 不能无故限制学生在学习中的独立活动;
2. 不能无故否定学生的独到见解;
3. 不能故意压制和歪曲体现学生进步的相关事实;
4. 尽量保护学生在学习、健康和安全方面免受伤害;

[①] 傅维利.教师职业道德教育指南[M].北京:高等教育出版社,2002:78.
[②] 费奥斯坦,费尔普斯.教师新概念——教师教育理论与实践[M].王建平,译.北京:中国轻工业出版社,2002:239—240.

5. 不能故意使学生处于尴尬境地和受到蔑视；

6. 不能基于种族、肤色、信条、性别、国籍、婚姻地位、政治或宗教信仰、家庭、社会或文化背景而呈现不公平的倾向：

   a. 不能将任何学生排除在任何活动之外；

   b. 不能否定任何学生的补助金；

   c. 不能准许任何学生有任何特权；

7. 不能利用学生的职业关系谋求个人利益；

8. 不能透露在职业过程中所获得的学生的个人信息，除非基于必需的职业企图或法律的需要。

原则二：对职业应承担的义务，教育者

1. 在申请教师职位时不能故意做出错误的陈述，不能制造与能力和资格有关的虚假材料；

2. 不能误传个人的职业资格和职业条件；

3. 不能协助任何在人格、教育或其他相关属性方面不合格的人成为专业教育人员；

4. 在候选人申请教育职位时，不能就他们的职业资格有意作出虚假陈述；

5. 不能帮助非教育者从事无水准的教育活动；

6. 不能透露在职业过程中所获得的同事的个人信息，除非基于必需的职业意图或法律的需要；

7. 不能有意用语言贬损或恶意中伤同事；

8. 不能接受任何可能削弱或影响职业决议或行为的赠物、礼物或恩惠。

（二）教师职业道德规范的功能

不同层次的教师职业道德规范对教育人员的职业行为，具有不同的规范功能。教师职业道德理想体现教育专业至善至极的道德境界，为教师确定了基本的价值取向和需不断追求的终极目标，激励教师形成高尚的职业行为。教师职业道德原则是指导教师职业行为的基础，所表明的是教育界认同的应当能够达到的要求，在执行过程中允许根据具体情况变通处理，具有一定的灵活性。教师职业道德规则是对教师职业行为最低限度的道德要求，无论是肯定性规则还是否定性规则，在执行当中都不可违反。

总体来说，教师职业道德理想具有激励功能，教师职业道德原则具有指导功能，教师职业道德规则具有约束功能。三者在教师职业道德规范体系中所占的比重，直接影响到整体体系功能的发挥。只有三者比例适当,教师职业道德规范结构合理,才可以全面发挥其规范功能;反之,则会导致功能不足或失调。

三、中华人民共和国成立以来教师职业道德规范的沿革

中华人民共和国成立以来,中小学教师职业道德规范主要体现在国家颁布的《中小学教师职业道德要求》(或《中小学教师职业道德规范》)中,这些规范是根据当时社会发展的需要制定的,反映了教师职业道德的时代性、继承性和实用性。

(一)1984年颁布的《中小学教师职业道德要求(试行草案)》

随着社会主义教育事业的发展,教师职业道德也在不断发展和完善。进入改革开放的历史时期后,教师职业道德增添了新的内容,发展到一个新的阶段,对完善教师的职业心理,形成教师特有的道德习惯、道德传统,以及推动教师的工作起着重要的作用。在此背景下,为进一步提高中小学教师职业道德水平,国家教委和全国教育工会于1984年10月13日颁发了《中小学教师职业道德要求(试行草案)》,旨在提高中小学教师的社会主义觉悟和共产主义道德情操,把青少年培养成有理想、有道德、有文化、有纪律的一代新人。具体内容如下:

中小学教师职业道德要求(试行草案)

一、热爱祖国,热爱中国共产党,热爱社会主义,热爱人民教育事业。

二、执行教育方针,遵循教育规律,面向全体学生,教书育人,培养学生德、智、体全面发展。

三、认真学习马列主义、毛泽东思想,学习科学文化知识和教育理论,钻研业务,精益求精,勇于创新。

四、热爱学生,了解学生,循循善诱,诲人不倦,不歧视、讽刺、体罚学生,建立民主、平等、亲密的师生关系。

五、奉公守法,遵守纪律;热爱学校,关心集体;谦虚谨慎,团结协作;与家长、社会紧密配合,共同教育学生。

六、衣着整洁,举止端庄,语言文明,礼貌待人,以身作则,为人师表。

由以上可知,该《中小学教师职业道德要求》具有以下特点:

第一,该规范根据优秀教师的经验和教师队伍的现状,归纳总结出教师应遵循的职业道德,体现了当时社会发展的要求。但是,该规范多是从宏观层面对教师职业提出要求,注重道德理想层次的追求,缺少具体可行的规则内容。

第二,该规范侧重于教师职业道德对学生的教育作用和对社会主义精神文明建设的意义,而对教育自身建设的需要缺乏足够的重视。

第三,虽然根据社会发展的要求,该规范为教师职业道德赋予了时代的特征,但在具体表述上没有明确的层次性。

(二) 1991年颁布的《中小学教师职业道德规范》

虽然实践证明,1984年颁布的《中小学教师职业道德要求(试行草案)》对中小学教师队伍建设起到了积极作用,但社会发展和教育改革的深入又为中小学教师队伍建设提出了新的要求。对此,1991年国家教育委员会和全国教育工会联合颁发《关于颁布〈中小学教师职业道德规范〉的通知》,文件指出:"加强教师的职业道德教育,提高教师的道德素养,是中小学教师队伍建设的一项基本任务,也是当前加强中小学教师思想政治工作的一项基本内容。教师队伍的思想、政治、道德素质如何,直接关系到我国能否培养一代社会主义事业建设者和接班人。各地必须予以高度重视。"[①]随后,国家教委、全国教育工会在总结1984年颁布的《中小学教师职业道德要求(试行草案)》的基础上对其进行了修订,并于1991年8月13日颁布了新的《中小学教师职业道德规范》,此规范对教师的根本信念、主要职责、基本态度,乃至作风、仪表等都做了明确规定和表达,并体现了教师职业道德的社会主义性质。其主要内容如下:

中小学教师职业道德规范

一、热爱社会主义祖国,拥护中国共产党的领导,学习和宣传马列主义、毛泽东思想,热爱教育事业,发扬奉献精神。

二、执行教育方针,遵循教育规律,尽职尽责,教书育人。

三、不断提高科学文化和教育理论水平,钻研业务,精益求精,实事求是,勇于探索。

四、面向全体学生,热爱、尊重、了解和严格要求学生,循循善诱,诲人不倦,保护学生身心健康。

五、热爱学校,关心集体,谦虚谨慎,团结协作,遵纪守法,作风正派。

六、衣着整洁、大方,举止端庄,语言文明,礼貌待人,以身作则,为人师表。

由以上可知,与1984年的《中小学教师职业道德要求》相比,该规范在对教师职业道德规范的具体表述上出现了明显变化,不仅对教师的职业道德要求提出了理想

---

① 中华人民共和国国家教育委员会人事司.教师职业道德[M].北京:新华出版社,1995:324.

层面的追求,同时也制定了一些原则性的要求,从而呈现出一定的层次性特征。但是,规范对教师具体工作中需要处理的几个关系没有明确表述。

(三) 1997年颁布的《中小学教师职业道德规范》

随着社会主义市场经济体制的确立和社会主义法制的健全,社会越来越需要高水平的教师职业道德。为此,教育部和全国教育工会依据《中共中央关于进一步加强和改进学校德育工作的若干意见》及《教师法》的精神,对1991年颁布实施的《中小学教师职业道德规范》进行修订,并于1997年颁布实施新的《中小学教师职业道德规范》。具体内容如下:

中小学教师职业道德规范
(1997年修订)

一、依法执教。学习和宣传马列主义、毛泽东思想和邓小平同志建设有中国特色社会主义理论,拥护党的基本路线,全面贯彻国家教育方针,自觉遵守《教师法》等法律法规,在教育教学中同党和国家的方针政策保持一致,不得有违背党和国家方针、政策的言行。

二、爱岗敬业。热爱教育,热爱学校,尽职尽责,教书育人,注意培养学生具有良好的思想品德。认真备课上课,认真批改作业,不敷衍塞责,不传播有害学生身心健康的思想。

三、热爱学生。关心爱护全体学生,尊重学生的人格,平等、公正对待学生。对学生严格要求,耐心教导,不讽刺、挖苦、歧视学生,不体罚或变相体罚学生,保护学生合法权益,促进学生全面、主动、健康发展。

四、严谨治学。树立优良学风,刻苦钻研业务,不断学习新知识,探索教育教学规律,改进教育教学方法,提高教育、教学和科研水平。

五、团结协作。谦虚谨慎、尊重同志,相互学习、相互帮助,维护其他教师在学生中的威信。关心集体,维护学校荣誉,共创文明校风。

六、尊重家长。主动与学生家长联系,认真听取意见和建议,取得支持与配合。积极宣传科学的教育思想和方法,不训斥、指责学生家长。

七、廉洁从教。坚守高尚情操,发挥奉献精神,自觉抵制社会不良风气影响。不利用职责之便谋取私利。

八、为人师表。模范遵守社会公德,衣着整洁得体,语言规范健康,举止文明礼貌,严于律己,作风正派,以身作则,注重身教。

由以上可知,与1991年颁布的《中小学教师职业道德规范》相比,此规范内容更

加具体,要求更高,具有以下特色:

第一,内容具有可操作性。该规范不仅在理想层面和原则层面提出了要求,而且在规则层面也提出了要求,实用性很强。

第二,对教育行业的整体建设有所考虑,但考虑不充分。制定教师职业道德规范时,应以专业化为基本导向,着眼于教育行业内部的发展需要,赢得专业自主权,把"教师职业道德规范"建设成为"教师专业道德规范"。

第三,赋予教师职业道德以时代特征。该规范根据社会发展的要求,为教师职业道德赋予了时代特征,并进行了一些探讨。但是,具体表述层次还不够明确,应从教师具体工作中需要处理的几种关系出发进行阐述。

(四) 2008年颁布的《中小学教师职业道德规范》

教育部、中国教科文卫体工会全国委员会,于2008年9月1日联合颁布并实施新修订的《中小学教师职业道德规范》,具体内容如下:

中小学教师职业道德规范

(2008年修订)

一、爱国守法。热爱祖国,热爱人民,拥护中国共产党领导,拥护社会主义。全面贯彻国家教育方针,自觉遵守教育法律法规,依法履行教师职责权利。不得有违背党和国家方针政策的言行。

二、爱岗敬业。忠诚于人民教育事业,志存高远,勤恳敬业,甘为人梯,乐于奉献。对工作高度负责,认真备课上课,认真批改作业,认真辅导学生。不得敷衍塞责。

三、关爱学生。关心爱护全体学生,尊重学生人格,平等公正对待学生。对学生严慈相济,做学生良师益友。保护学生安全,关心学生健康,维护学生权益。不讽刺、挖苦、歧视学生,不体罚或变相体罚学生。

四、教书育人。遵循教育规律,实施素质教育。循循善诱,诲人不倦,因材施教。培养学生良好品行,激发学生创新精神,促进学生全面发展。不以分数作为评价学生的唯一标准。

五、为人师表。坚守高尚情操,知荣明耻,严于律己,以身作则。衣着得体,语言规范,举止文明。关心集体,团结协作,尊重同事,尊重家长。作风正派,廉洁奉公。自觉抵制有偿家教,不利用职务之便谋取私利。

六、终身学习。崇尚科学精神,树立终身学习理念,拓宽知识视野,更新知识结构。潜心钻研业务,勇于探索创新,不断提高专业素养和教育教学水平。

1. 特点①

(1) 坚持以人为本。该规范充分体现了"教育以育人为本,以学生为主体""办学以人才为本,以教师为主体"的理念,强调尊重教师,强调教师责任与权利的统一。

(2) 坚持继承与创新相结合。该次修订继承以往规范执行以来的基本经验,吸收了以往规范中反映教师职业道德本质的基本要求,同时充分考虑社会、教育发展对教师职业道德提出的新要求,将优秀师德传统与时代要求相结合。

(3) 坚持广泛性与先进性相结合。该规范从教师队伍现状和实际出发,面向全体教师,对教师职业道德提出了基本要求,形成每位教师自觉遵守的行为准则,与此同时,又提出了体现时代精神的新的倡导性要求。

(4) 倡导性要求与禁止性规定相结合。该规范从教师职业道德的阶段性特征出发,针对当前师德建设中的共性问题和突出问题,在广泛征求意见的基础上,作出了若干禁行性规定。

(5) 他律与自律相结合。该规范在注重"他律"的同时,强调"自律",倡导广大教师自觉践行师德规范,把规范要求内化为自觉行为。

由以上可知,该规范在继承性、时代性和倡导性等方面确实较先前颁布的规范有较大进步。

2. 存在的不足之处

(1) 专业道德特征尚不够明显。该规范并没有紧紧围绕教育劳动的特点构建教师的专业道德,这使得"一些条目只要将主题词替换一下,就可以马上变成其他职业的道德规范"②,如"爱国守法""爱岗敬业""终身学习"等。

(2) 对教师职业道德的结构和层次的界定不明确。"由于教师职业道德规范……主要解决的是教师在教育工作中如何处理好几种主要工作关系的问题,因此,按照教师在教育工作中面临的几种主要关系构建教师职业道德规范的纵向体系,是最为清晰和全面的。"③此处"几种主要关系"是指教师与受教育者(学生)、教师与家长、教师与教师集体及其他教育工作者、教师与教育事业等之间的关系范畴。

(3) 具体性、针对性和可操作性没有得到更充分的改善。按照教师职业道德理

---

① 《人民教育》编辑部.学习贯彻《中小学教师职业道德规范(2008年修订)》的若干问题——教育部师范教育司负责人答本刊记者问[J].人民教育,2008(19):17—20.
② 檀传宝.当前师德建设应当特别关注的三大问题[J].中国教师,2007(2):25—27.
③ 傅维利,朱宁波.试论我国教师职业道德规范的基本体系和内容[J].中国教育学刊,2003(2):52—56.

想、原则和规则三个层次,由高到低、由抽象到具体制定教师职业道德规范,是西方国家的共同经验。然而,该规范在教师职业道德理想上着力过多,没有为每一条教师职业道德原则赋予明确的操作定义,更没有在规则层面上具体规定教师职业行为的底线,缺少在行为层面上对教师在教育工作中必须遵守的基本伦理要求的规定。对教师职业道德行为底线的要求应当直指教师外显行为特征,追求更强的可观察性、可操作性和可评估性。

(五)2018年颁布的《新时代中小学教师职业行为十项准则》

2018年11月8日,教育部正式印发实施《新时代中小学教师职业行为十项准则》(以下称《准则》),此次《准则》是结合新时代、新要求、新形势、新问题制定的教师职业行为规范,是规范教师行为的底线,是每个教师必须遵守的规矩。具体内容如下:

新时代中小学教师职业行为十项准则
(2018年11月8日修订)

教师是人类灵魂的工程师,是人类文明的传承者。长期以来,广大教师贯彻党的教育方针,教书育人,呕心沥血,默默奉献,为国家发展和民族振兴作出了重大贡献。新时代对广大教师落实立德树人根本任务提出新的更高要求,为进一步增强教师的责任感、使命感、荣誉感,规范职业行为,明确师德底线,引导广大教师努力成为有理想信念、有道德情操、有扎实学识、有仁爱之心的好老师,着力培养德智体美劳全面发展的社会主义建设者和接班人,特制定以下准则。

一、坚定政治方向。坚持以习近平新时代中国特色社会主义思想为指导,拥护中国共产党的领导,贯彻党的教育方针;不得在教育教学活动中及其他场合有损害党中央权威、违背党的路线方针政策的言行。

二、自觉爱国守法。忠于祖国,忠于人民,恪守宪法原则,遵守法律法规,依法履行教师职责;不得损害国家利益、社会公共利益,或违背社会公序良俗。

三、传播优秀文化。带头践行社会主义核心价值观,弘扬真善美,传递正能量;不得通过课堂、论坛、讲座、信息网络及其他渠道发表、转发错误观点,或编造散布虚假信息、不良信息。

四、潜心教书育人。落实立德树人根本任务,遵循教育规律和学生成长规律,因材施教,教学相长;不得违反教学纪律,敷衍教学,或擅自从事影响教育教学本职工作的兼职兼薪行为。

五、关心爱护学生。严慈相济,诲人不倦,真心关爱学生,严格要求学生,做学生良师益友;不得歧视、侮辱学生,严禁虐待、伤害学生。

六、加强安全防范。增强安全意识,加强安全教育,保护学生安全,防范事故风险;不得在教育教学活动中遇突发事件、面临危险时,不顾学生安危,擅离职守,自行逃离。

七、坚持言行雅正。为人师表,以身作则,举止文明,作风正派,自重自爱;不得与学生发生任何不正当关系,严禁任何形式的猥亵、性骚扰行为。

八、秉持公平诚信。坚持原则,处事公道,光明磊落,为人正直;不得在招生、考试、推优、保送及绩效考核、岗位聘用、职称评聘、评优评奖等工作中徇私舞弊、弄虚作假。

九、坚守廉洁自律。严于律己,清廉从教;不得索要、收受学生及家长财物或参加由学生及家长付费的宴请、旅游、娱乐休闲等活动,不得向学生推销图书报刊、教辅材料、社会保险或利用家长资源谋取私利。

十、规范从教行为。勤勉敬业,乐于奉献,自觉抵制不良风气;不得组织、参与有偿补课,或为校外培训机构和他人介绍生源、提供相关信息。

由以上可知,该《新时代中小学教师职业行为十项准则》具有以下特点:

第一,《准则》具有现实指导性。《准则》是教育部为弘扬高尚师德,明确底线行为,打造党和人民满意的高素质、专业化、创新型教师队伍,针对极个别教师理想信念模糊、育人意识淡薄、自我要求放松,甚至出现严重违反师德行为,损害教师队伍形象,影响学生健康成长的现象而制定的。

第二,《准则》具有实际针对性。《准则》结合中小学教师队伍的不同特点,提出十条针对性的要求,包括坚定政治方向、自觉爱国守法、传播优秀文化、爱岗敬业、关爱学生、诚实守信、廉洁自律等方面,每条要求既提出正面倡导,又划定师德底线。

第三,《准则》具有素养增强性。《准则》敦促中小学教师提高政治思想道德素养,时刻自重、自省、自励,增强行动自觉,做以德立身、以德施教、以德育德的教师,承担职责使命。

第二节　教师职业道德规范的内容(上)

2008年9月1日,我国教育部、教科文卫体工会全国委员会联合颁布并实施新修订的《中小学教师职业道德规范》,其具体内容包括爱国守法、爱岗敬业、关爱学生、教书育人、为人师表和终身学习等六个方面。本节和下一节主要从六个方面对当前我

国教师职业道德规范内容进行阐释。

一、爱国守法

《中小学教师职业道德规范(2008年修订)》中,把"爱国守法"这一内容放在首要位置,这说明此内容不仅是每个公民必须具备的崇高道德品质,也是对教师这一职业提出的基本要求。具体内容为:"爱国守法。热爱祖国,热爱人民,拥护中国共产党领导,拥护社会主义。全面贯彻国家教育方针,自觉遵守教育法律法规,依法履行教师职责权利。不得有违背党和国家方针政策的言行。"

可见,"爱国守法"作为中小学教师职业道德规范的具体内容之一,主要从"爱国"和"守法"两个方面对教师提出了具体要求。以下分别从这两个方面展开论述。

(一) 爱国

爱国主义,既是一种道德情感,也是一个国家的人民在长期的历史发展中逐渐积累形成的文化传统。"爱国情感深刻地体现了个人与祖国的道德关系,它对人们的思想和行为产生强烈的影响,使个人把自己的命运同祖国的命运紧密结合在一起,肩负起祖国强盛、民族发展、人民富裕的历史责任。"[①]爱国是一种高尚的道德心理体验,可表现为对祖国深切依恋的归属感;对祖国地理、历史、发展现状和国际地位的自豪感;对维护国家利益的责任感和使命感。

爱国主义不仅是一个口号,更要求人们身体力行,以报效祖国的实际行动来体现自己的爱国觉悟、情感和志向。对教师这一特殊职业而言,最好的爱国方式是把对祖国的热爱、对学生的关爱、对教育事业的责任感结合起来,在强化自身爱国情怀的同时,对学生进行爱国主义教育。

1. 强化教师自身的爱国情怀

弘扬爱国主义精神是每一位公民应尽的义务,教师肩负着对学生进行爱国主义教育的重任。为了更好地对学生进行爱国主义教育,教师必须强化自身的爱国情怀,成为忠诚的爱国者,具体有以下途径:

(1)熟悉祖国灿烂的历史文化,关心国家的前途与命运

中国作为世界四大文明古国之一,有着悠久的历史和灿烂的文化。熟悉祖国灿烂的历史文化,不仅能拓展国民的视野,也能激发国民的爱国热情和民族自尊心、自豪感。教师要有广博的文化基础知识,不仅要了解国家辉煌灿烂的历史,也要了解国

---

① 中华人民共和国国家教委人事司.教师职业道德[M].北京:新华出版社,广西人民出版社,1995:78.

家曾经历的屈辱和挫折,还要关注国家目前的处境以及国家对国民的需要和期望。在日新月异的信息时代,教师要以满腔的热情和主人翁精神,时刻了解和掌握各领域变化,关心社会生活中的大事,了解国内国际局势,做到"家事、国事、天下事,事事关心"。

(2) 捍卫国家尊严,维护国家独立统一

捍卫国家尊严,就是要把祖国和民族的利益放在高于一切的位置上。教师要做热爱祖国的典范,为人师表,不崇洋媚外,不做人格低下、有损国格的事,通过自己的言行维护祖国的国格完美,为学生树立爱国的榜样。立足我国国情,坚决同一切分裂祖国的言行做斗争,遇到关乎国家利益的关键问题时,教师要注意对学生进行引导,表现出在政治上、道德上的坚定性和坚韧性,要捍卫国家的尊严和维护国家的统一,传达出对国家和民族的自信心。

(3) 立足本职工作,为国家培养全面发展的人才

教育事业是国家事业、人类事业,教师做好本职工作就是热爱祖国的最好表现,就是为国家作贡献。教师必须认识到自己的本职工作是与民族的未来、国家的繁荣昌盛紧密联系在一起的,必须加强爱国的职业道德修养,发扬爱国主义精神。苏联教育家加里宁说:"国家和人民把儿童托付给教师们,要他们来教育这些按年龄来说最容易受影响的人,依托教师来培养、教育和造就这代青年人,也就是说,把自己的希望和未来完全嘱托给他们。这乃是把伟大责任加在教师们身上的一种重托。"[1]

因此,教师应将爱国主义情怀融合到本职工作中,努力把青少年培养成为德、智、体、美、劳全面发展的社会主义事业的建设者和接班人。

案例 2-1

全国最美教师:刘秀祥[2]

刘秀祥是贵州省黔西南州望谟县实验高中的党总支副书记、副校长。他从小学三年级起,就和患病失去生活自理能力的母亲相依为命,被当地人称为"贵州第一孝子"。2008年,他"千里背母上大学"的事迹被《人民日报》

---

[1] 转引自贾本乾,王可植.中小学教师职业道德规范讲座[M].成都:成都科技大学出版社,1992:52.
[2] 杨芷英.教师职业道德[M].北京:高等教育出版社,2022:71.

及多家中央媒体报道后,在社会上引起了强烈反响。大学毕业后,他放弃优厚的待遇,回到贵州大山里当了一名普普通通的教师,助力千名贫困学子圆了大学梦。教学之余,他积极开展公益活动,在全国巡回励志演讲1000多场,听众上百万人,牵线"一对一"资助了贫困学子1700多人,用自己的人生经历去鼓舞和感染更多的人。同时,他还为山区的贫困学生和贫困农民募捐,从山东临沂大学、山东临沂阳光保险公司、上海大学及曲阜师范大学等处筹集了40000余件衣物、文具及书籍。刘秀祥获得了贵州省黔西南州十大杰出青年、贵州省五一劳动奖章、贵州省劳动模范、贵州省青年五四奖章等荣誉,曾两次入选"中国好人榜"。2020年4月28日,刘秀祥获颁第24届"中国青年五四奖章",同年9月10日,中宣部、教育部授予刘秀祥"全国最美教师"荣誉称号。2022年,刘秀祥当选中共二十大代表。

案例 2-2[①]

朱自清是清华大学教授、著名文学家。抗日战争结束后,美国政府一方面支持国民党发动内战,另一方面又通过签订条约的方式在中国获取了许多特权,还加紧武装战败国日本,对中国重新造成威胁。当时物品奇缺,物价飞涨,很多人在饥饿和死亡线上挣扎。人民对美国和国民党政府十分不满,反抗的呼声越来越高。美国为了支持国民政府、降低人民的反抗声浪,运来了一些面粉,美其名曰要"救济"中国人。朱自清看透了美国的用心,认为美国的救济是对中国人的侮辱。他和一些学者一起,在一份宣言上庄重地签上了自己的名字。那份宣言表示,坚决拒绝美国的"援助",不领美国的面粉。当时,朱自清正患有严重的胃病,身体非常瘦弱,体重甚至不到40公斤,他经常呕吐,有时整夜都不能入睡。拒领救济面粉意味着每月生活费要减少600万法币,朱自清由此生活得更加困难。但是,为了民族大义,他仍然坚决拒领那些别有用心的"赏赐"。他在日记中写道,"坚信我的签名之举是正确的。因为反对美国武装日本的政策,

---

[①] 杨芷英.教师职业道德[M].北京:高等教育出版社,2022:77.

> 要采取直接的行动,就不应该逃避自己的责任"。两个月后,朱自清因贫病交加,不幸去世。他宁肯挨饿而死,也不肯领带有侮辱意味的"救济粮",表现了一个中国人和一名大学教师应有的尊严。

2. 对学生进行爱国主义教育

教师爱国不仅表现在教师自身的言谈举止之中,而且也表现在教师对学生进行爱国主义教育的过程中。教师要对祖国有全面深刻的认识,要了解祖国的壮丽山河、悠久历史和灿烂文化,要了解当下的国情、中国共产党党情以及各民族的风土人情,并把这些融入自己的血脉之中,化为自己思想的重要组成部分。只有这样,教师才能用自己的爱国主义思想和情感,点燃学生的爱国主义火花,使爱国主义文化传统代代相传。正如我国著名特级教师于漪所说:"老师最使我崇敬的是他们热爱祖国的精神,我在中小学受到的爱国主义教育,对我一生处事行事有极其重大的影响。""语文老师朗读岳飞的《满江红》,慷慨激昂,满座震动;朗读辛弃疾的《南乡子·登京口北固亭怀古》,悲愤填膺,潸然泪下;历史老师列举帝国主义列强瓜分中国的罪行,'是时俄据旅顺大连湾,德据胶州湾,英据威海卫,法据广州湾……'简直是一声声控诉,一行行泪;体育老师告诫我们要雪'东亚病夫'之耻;音乐老师教唱《苏武牧羊》,'苏武留胡节不辱,雪地又冰天,忍辱十九年……'尽管曲调是那么'温柔敦厚',内心却激动不已……老师就是这样以自己对祖国的挚爱在学生灵魂深处点燃热爱祖国的火焰,激发学生的爱国主义情怀。"①

在当前全球化教育改革的背景下,对学生进行爱国主义教育还要注意以下几点:

(1) 尊重世界各民族的文化,培养开放、包容的爱国情怀

在国际视野下进行爱国主义教育,要在尊重世界各民族文化传统的基础上,培养具有开放性、包容性的爱国情怀,防止爱国主义变成狭隘的民族主义。在经济全球化的背景下,各国间的联系日益密切,相互依存度越来越高,教师要让学生认识到中国的发展和进步是世界发展和进步的一部分。"我们坚持的爱国主义同狭隘的民族主义是有本质区别的。要使人民懂得,坚持对外开放,认真学习世界各民族的长处,积极引进先进的科学技术和经营管理经验,增强我们自力更

---

① 贾本乾,王可植.中小学教师职业道德规范讲座[M].成都:成都科技大学出版社,1992:35.

生的能力,加快祖国的发展,这本身就是爱国主义的重要内容。"①因此,教师对学生进行爱国主义教育,要有开放心态,强调全球意识,反对狭隘的民族主义和狭隘的爱国主义。

(2) 尊重真实的历史,理性对待国家的现实

全球化背景下,每个国家都需要与其他国家相互交流、学习,汲取其他国家文化、文明中先进的东西,促进自身的可持续发展。因此,对学生进行爱国主义教育要强调形成一种理性精神,辩证看待各国间文化、文明的碰撞。理性的爱国主义要做到与不同国家和民族和平共处,求同存异,互相学习,取长补短,共同发展。教师要告诉学生,任何国家的历史和现实都既有光辉的一面,也有阴暗的一面;自己的国家也一样,不能美化、粉饰自己国家的历史。同时,要让学生理性看待中国发展的现状,认识到当下中国的发展日新月异,在世界政治经济发展中占有重要的地位,但与发达国家仍然有很大差距。

(3) 引导学生发愤图强、刻苦学习,为社会主义建设作贡献

对学生进行爱国主义教育,是学校德育工作的重要内容。学生对祖国的了解、认识,对祖国发自内心的爱,主要是在学校学习期间培养形成的。知之深,方能爱之切。学生爱国主义的深厚感情来源于对祖国的深刻认识。因此,培养学生爱国情感,最重要的是引导学生发愤图强、刻苦学习。只有如此,学生才能了解自己的国家、人民,才能产生对国家和人民深切的爱,才能掌握为国家和人民奋斗的本领,进而将爱国主义情感转化为实际行动——为中华之崛起而奋斗。学生要始终牢记自己是中华儿女,要爱护国旗、国徽、国歌,要维护国家尊严和荣誉,维护国家统一和领土完整,要关心国家大事,关心国家的前途和命运。

> **案例 2-3**
>
> **微型山村小学坚持升国旗**②
>
> 福建省邵武市大埠岗镇溪上村小学,是一所由一位教师和两名学生组成的微型小学。唯一的教师陈衍贞,于2008年来到这所闽北山区最偏僻的小学,此后扎根小学数十载,为当地的教育事业呕心沥血,倾情奉献。陈衍

---

① 梁金霞,黄祖辉.道德教育全球视域[M].广州:华南理工大学出版社,2007:83.
② 转引自:杨芳.一所小学两个娃[M]//教育部教师工作司.为了未来——教师职业道德读本(中小学教师分册).北京:高等教育出版社,2013:42—44,有改动.

贞身兼数职,不仅负责所有课程的教学,而且还担任包括校长、教导主任等在内的一切职务。两名学生是何国香、何国华姐弟俩。

对师生三人来说,最为庄严的时刻,莫过于每周一举行的升国旗仪式。旗台设在操场的一角,用水泥垒成。旗杆上面的油漆由于风吹日晒剥落得只剩下铁锈。早上8点钟,陈衍贞从办公室里拿出国旗,三个人开始举行升旗仪式。

没有乐队奏响国歌,也没有国旗护卫队整齐地走过,更没有数万人前来观看,但这丝毫没有影响升旗仪式的庄严。陈老师把国旗系在一条绿色的尼龙绳上,转头指挥两名学生:"行队礼!"

一高一矮的两名学生并排站在一棵桂花树旁,强烈的阳光刺得他们眯起了眼。尽管如此,当听到老师的口令声,他们依然将右手举过头顶,努力抬起头望着徐徐升起的国旗。有时,凝视着国旗,这两个不谙世事的孩子,眼角会有点湿润,"就好像要流泪一样"。

不到一分钟的时间,国旗就升到了旗杆的顶部。为了使国旗更加飘扬,陈老师用力拽了两下,在微风的轻拂下,竹竿打着旗杆"嗒嗒"作响。清晨的薄雾已经逐渐散去,白云舒展地飘浮在蓝天上。在这片满眼翠绿的山谷里,这面相当于两块枕巾大小的国旗,和下方站着的一高两矮三个人,组成了一幅这个山区里最有意味的画面。

点评:这所微型山村小学的师生三人每周坚持升国旗,他们用行动表达了自己的爱国情感。对教师陈衍贞而言,爱国是一种信仰、信念,是支撑他扎根偏远山区投身教育的精神支柱;对两名学生而言,国家的繁荣昌盛给他们提供了受教育的机会,对国旗的尊重、爱护以及升国旗时的庄严与神圣感是他们表达爱国情感的最佳方式。

(二) 守法

《教师法》规定:"中国公民凡遵守宪法和法律,热爱教育事业,具有良好的思想品德,具备本法规定的学历或者经国家教师资格考试合格,有教育教学能力,经认定合格的,可以取得教师资格。"由此可知,要取得中国的教师资格,必须具有中国国籍,必须遵守中国的宪法和法律,这是对我国教师最基本的要求。

《中小学教师职业道德规范(2008年修订)》中对教师"守法"的规定是:教师"全

面贯彻国家教育方针,自觉遵守教育法律法规,依法履行教师职责权利。不得有违背党和国家方针政策的言行。"基于此,以下从教师全面贯彻国家的教育方针、遵守有关教育的法律规定、依法行使教育权利、依法履行教育义务等四个方面对教师"守法"进行阐释。

1. 全面贯彻国家的教育方针

教育的目的是什么？教育的价值是什么？教育的目的不是用教育手段判断学生好坏,筛选"好学生""坏学生",而是为学生提供教育资源,让他们能够以健康的方式自主提高身体素质、心理素质、知识水平和创造能力。教育的价值是促进学生全面发展,成为幸福的人。国家以法律形式明确规定的教育方针,体现了教育的目标和价值。

第十三届全国人大常委会第二十八次会议通过《关于修改〈中华人民共和国教育法〉的决定》,将第五条修改为"教育必须为社会主义现代化建设服务、为人民服务,必须与生产劳动和社会实践相结合,培养德智体美劳全面发展的社会主义建设者和接班人",将党的教育方针落实为国家的法律规范。

全面贯彻落实国家的教育方针,必须实施素质教育。所谓素质,是指人在先天生理基础上,受后天环境和教育影响,通过自身认识和实践,形成相对稳定的身心发展的基本品质。所谓素质教育,是指以提高人的思想道德素质、文化素质、专业素质、身体素质和心理素质为根本内容和目的的教育。[①] 有关素质教育的理论,见仁见智。其中,原中国科学技术协会科普研究所所长袁正光归纳提出的"学生人格素质",具有一定的科学性,见表2-1。[②]

表2-1 学生人格素质表

素质类别	认知对象	思维方式	沟通方式	价值标准	气质特征
科学素质	客观世界	理性	事实与逻辑　晓之以理	真	理智
艺术素质	情感世界	感性	感觉与形象　动之以情	善	激情
信仰素质	心灵世界	悟性	心灵默契　抚人之心	美	虔诚
人文素质	与人、社会的关系	三性皆有	分别运用	爱	真诚

---

① 中小学教师通识培训教材编写组.中小学教师职业道德研修读本[M].北京:高等教育出版社,2012:7.
② 杨春茂.师德启思[M].北京:人民日报出版社,2012:81—82.

依据上表,全面贯彻国家的教育方针,实施素质教育,社会、学校、家庭都应当注重培养学生上述四个方面的素质,即人类普遍认同的价值标准:真、善、美、爱。

教师作为国家教育方针的执行者,必须具有良好的道德素质和法治意识,才能全面贯彻国家的教育方针,全面实施素质教育,培养德、智、体、美、劳全面发展的社会主义事业建设者和接班人。

2. 遵守有关教育的法律规定

作为公民,教师要带头遵守国家法律;作为从事教育职业的公民,教师应当自觉遵守与自己的职业活动有关的法律,依据法律法规从事教育工作,自觉遵守教育法律法规,依法行使教师的权利,履行教师的义务。

当前,与中小学教师职业活动相关的法律法规有《义务教育法》《教育法》《教师法》《未成年人保护法》《职业教育法》《教师资格条例》《中小学教师违反职业道德行为处理办法(2018 年修订)》等。总体而言,以上列举的与中小学教师职业活动相关的法律法规中,关于教师职业道德主要涉及以下几个方面:

(1) 教师职业理想

教师职业理想的树立与教师职业性质有着密切的联系。《中华人民共和国教师法(修订草案)(征求意见稿)》第三条规定:"教师承担着为党育人、为国育才,立德树人,培养德智体美劳全面发展的社会主义建设者和接班人、提高民族素质的崇高使命。教师应当为人师表,有理想信念、有道德情操、有扎实学识、有仁爱之心,忠诚于党和人民的教育事业。"这不仅对教师职业性质进行了阐释,也对教师职业理想做出了原则上的规定。

(2) 教师职业技能

职业道德修养不仅包括一个人的思想境界水平,还包括一个人从事某一职业所必需的能力,即职业技能。教师职业技能是教师从事职业活动必须具备的技术与能力。为了保证教师不断提高职业技能,顺利完成教育教学任务,《中华人民共和国教师法(修订草案)(征求意见稿)》第九条规定:教师享有自主开展教育教学活动并获得相应设施设备支持和资源保障;从事科学研究、学术交流,参加专业的学术团体,在学术活动中充分发表意见的权利。为此,各级人民政府、教育行政部门以及学校和其他教育机构应该为教师职业技能的提高创造条件,履行以下职责:

① 提供符合国家安全标准的教育教学设施和设备。

② 提供必需的图书、资料以及其他教育教学用品。

③ 对教师在教育教学、科学研究中的创造性工作给予鼓励和帮助。

④ 支持教师制止有害学生的行为或者其他侵犯学生合法权益的行为。

(3) 教师职业纪律

职业纪律是劳动者必须遵循的行为规范。不同的职业有不同的纪律要求,教师职业纪律的基本要求可以归纳为以下几类:

① 遵守教学时间的规定,不迟到,不拖堂。

② 遵守教学计划的规定,按时完成教学任务。

③ 遵守教学态度的规定,认真备课、上课、批改作业,认真开展课外活动。

④ 遵守禁止体罚和变相体罚的规定,不打骂学生,不乱罚款,乱收费,等等。

教师如果违反了职业道德,那么就应该受到惩罚。《中小学教师违反职业道德行为处理办法(2018年修订)》中明确指出,学校及学校主管教育部门发现教师存在违反职业道德行为的,应当及时组织调查核实,视情节轻重给予相应处理。根据《办法》第四条,以下违反教师职业道德的行为应予以处理。

(1) 在教育教学活动中及其他场合有损害党中央权威、违背党的路线方针政策的言行。

(2) 损害国家利益、社会公共利益,或违背社会公序良俗。

(3) 通过课堂、论坛、讲座、信息网络及其他渠道发表、转发错误观点,或编造散布虚假信息、不良信息。

(4) 违反教学纪律,敷衍教学,或擅自从事影响教育教学本职工作的兼职兼薪行为。

(5) 歧视、侮辱学生,虐待、伤害学生。

(6) 在教育教学活动中遇突发事件、面临危险时,不顾学生安危,擅离职守,自行逃离。

(7) 与学生发生不正当关系,有任何形式的猥亵、性骚扰行为。

(8) 在招生、考试、推优、保送及绩效考核、岗位聘用、职称评聘、评优评奖等工作中徇私舞弊、弄虚作假。

(9) 索要、收受学生及家长财物或参加由学生及家长付费的宴请、旅游、娱乐休闲等活动,向学生推销图书报刊、教辅材料、社会保险或利用家长资源谋取私利。

(10) 组织、参与有偿补课,或为校外培训机构和他人介绍生源、提供相关信息。

(11) 其他违反职业道德的行为。

案例 2-4[①]

某中学教师肖某某在课堂上歧视、侮辱学生问题

2021年2月,肖某某在课堂上发表通过家长收入水平质疑家长素质以及歧视、侮辱学生等言论。肖某某的行为违反了《新时代中小学教师职业行为十项准则》第五项规定。根据《中华人民共和国教师法》《中国共产党纪律处分条例》《教师资格条例》《事业单位工作人员处分暂行规定》等相关规定,给予肖某某党内严重警告处分,降低岗位等级处理,并将其调离岗位;撤销其教师资格,收缴教师资格证书,将其列入教师资格限制库,5年内不得重新取得教师资格。对学校主要负责人进行问责,给予党内警告处分。

案例 2-5[②]

某中学教师刘某开办校外培训班、诱导学生参加有偿补课问题

2018年,刘某开办某艺术培训中心,利用晚上和周末为本校及校外学生进行有偿补课。刘某的行为违反了《新时代中小学教师职业行为十项准则》第十项规定。根据《事业单位工作人员处分暂行规定》《中小学教师违反职业道德行为处理办法(2018年修订)》等有关规定,对刘某做出行政警告处分,扣除一年奖励性绩效工资、取消其两年内评优评先资格、全校范围内作出检查的处理。对学校主要负责人进行通报批评、诫勉谈话。

[①] 中华人民共和国教育部. 师德警示教育(二):违反中小学教师职业行为十项准则典型案例[EB/OL]. (2021-05-11)[2024-12-24]. http://www.moe.gov.cn/jyb_xwfb/moe_2082/2021/2021_zl37/jiaoyujingshi/202105/t20210511_530820.html.

[②] 中华人民共和国教育部. 师德警示教育(二):违反中小学教师职业行为十项准则典型案例[EB/OL]. (2021-05-11)[2024-12-24]. http://www.moe.gov.cn/jyb_xwfb/moe_2082/2021/2021_zl37/jiaoyujingshi/202105/t20210511_530820.html.

> **案例 2-6**[①]
>
> 对某地6所中小学592名学生的问卷调查发现,受过体罚或变相体罚的学生所占比例达45%。体罚形式归结起来主要有三类:第一类是直接伤害学生身体,第二类是侮辱学生人格,第三类是变相体罚,如罚多做作业,罚在校劳动等。

教师体罚学生,后果不可小觑。根据教育规律和人的成长规律分析,体罚学生至少会造成以下几种后果[②]:

① 学生的身体健康权和人格尊严权受到侵犯,影响学生身心健康发展,使学生产生无助感和羞辱感,从而对他人、对社会变得冷漠甚至敌视。

② 一个学生涉及教师与学生、学校与学生、家长与学校、家长与教师多重关系,体罚会引起学生与学校和教师的对立,甚至会出现学生或家长报复学校,学校正常的教育秩序受到干扰,伤害教师等严重后果。

③ 体罚学生的教师违背了相关的法律规定,要承担相应的法律责任以及受到行政处罚等相应的处理,对教师的工作和个人成长、个人发展不利。

④ 因体罚学生引起的法律纠纷,使有关国家机关特别是教育行政部门、学校要为解决这些纠纷付出人力、时间、精力甚至物力,增大了社会管理成本。

⑤ 教师用违法的手段处理学生出现的问题,一方面让学生认为教师不懂法或者知法犯法,影响教师威信;另一方面,教师的这种言传身教向学生发出错误的信息,使他们认为暴力可以解决问题,容易影响学生无视法律而成为法盲。

⑥ 体罚容易使学生为了逃避惩罚而说谎,而且这种说谎多次重复,成为习惯后会影响学生的一生。

自觉遵守法律法规,在自己的职业生活中避免体罚学生之类的违法行为,应当成为我们每位教师依法执教的自觉行动。

3. 依法行使教育权利、依法履行教育义务

教师在从事职业活动的过程中应依法行使教育权利,并且依法履行教育义务。

[①] 杨春茂.师德启思[M].北京:人民日报出版社,2012:87.
[②] 杨春茂.师德启思[M].北京:人民日报出版社,2012:88—89.

（1）依法行使教育权利

教师的权利，是指法律规定教师在履行教育教学职责时，必须享有的权益。《教师法》第七条规定教师应当享有下列权利：

（一）进行教育教学活动，开展教育教学改革和实验；

（二）从事科学研究、学术交流，参加专业的学术团体，在学术活动中充分发表意见；

（三）指导学生的学习和发展，评定学生的品行和学业成绩；

（四）按时获取工资报酬，享受国家规定的福利待遇以及寒暑假期的带薪休假；

（五）对学校教育教学、管理工作和教育行政部门的工作提出意见和建议，通过教职工代表大会或者其他形式，参与学校的民主管理；

（六）参加进修或者其他方式的培训。

（2）依法履行教育义务

教师的义务，是指法律要求教师在从事教育教学活动中作出或不作出一定行为，是对教师一定行为的约束。规定教师义务的目的在于促使教师忠实地履行自己的法定义务。《教师法》第八条规定教师应履行下列义务：

（一）遵守宪法、法律和职业道德，为人师表；

（二）贯彻国家的教育方针，遵守规章制度，执行学校的教学计划，履行教师聘约，完成教育教学工作任务；

（三）对学生进行宪法所确定的基本原则的教育和爱国主义、民族团结的教育，法制教育以及思想品德、文化、科学技术教育，组织、带领学生开展有益的社会活动；

（四）关心、爱护全体学生，尊重学生人格，促进学生在品德、智力、体质等方面全面发展；

（五）制止有害于学生的行为或者其他侵犯学生合法权益的行为，批评和抵制有害于学生健康成长的现象；

（六）不断提高思想政治觉悟和教育教学业务水平。

案例 2-7

道德、权利与责任[①]

小王是某市某小学的一名美术教师,1992年被分配到该校工作。年轻人刚走上工作岗位,工作热情特别高,再加上以三年师范学校专业课的学习与职业技能的训练为基础,他很快适应了学校的教学工作,曾连续两年在市、区公开举行的教学技能比赛中,取得了很好的成绩。

工作几年以后,小王开始对学校领导家长式的管理作风感到不满,但是并未与领导产生严重的摩擦。在工作上小王依然积极肯干,各方面的表现都很出色。并且经过几年刻苦努力的学习,还取得了高等学校函授教育本科的学历。但是,小王并未就此感到满足,他想脱产学习,继续到高等学校深造。然而目前,我国中小学教师管理制度非常严格,因此他的想法很难得到学校的认可。怎样才能获得脱产学习的机会,小王始终没有想到一个好的办法。在小王的单位有一位姓李的老师,尽管身体很健康,却以身体有病为由连续向学校请了6个月病假,随后便办理了停薪留职的手续,一直没有再来上班,整日在外面做买卖。小王听说以后,感到这个主意不错。因此,他准备模仿李老师办理停薪留职的手续,那么自己就可以获得进一步学习和深造的机会。于是他开始向学校递交病假条。过了几个月,学校领导发现苗头有点不对,对他请的病假开始产生了怀疑,于是打电话对小王说:"如果你有什么想法,尽管直说,学校会尽力帮助你的。"小王接到电话后,认为自费进修对于学校来说也是一件好事,并且校长此前一直对自己不错,于是决定向校长直接表明自己的想法,以争取得到校长的同意与支持。

然而,当小王把自己的想法原原本本地向校长说明后,校长并没有立即做出任何答复。第二天,校长托人转告小王必须做出最后的选择:一种选择是回学校上班,另一种选择是和学校脱离关系。小王想来想去这两条路都不合适。其一,若选择回学校上班,他交的学费就会全部作废,并且他也将失去好不容易获得的进修的机会;其二,他也不想与学校脱离关系,进修结束后还想回学校工作。再三权衡下,为了提高自身素质,小王最终决定继续

[①] 教育部师范教育司.新世纪教师职业道德修养[M].北京:教育科学出版社,2002:122—125.

进修下去。

于是小王把自己的决定告知了学校,并且仍然和往常一样继续去进修。过了一段时间以后,小王接到了由单位同事转交给他的调离单位的通知,这使他感到很突然。于是小王又找到校长,想问明原因。校长给予的答复是,因为你很长时间没有上班,所以学校对你做出了调离学校的决定,并扣发你没有上班以来的8个月工资。

对此,小王感到非常茫然,不知自己选择进修错在哪里。

点评:

学校在处理此事件的过程中有许多不妥之处:

首先,学校并没有从保护教师的权利与利益出发,耐心去做小王的思想工作,通过协商找到解决问题的最好办法;其次,学校对小王做出扣发8个月工资并调离原工作单位的决定,缺乏法律依据。

学校在处理此事件时应注意以下几点:

首先,学校应该依据《教师法》的规定,鼓励教师参加各种形式的进修和培训活动,并为教师个人的学习与发展创造积极的、有利的条件;其次,学校应把此情况及时反映给上级主管部门,由主管部门依据有关规定,对小王做出处理决定;最后,学校应该把处理结果及时告知小王本人。

小王进修的出发点是好的,并没有违背教师职业道德规范的要求,也没有违反国家法律法规。相反,教师就应该有不断进取的精神,这是提高教师职业道德修养的前提之一。但是小王解决问题的方式不尽合理:其一,小王的脱产进修未经学校允许;其二,小王的进修学习与学校教学工作发生冲突;其三,小王虚开病假条,不符合教师职业道德规范的要求。

小王要获得进修的权利要注意以下几点:其一,不能影响学校的正常教学工作;其二,应争取得到学校的同意;其三,要选择适当的时间与进修形式;其四,要有法治意识,既不能违法犯法,又要学会用法律的武器来保护自己正当的、合法的权利。

二、爱岗敬业

(一)爱岗敬业的内涵与要求

1. 爱岗敬业的内涵

爱岗敬业是教师职业道德规范的重要内容之一,是处理教师个体与教育职业之间关系的准则。爱岗敬业是爱岗与敬业的总称。所谓爱岗,是教师对自己工作岗位的热爱,安心从事本职工作,有强烈的使命感和责任感,并能稳定、持久、恪尽职守地做好教育教学工作。所谓敬业,是指教师认识到了自己本职工作的道德价值和社会意义,具有从事本职工作的荣誉感和自豪感,从而专心致志、兢兢业业地从事教育教学工作。

爱岗与敬业之间有着密切的关系。爱岗是敬业的基础,敬业是爱岗的升华。爱岗与敬业互为前提,相辅相成。

2. 爱岗敬业的要求

《中小教师职业道德规范(2008年修订)》中,爱岗敬业的具体要求是:"忠诚于人民教育事业,志存高远,勤恳敬业,甘为人梯,乐于奉献。对工作高度负责,认真备课上课,认真批改作业,认真辅导学生。不得敷衍塞责。"

"爱岗敬业"这一教师职业道德规范的具体内容,是从三个不同层次对教师职业道德提出的要求:第一个层次是对教师爱岗敬业的总体要求,教师要对本职工作高度负责,要胸怀远大理想,有献身教育的高尚情操;有辛勤耕耘,甘为人梯,为人民服务的精神。第二个层次是对教师教育教学行为及表现提出的具体要求,即认真履行教学职责,包括认真备课、上课,认真批改作业,认真辅导学生等。第三个层次是对教师从事教育教学工作态度的要求,即要树立良好的职业精神;也是对教师爱岗敬业工作评价标准的要求,即不得敷衍塞责。

在现实生活中,从教师个人对待教育职业的情感和态度倾向性角度,我们将爱岗敬业的职业道德境界划分成四个层次——厌教、功利、热爱、乐教。此四个层次不仅代表着四种不同的职业情感和态度,也是教师爱岗敬业的道德境界由低到高不断发展向上的四个阶段。具体内容如下:

(1) 第一个层次:厌教

"厌教"是教师职业道德境界的最低层次。在现实生活中,有少数教师对教育工作没有任何兴趣,甚至充满厌恶和反感。他们因种种原因误入教师行业,而暂时滞留于教师队伍之中。他们认为不是他们选择了教师职业,而是教师职业选择了他们。他们履行教师职责和义务完全是出于外在的压力,教师职业道德规范对他们来说是一种令人讨厌的、不得不遵守的戒律。他们对待教师职业的态度是轻蔑、无奈的,缺乏起码的敬重感。

(2) 第二个层次:功利

"功利"是教师职业道德境界的较低层次。当下,有些人从事教师这一职业的直接目的是满足个人利益,具有很强的功利性。这部分人对职业的敬重感完全取决于功利目的实现的程度,所以他们把师德规范理解为外在的、必要的约束,在行为表现上具有不稳定性;就职业态度而言,他们既可能敷衍塞责得过且过,也可能认真勤恳、兢兢业业;就职业情感而言,他们既不能心存反感,也不能抱有一些热爱。

(3) 第三个层次:喜欢

"喜欢"是教师职业道德境界的较高层次。处于此师德境界的教师对所从事职业的社会意义有了较深刻的认识,并且愿意为实现自己的人生价值而努力做好教师工作。他们对教师职业的规章制度和原则等能够认同,且内化于心,已经对教育事业心存敬重,因而在教育教学活动中能够履行教师职业责任和义务,体现出较强的自觉性、主体性和自律性。

(4) 第四个层次:乐教

"乐教"是教师职业道德境界的最高层次,即爱岗敬业。进入此师德境界的教师,对教育工作的伟大意义有全面、深刻的认识,并发自内心地热爱教师这一职业。

在教育教学过程中,这些教师勤勤恳恳,刻苦钻研,求实创新,内心得到极大的满足,甚至达到以苦为乐、以苦为趣的职业道德境界。这类教师的职业行为已经成了对教师职业道德规范和原则的最好诠释。

以上四个层次的教师爱岗敬业的职业道德境界,第一层次是应当坚决唾弃和否定的,第二层次应在承认其合理性的同时自觉超越,第三层次是应当积极肯定和倡导的,第四层次是教师一心向往并努力追求的。

(二) 爱岗敬业的意义

爱岗敬业精神既是每一种职业道德的基本导向,也是每一种职业道德的核心,这是社会和国家大力提倡爱岗敬业的主要原因。教师的爱岗敬业对教育工作的顺利进行、教育事业的发展都有极其重要的意义。

1. 爱岗敬业是社会主义道德要求在教师职业上的具体体现

劳动者具有爱岗敬业的精神,是社会主义的道德要求。教师是社会主义建设的重要成员,理应践行爱岗敬业的职业道德规范。社会主义道德要求教师不能玩忽职守,不能好高骛远,不能损害教师职业声誉,不能损害教育事业和社会的整体利益。教师与其他各行各业的从业人员一样,拥有自己的职责和义务,通过履行教学职责,教师为人民服务,为社会承担责任和义务。① 因此,教师对待教育事业的态度,实际上是教师对待国家、社会和人民的态度。

---

① 朱明山.教师职业道德修养——规范与原理[M].北京:华龄出版社,2006:118.

2. 爱岗敬业是保持教师队伍稳定的基础

保持高素质教师队伍稳定、持续地发展,是教育事业发展的前提和基础。保持教师队伍的稳定是一个系统工程,其中最重要的一环是教师个体的职业道德修养。只有当教师们都具有了爱岗敬业精神,才能任劳任怨,奉献并忠诚于教育事业,教师队伍的稳定才有了可靠的保障。

教师队伍的稳定是发展教育事业的手段,而不是目的。教师队伍的稳定可以通过用人制度的呆滞僵化保持,但是对培育人才、发展教育事业却益处不大。通过僵化管理将那些对教书育人毫无兴趣、对教育工作缺乏热情、对教育事业缺乏敬重感的教师留在岗位上,只会因他们的"心猿意马""身在曹营心在汉"而阻碍对社会需要的优秀人才的培养。因此,加强师德建设,培养教师的爱岗敬业精神,让教师具有职业责任感、义务感、自豪感、荣誉感,才是稳定教师队伍的正确选择。教师只有具有了爱岗敬业精神,才能在面对不义之利、不当之欲的引诱和社会"潮流"的冲击时,依然具备坚定的教育信念和追求。所以说,爱岗敬业是保持教师队伍稳定的基础。

需要特别强调的是,在爱岗敬业精神基础上,教师队伍的稳定是一种开放式的、高层次的稳定。因为有了爱岗敬业的精神,教师能自觉地加强自我修养,使自身素质合乎教师职业活动的要求,从而不断完善、发展自己。因此,爱岗敬业精神基础上教师队伍的稳定,完全不同于呆滞、僵化、形式化的稳定,而是发展性的稳定。

3. 爱岗敬业是乐教勤业的动力源

教育工作是平凡、琐碎的工作,教师日复一日,年复一年,备课、上课、批改作业、管理班级……这种重复性劳动单调而缺乏新鲜感。并且从目前来看,教师的社会地位和工作收入相对来说还比较低,社会上对此行业还存在某些偏见。那么,教师淡泊名利、勤于奉献、默默耕耘的内在动力是什么呢?毫无疑问,是教师对教育事业的热爱,即爱岗敬业精神。

爱岗敬业精神使教师摒弃了庸俗的价值观,摆脱世俗的偏见,义无反顾地投身于教育事业,忠于职守,以奉献为乐趣,为国家、社会培养了一批又一批人才。

因此,爱岗敬业精神是教师乐教勤业的动力源泉。在爱岗敬业精神的鼓舞下,"乐教"的情感体验和"勤业"的行为表现,会使教师模糊生活与工作的界限,时时处处以教育者的标准严格要求自己;会使教师模糊个人利益的得失,以他人、集体利益为重,自觉主动、创造性地担负起教书育人的职责,履行教育义务。所以,培育爱岗敬业的精神是提高师德修养的关键一环,它既是教师职业道德的基础,也是促进教师不断进步的动力源泉。

> **阅读资料**①
>
> 教师爱岗敬业有着特别重要的意义。这是因为，教师的职业不同于其他任何职业：
>
> 第一，其他职业的工作对象往往是物，是机械的无生命的物体（质）；而教师的工作对象是人，而且是生动活泼的正在成长中的儿童青少年，他们有主观能动性，有自身成长发展的规律。
>
> 第二，其他职业的工作大多要使用某种工具作用于对象，而教师更重要的是依靠自身的知识魅力和人格魅力来影响学生。
>
> 第三，其他职业可以允许产生废品或次品，而教师的职业不允许出现次品，更不能出现废品，教师要把每个学生都培养成才。
>
> 第四，其他职业总是为今天的社会服务，而教师的职业是为未来社会服务，培养未来社会的领导人才、建设人才。教师是人类知识的传授者、智慧的启迪者、情操的陶冶者、心灵的铸造者。正如特级教师于漪所说："教师的责任非比寻常，它寄托着祖国的期望，人民的嘱托。国家将自己的未来，托付在教师肩上，这是对我们教师极大的信任；家家户户把自己的希望，交付给教师培养，这是对我们教师的高度信赖。教师的责任大如天，使命重如山，一个肩膀挑着学生的现在，一个肩膀挑着祖国的未来。今天的教育质量，就是明天的国民素质。"

（三）爱岗敬业的要求②

爱岗敬业是社会主义教师职业道德的最基本要求，在教育实践中教师可以从以下几个方面培养爱岗敬业精神。

1. 教师要有职业认同感

教师职业认同是指教师对职业的性质、内容以及教师职业的社会价值和个人意义的认可。教师发自内心地认为教师职业有价值、有意义并能从中找到乐趣的一种

---

① 中小学教师通识培训教材编写组. 中小学教师职业道德研修读本[M]. 北京：高等教育出版社，2012：8—9.
② 参见教育部教师工作司. 为了未来——教师职业道德读本（中小学教师分册）[M]. 北京：高等教育出版社，2013：74—107.

过程和状态,就是教师职业认同的状态。①

其一,教师职业认同有利于入职阶段的教师形成职业道德。每位教师入职前,所经历的师范类培训或为取得教师资格证书所进行的学习,会让教师对教育职业的职业规范有一定的认识,即积累一定的"职业道德资本"。但是,刚入职的新手教师还不能很好地把握职业规范和实践之间的联系,不能适应学校的职业环境。认同教师职业的新手教师对学校日常教学事务有较快的接受能力,能更快地适应并熟悉学校环境。认同教师职业的新手教师在教育教学活动中能恪守教师职业道德规范,自觉表现出对职业岗位的热爱,体验做教师的快乐。

其二,教师职业认同有利于教师职业道德的发展。职业认同是教师对从事教育职业的内在积极的情感体验,这有助于教师主动性和创造性的发挥。教师在工作中保持了愉悦的情感,自然会优化自己的教育教学,不断丰富自身,提高自身能力,加强自身职业道德修养。因此,教师的职业认同感间接地促进了教师职业道德的发展。

其三,职业认同能够帮助教师度过职业受挫阶段,保持良好的师德修养。教师日复一日,年复一年,备课、上课、批改作业、管理班级,这种平凡、琐碎的工作难免会让教师出现烦躁情绪,再加上职业发展中的不顺利,会导致教师产生挫败感或职业倦怠心理。有些教师会渐渐接受停滞不前的职业生涯,在循规蹈矩中度过余下的工作时光。但是,有职业认同感的教师会努力寻求突破,积极摆脱挫败或倦怠的情绪。因此,职业认同能将教师的消极情绪转移,使教师继续坚守在教师岗位上。

2. 教师要认识到职业的价值

什么是"价值",学者们见仁见智。目前普遍认可的观点是,"价值"是现实的人同满足某种需要的客体的属性之间的一种关系。价值同人的需要有关,但它不是由人的需要决定的,价值有其客观基础,这种客观基础就是各种物质的、精神的现象所固有的属性。但价值不单纯是这一种属性的反映,而是这种属性对于个人和社会的一定的积极意义,即满足人们的某种属性需要,成为人们的兴趣、目的所追求的对象②,正如马克思在《评阿·瓦格纳的〈政治经济学教科书〉》一文中指出的:"价值"这个普遍的观念是从人们对待满足他的需要的外界物的关系中产生的。③

按这一观点定义教师职业的价值,就是指教师职业能够满足人和社会需要的

---

① 刘富喜.教师职业认同的指向和态势[J].当代教育论坛(学科教学研究),2007(9):64—65.
② 中国大百科全书总编辑委员会《哲学》编辑委员会中国大百科全书编辑部.中国大百科全书·哲学[M].北京:中国大百科全书出版社,1987:345.
③ 中共中央马克思、恩格斯、列宁、斯大林著作编译局.马克思恩格斯全集(第19卷)[M].北京:人民出版社,2006:406.

程度,即教师职业对于人的生存、生活和发展以及社会进步所具有的积极意义。关于教师职业的价值,最普遍的一种划分方式就是将其分为社会价值和主体价值两个基本方面。① 教师职业的社会价值是指对于社会、对于服务对象等的意义,体现了教师对社会需要的满足,是教师所承担的社会责任、义务、使命以及社会贡献,它强调的是教师怎样表现自己的价值,使自己成为一个有益于他人和社会的人。教师的主体价值则是教学专业对于教师自身的意义和内在价值,体现了教师通过特殊劳动对自身各种需要的满足,它强调的是教师如何在自身的教学行为与专业实践中,维持个体尊严、满足个人需要、实现自我价值等。② 关于教师职业的价值,唐代的韩愈在《师说》开篇第一句揭示为:"古之学者必有师。"在中国社会主义现代化建设过程中,邓小平一再强调教师的价值,他说:"一个学校能不能为社会主义建设培养合格的人才,培养德智体全面发展、有社会主义觉悟的有文化的劳动者,关键在教师。"因此,教师职业的价值是重大的。教师充分认识到了这一点,就会爱岗敬业,树立为教育事业奋斗终身的信念。

 阅读资料

叶澜教授对教师价值的体会③

叶澜教授在上海市名师讲坛演讲时讲了一段发人深省的话:

我出生在一个普通的教师家庭,从小时候跟着父亲上学起,就对教师这个职业充满了尊敬与向往,天天看着小朋友对着父亲喊"老师好!"童年时的我心中也添了一份自豪与羡慕。这种情感日积月累,使得我稍懂事后就下决心当老师。高中毕业的化妆晚会上,我装扮成苏联电影《乡村女教师》中的瓦尔娃娜;在报考大学的志愿表上,我毫不犹豫地把六个志愿都填了师范大学,并把华东师范大学教育系作为第一志愿。当时的主导动机是:我既然喜欢当教师,就要当一名出色的教师;要当出色的教师,就必须学习和研究教育的问题。我还清晰地记得四十二年前这一选择如愿时的欢喜。此后,我与教师就结下了不解之缘:从教育系的学生到教师,从年轻教师到老教师,一步步地走过来,不知不觉之中,已经过去了四十余年。与此同时,我对

---

① 阮成武.主体性教师学[M].合肥:安徽大学出版社,2005:77.
② 王怡.冲突与认同视阈下的教师职业价值[J].内蒙古师范大学(教育科学版),2009(3):154.
③ 唐凯麟,刘铁芳.教师成长与师德修养[M].北京:教育科学出版社,2007:54.

教师职业的认识,也随着年龄、阅历、时代的变化与职业实践的积累而不断变化。但无论怎么变,我对成为教师这一选择不仅无怨无悔,而且十分庆幸。我已深深地体会到:教师,是一种使人类和自己都变得更美丽的职业,是一种使每个从事并愿尽力做好这份工作的人,不断去学习、充实和发展自身的职业,是一种不仅具有越来越重要的社会价值,而且具有内在的尊严与欢乐的职业。

3. 教师要克服职业倦怠

国务院高度重视教师队伍的身心健康问题,2018年1月,中共中央、国务院印发《关于全面深化新时代教师队伍建设改革的意见》中明确要求维护教师职业尊严和合法权益,关心教师身心健康,克服职业倦怠,激发工作热情。

案例2-8[①]

"教书教到现在,我只会教书了,甚至书也教不好。"

"工作这么多年,我明显感受到自己的才思在衰减,总担心有一天无法再胜任教书育人的工作。"

"同事里有这种感觉的人并不少,而且大家现在的情绪普遍焦躁。"

(一位有13年教龄的初中语文老师的感受)

案例中这位教师的这种身心俱疲的苦楚、焦虑以及被"抽空"的感受,正是职业倦怠的典型症状。

"倦怠"一词由美国心理学家弗登伯格于1974年首次提出,特指助人行业的工作者所体验到的一组负性症状,如长期的情感耗竭、身体疲劳、工作卷入程度低、对待服务对象采取不人道的态度以及工作成就感降低等,后来主要指职业倦怠。目前,学界对于"职业倦怠"尚未形成统一的定义,其中大多数学者认为,职业倦怠者通常具有以下几个特征:身体和情绪的耗竭,社会失调行为,尤其是对工作对象的疏离,心理损害特别是指向自我的强烈消极情绪,组织无效能感。

---

① 伍新春,张军.教师职业倦怠预防[M].北京:中国轻工业出版社,2008:33.

阅读资料①

对"职业倦怠"的不同定义,体现了研究者对职业倦怠的不同认识。综合有关学者对"职业倦怠"所下的定义,可以归纳为如下几类:

(1)成因观。职业倦怠是指服务于助人行业的人因工作时间过长、工作量过大、工作强度过高,并且无视自己的个人需要而引起的一种疲惫不堪的状态。

(2)过程观。在长期的压力下,个人在工作中可能产生退缩或不愿意投身于工作的情绪,由此导致身体、情绪及工作状态方面的耗竭,即形成倦怠。

(3)症状观。以"人"为工作对象的工作者,经常要面临一些不确定感,而且需要经常将情感投入工作对象上。因此,他们的情绪和精力极易消耗,产生精疲力尽、身心枯竭等一系列症状。

教师是职业倦怠的高发群体,教师职业倦怠是职业倦怠研究的重要领域之一。目前,教师职业倦怠仍没有公认的定义,但多数研究者已形成共识,认为教师职业倦怠是教师不能顺利应对工作压力的一种极端反应,是教师在长期高水平的压力体验下产生的情感、态度和行为的衰竭状态。其典型症状是工作满意度低、工作热情和兴趣的丧失及情感的疏离和冷漠。② 教师体验到职业倦怠之后,其教学准备的充分性和积极性降低,容易对学生失去耐心和爱心,对工作的控制感和成就感下降,甚至其婚姻、家庭、人际交往等也会受到影响。

教师职业倦怠的表现是多维的。研究发现,经受着职业倦怠的教师往往会有身体、智力、社会、情绪和精神等方面的症状。

 阅读资料③

许多心理学家研究表明,职业倦怠一般具有以下六大特征:

特征一,生理耗竭。这是职业倦怠的临床维度,主要表现特点是感到持

---

① 伍新春,张军.教师职业倦怠预防[M].北京:中国轻工业出版社,2008:31.
② 曾玲娟,伍新春.教师职业倦怠研究综述[J].辽宁教育研究,2003(11):44—47.
③ 伍新春,张军.教师职业倦怠预防[M].北京:中国轻工业出版社,2008:34.

续性的精力不充沛、极度疲劳和虚弱,对疾病的抵抗力下降,并可能出现一些生理症状,比如头疼、腰酸背痛、肠胃不适、失眠、饮食习惯的改变等,严重的还会导致精神疾患。

特征二,才智枯竭。这是职业倦怠的认知维度,个体会感觉到一种空虚感,有一种被掏空的感觉,会觉得自己的知识已经没有办法去满足工作的需要了,思维效率下降,注意力不集中,不能够很好地去适应当代的知识更新。

特征三,情绪衰竭。这是职业倦怠的压力维度,也是职业倦怠最显著的一个特征,主要表现为工作热情消失,产生许多消极情绪,比如烦躁、易发脾气、易迁怒于人,对人冷漠无情、麻木不仁、没有爱心,甚至沮丧、抑郁、无助、无望,直至消沉。

特征四,价值衰落。这是职业倦怠的评价维度。主要表现是,个体的成就感下降,同时自我效能感、自我评价降低,认为自己没有能力去做好工作。对自己所从事工作的意义的评价也在下降,觉得工作没有意思,对待工作变得机械化,从而出现一系列工作问题。这样一种挫败感会使个体减少对工作心理上的投入,不再付出努力,会出现消极怠工的现象,甚至产生离职或者转行的倾向。

特征五,非人性化。这是职业倦怠的人际维度,会直接影响到人际交往质量,其特征就是以一种消极、否定和冷漠的态度去对待自己周围的人,甚至是对待与自己关系非常亲近的人,包括家人或者一些好朋友。同时经常表现出多疑、猜忌的状态,对别人充满了批判性。

特征六,攻击行为。这是职业倦怠的外显维度。攻击行为一般来说有两种情况:一是对别人的攻击行为会增多,人际摩擦增多,在极端的情况下会出现打骂无辜者的情况。比如说,有的人在公司里受了老板的气,回家可能就会拿老婆、孩子"开刀",去找"替罪羊"。二是个体的攻击并不是指向外人的,而是指向自身,出现自残行为,甚至在极端的倦怠情况下会选择自杀。

因此,无论是从教师职业道德修养的角度,还是从教育事业发展的角度出发,都应该重视教师职业倦怠这一问题,充分认识教师职业倦怠的表现、危害以及成因等,并努力采取积极有效的干预措施。

有效预防教师职业倦怠的途径,有以下几个方面①:

(1) 改变思维方式。人们在长期的生活中会形成自己习惯的思维方式,这种方式一经形成便不易被改变,从而导致我们自己看问题时具有局限性。思维方式决定了我们生活、学习和工作的质量和效果。随着我们年龄的增长,阅历的增加,已形成的思维方式会在潜意识里排斥新的方式方法,以"保护"我们已有的思维。固化的思维方式往往导致我们无法从职业倦怠的循环中走出来,使得我们一味地沉溺于消极的倦怠情绪中,而不去寻求改善当前状况的方法。因此,改变思维方式有利于消除职业倦怠。

(2) 及时宣泄,找人倾诉。教师更容易被人际关系问题、情绪问题、情感问题、心理压力问题等困扰,解决这些问题的最好方法就是宣泄。当你被悲伤、愤怒、急躁、烦恼、怨恨、忧愁、恐惧等情绪所占据时,可以大声地喊出来或哭出来,同时要勇于向亲友倾诉,在他们的劝慰和开导下排解不良情绪。

(3) 放慢工作速度。如果你被紧张的工作压得喘不过气来,最好立即停止工作,适时休息,调整状态,以期更高效地完成后续的工作。同时,还要注意合理地安排作息时间,比如严格执行自己制定的作息制度,使生活、学习、工作都能有规律地进行。

(4) 保持一颗平常心。要永远保持一颗平常心,不要与自己过不去,把目标定得高不可攀,凡事需量力而行,随时调整目标未必是弱者的行为。女性教师尤其要注意及时自我调节,因为过于沉重的心理压力必将损害健康,出现头晕、偏头痛、失眠、痛经、月经不调等症状。

案例 2-9

为国家鞠躬尽瘁死而后已的"时代楷模"——黄大年②

黄大年是吉林大学地球探测科学与技术学院教授、博士生导师、国际知名战略科学家、地球物理学家。2009年,黄大年教授主动放弃英国的科研环境和优厚的生活条件,毅然选择了回国。为了祖国他鞠躬尽瘁,直到生命最后一刻都在为国家的科技事业做贡献。十几年来,他不计较任何待遇,无私奉献,爱岗敬业,带领团队创造了多项"中国第一",为中国"巡天探地潜海"

---

① 伍新春,张军.教师职业倦怠预防[M].北京:中国轻工业出版社,2008:123—125.
② 习近平对黄大年同志先进事迹作出重要指示[J].实践(党的教育版),2017(06):7.

> 填补了多项技术空白,为深地资源探测和国防安全建设做出了杰出贡献,用实际行动完美诠释了自己当年在毕业纪念册上写下的那句"振兴中华,乃我辈之责"的热忱之言,他用生命为"爱国"两个字作出了完美的注解。2017年,教育部号召全国广大教师和教育科研工作者向黄大年教授学习。习近平总书记专门对黄大年同志的先进事迹作出重要指示:"要以黄大年同志为榜样,学习他心有大我、至诚报国的爱国情怀,学习他教书育人、敢为人先的敬业精神,学习他淡泊名利、甘于奉献的高尚情操,把爱国之情、报国之志融入祖国改革发展的伟大事业之中、融入人民创造历史的伟大奋斗之中,从自己做起,从本职岗位做起,为实现'两个一百年'奋斗目标、实现中华民族伟大复兴的中国梦贡献智慧和力量。"

点评:黄大年教授的事迹,不仅向社会展示了一位教师的人生价值,也让我们看到了一位教师的社会伟力。正是因为黄大年教授的爱岗敬业,才创造了多项"中国第一",为我国深地资源探测和国防安全建设做出了杰出贡献。

三、关爱学生

没有爱就没有教育,爱是教育的灵魂。教师的职责不仅仅是传道、授业、解惑,更表现在引领学生实现源于精神内部的、具有个性色彩的社会化过程,激励他们去追求更完善、更美好的自我,这要求教师在整个教育过程中时刻关爱学生。关爱学生既是教师的职业要求,也承载着全社会的期望。更为重要的是,教师的关爱使中小学生在受教育过程中获得安全感、归属感,从而形成良好的道德品质并能全身心地投入学习中去。因此,教师的关爱是学生成长的力量之源,是教育成功的根本前提,也是教师道德修养的灵魂。

(一)关爱学生的重要性

师生关系是教育过程中最主要的人际关系,关爱学生是调整教师和学生之间关系的教师职业道德规范。在我们社会主义国家,建立在社会主义公有制基础上的师生关系,是在师生根本利益一致的基础上形成的民主、平等、和谐的新型道德关系。这种新型道德关系,必然使关爱学生成为社会主义教师职业道德的重要规范。所以,1984年、1991年、1997年和2008年颁发的《中小学教师职业道德规范》或《中小学教师职业道德要求》都把关爱(热爱)学生作为社会主义教师职业道德的重要规范。

1. 关爱学生是教师施教的情感基础

教与学的过程,是以情感交流为载体的教育活动。"教育科学规律和教育心理规律揭示,教育工作的特殊性和重要性在于,任何教育或教学过程,都是人与人之间心灵情感互相交流的过程。每个学生,不论年龄大小,都是有思想、有情感、有理智的活生生的人,都有渴望得到教师和周围的人尊重、关爱和肯定的内心需求。教师唯有以博大宽厚的仁爱之心、真爱之情,才能打开学生求知向善的心灵窗户,在丰富多样的教育和教学活动中健康成长。"① 在教育工作中,教师只有对学生抱有真挚的关爱之情,才能引起学生对教师的友爱、尊敬、信任,进而亲近教师。在这样的情感基础上,就会形成有利于学生德、智、体、美、劳全面发展的良好教育气氛。所谓"亲其师,信其道",讲的就是这个道理。当一个学生经过观察和体验,体会到教师对自己无微不至的关怀和谆谆教导完全是出于善意,就会尊敬教师、亲近教师,乐意听从和接受教师讲的道理,并努力把教师的要求转化为自己的行动。与此相反,如果教师对学生态度冷漠,缺乏感情,随意伤害学生的自尊心和自信心,就会使学生产生"逆反心理",引起学生内心的厌恶和反抗。因此,教育学生首先要从关爱学生做起,与学生建立融洽的关系,这是教师施教的情感基础。

2. 教师热爱学生有助于学生良好思想品德的形成

列宁说:"没有人的情感,就从来没有也不可能有人对于真理的追求。"② 任何一个人的良好品德的形成,都离不开在一定环境条件下所获得的积极情感体验。当一个学生感受到教师的呵护和关怀,经历到良好的感情体验,他会逐步学会如何处理人与人之间的关系,懂得如何用高尚的道德情感对待别人,关心集体,与人为善,克己奉公等。反之,如果一个学生感受到教师不公正的对待,他获得的将是势利、褊狭、虚伪、仇恨等有害的道德体验,这会对学生的成长带来伤害。正是基于此,许多教育家都强调教师只有用心关爱学生,才能培养起学生良好的情感和品德。苏联教育家赞科夫就曾说过:"没有教师对儿童的爱的阳光,学生就会混成模糊不清的一团。"③ 19世纪英国教育家斯宾塞也说过:"野蛮产生野蛮,仁爱产生仁爱,这就是真理,待儿童没有同情,他们就没有同情,而以应有的友情对待他们就是一个培养他们友情的手段。"④

---

① 王正平.教育伦理学[M].北京:人民教育出版社,2019:221.
② 中共中央马克思、恩格斯、列宁、斯大林著作编译局.列宁全集(第20卷)[M].北京:人民出版社,1989:255.
③ 赞科夫.和教师的谈话[M].管海霞,译.武汉:长江文艺出版社,2021:28.
④ 斯宾塞.教育论[M].王占魁,译.北京:中国轻工业出版社,2016:143.

此外,教师关爱学生,形成良好的师生关系,有助于学生自尊、自信、自强,形成主人翁意识。一般说来,如果学生每天生活在师生关系民主平等、能够彼此相互尊重和信任的环境中,就会感受到做人的尊严,从而对自己充满信心,乐于参与教学过程,施展自己的才能,学生就能够成为学习的主人,进而激发起主人翁意识和责任感。这种意识如果经过不断地强化,最终就会作为一种思想品德植入学生的精神世界,成为他们未来社会生活的一种准则。

3. 教师关爱学生有利于创造积极、愉快的学习氛围,使学生保持良好的学习状态

心理学研究表明:人的情感与认知过程是紧密相连的,人的认知活动是在一定情感影响下进行的。轻松、愉悦的学习氛围,能有力地激发学生丰富的想象,活跃学生的思维,使学生全身心地投入学习。正是从这个意义上,苏联教育家赞科夫指出:"扎实地拿捏知识与其说是靠多次的重复,不如说是靠理解,靠内部的原因,靠学生的情感状态来达到的。"

创造一个轻松愉快的学习氛围,让学生保持良好的学习状态,首先需要建立良好的师生关系。舒适的学习氛围离不开师生双方的共同努力,其中教师对学生的态度和行为影响着学生的学习状态,是形成良好学习氛围的关键因素。教师和蔼可亲,对学生充满关爱,学生就会产生轻松愉快的情绪和良好的学习心境。与此相反,如果教师冷漠专横,学生就会情绪紧张,内心恐惧烦躁,难以高效地学习。

早在18世纪,英国教育家洛克就曾指出:"儿童从导师方面受了无情的言语或鞭挞,恐怖立刻就占据了他的整个心理,使他再也没有容纳别种印象的空隙了。我相信读了我这段话的人一定会回忆到自己从前受了父母或教员的粗率专横的斥责,思想是何等的紊乱;当时脑筋因此变成了一个什么模样,以至对于自己说出的和听到的话都茫然无所知。"因此,他告诉教师:"你要他的心理接受你的教导,或者增加知识,你就应该使他保持一种空闲澄静的气性。你不能在一个战栗的心理上写上平正的文字,正同你不能在一张震动的纸上写上平正的文字一样。"[①]洛克淋漓尽致地描述了教师无情的言语鞭挞和粗率专横的斥责下学生的心态。在此情况下,学生们是不会有丰富的想象和活跃的思维的。

由以上我们可知,在教育过程中一些学习落后生和差生是如何形成的。心理学研究表明,轻松愉悦的心情使大脑形成优势的兴奋中心,这有助于暂时神经联系的形成,促进人思维、想象、记忆等活动的有效进行;相反,烦恼、恐惧、抑郁的心情会扰乱、麻痹人的正常心理活动,抑制暂时神经联系的建立,使人的思维、想象、记忆等活动难

---

① 洛克.教育漫话[M].傅任敢,译.北京:人民教育出版社,1985:165—166.

以正常进行。所以,使学生保持良好的情绪状态,对于他们的学习非常重要。而创设有利的学习氛围和保持学生良好的学习状态,一个重要的条件就是教师要关爱学生。

(二)关爱学生的基本要求

关爱学生是一种重要的教育力量,直接关系到学生德、智、体、美、劳的全面发展、以及整个教育事业的利益。

《中小学教师职业道德规范(2008年修订)》第三条规定,教师"关爱学生"的具体内容是:"关心爱护全体学生,尊重学生人格,平等公正对待学生。对学生严慈相济,做学生良师益友。保护学生安全,关心学生健康,维护学生权益。不讽刺、挖苦、歧视学生,不体罚或变相体罚学生。"

从以下几个方面展开具体论述:

1. 尊重学生人格,公正、平等地对待全体学生

学生既是教育教学活动的对象,也是教育教学活动的主体,具有独立的人格和尊严,渴望得到教师的尊重和理解。习近平总书记指出:"老师还要具有尊重学生、理解学生、宽容学生的品质。离开了尊重、理解、宽容同样谈不上教育。'学而不厌、诲人不倦',有教无类,因材施教,教也多术,就是要求老师具有尊重、理解、宽容的品质,这本身就是一种伟大的教育力量。受到尊重、得到理解、得到宽容,是每一个人在人生各阶段都不可缺少的心理需要,儿童和青少年更是如此。"[1]正如爱默生所说:"教育成功的秘密在于尊重学生。"教师对学生的尊重,让学生感到自己的表现得到了承认,从而使学生的信心增强,获得学习、生活的动力,自觉地追求更高的目标。与此相反,如果学生的自尊心受到伤害,就会产生自卑感,对前途丧失信心。苏霍姆林斯基曾指出:"在影响学生的内心世界时不应挫伤他们心灵中最敏感的一个角落——自尊心。"自尊心人皆有之,青少年儿童的自尊心则更强,因此,教师应特别注意保护学生的自尊心,绝不能使学生的自尊心受到伤害。

教师要尊重学生。虽然相对于教师来说,学生的年龄较小,知识水平、生活经历等也不及教师,但学生与教师在人格和尊严上是平等的。教师要客观地看待学生的种种表现,学会自制,不要因为自身情绪的失控而伤害学生,使他们失去对美好生活的追求,甚至毁掉一生。比如,在现实学校生活中,有些教师不能平等地对待学生,不管学生感受如何,也不论对错,一旦自己不高兴就狠狠地训斥学生。更有甚者,讽刺、挖苦、体罚和变相体罚学生,严重伤害了学生的自尊,破坏了师生关系,使得学生畏

---

[1] 习近平.做党和人民满意的好老师:同北京师范大学师生代表座谈时的讲话[N].人民日报,2014-09-10(02).

惧、反感教师,厌恶学校生活。

学生是一个整体概念,能否公正、平等地对待全体学生,是衡量一个教师是否真正关爱学生的重要标志。学生是由不同相貌、性格、气质和家庭背景的青少年组成的。他们之中有丑俊之分、男女之别;有听话的,也有淘气的;有健康活泼的,也有残疾病弱的;有工农子弟,也有领导干部的孩子;有的孩子家境富裕,有的孩子家境贫寒;有的学生品行端正、体健貌美、聪明伶俐、讨人喜爱;有的学生缺乏教养、顶撞教师、行为粗俗、有错不改、令人生厌。但是,他们都渴望得到关爱这一点是相同的。因此,教师应把无私的关爱奉献给全体学生,公正、平等地对待每一个学生。

教师要爱"金凤凰",也要爱"丑小鸭";要爱学习成绩突出的优等生,也要爱成绩差、智能低的后进学生;更要关爱那些失去父母、家境困难、身残体弱的学生,对他们施以厚爱,予以特别关心。每一个学生都是一粒种子,虽然他们的花期不同,但都有发芽、开花、结果的可能性。只是有的发芽早,有的发芽晚;有的开在初春,有的开在晚秋;有的枝上挂果,有的根上结实;有的可作栋梁之材,有的立志悬壶济世,还有的则是以自己的芳香和秀色美化着人们的生活。这就要求教师从不同的角度,用不同的方法,遵循不同的规律,把关爱的阳光和雨露洒向每一个学生,滋润他们的心田,绝不能忽视任何一个学生。正如马卡连柯所说:"教师的心应该充满对每一个他要与之打交道的具体的孩子的爱,尽管这个孩子的品质时常败坏,尽管他可能会给教师带来很多不愉快的事情。"

如果教师只爱那些智力水平高、学习成绩好、工作能力强的学生,不仅会给这些学生带来负面影响,而且会让其他学生失去对教师的信任,造成心理上的不平衡,甚至会导致他们情绪消极和理想破灭。这种偏爱是为教师职业道德所不能允许的。因为教师对学生的偏爱引发的矛盾是很大的,带来的危害也是极大的。具体表现为:

第一,引起被偏爱学生个性的畸形发展。教师往往对他偏爱的学生评价过高,导致这些学生产生自满、自负、自傲情绪。由于被偏爱的学生长久处于过度关怀和爱护中,久而久之将经不起任何刺激和任何逆境的冲击。

第二,使不被偏爱的学生产生心理障碍。由于这部分学生被教师冷落、疏远,甚至被歧视,他们会对教师有成见,即产生对立情绪,反感教师,造成师生关系公开的或隐性的冲突。不论教师提出的要求正确还是错误,说的好话还是坏话,他们一概听不进去。

> **案例 2-10**[①]
>
> 　　北京的一所国际学校,有来自 30 多个国家的 100 多名学生和 10 多位美、英、法、澳等国的老师。很多来这所学校参观的老师都会问同样的问题:"校长先生,这所学校的学生来自世界上好多个国家,对学生的评价标准有很大差异,你们学校好学生的标准是什么?"对此,校长的回答是:"孩子都是可爱的,他们各有各的特长和优缺点,在我们看来,没有好学生、差学生之分,因此也就不存在好学生的标准问题。"
>
> 　　还有老师问:"从来不评好学生、三好学生什么的吗?"
>
> 　　校长的回答是:"从来不评。每个人都有自己的特长、品质、人格,对一个人的评价包括很多方面。有的这方面好,有的那方面好,今天他这件事好,明天他那件事好,特别是小学生,成长变化更大,怎么可以轻易断言谁就是好学生,谁就是坏学生呢?"
>
> 　　"学习不好总是缺点吧?"有老师这样问道。
>
> 　　校长的回答是否定的,他果断地说:"所谓学习不好,很难有个科学的标准。例如有的孩子英语成绩不太好,可他进校的时候一点英语都不会说,他付出了很多努力,有了很大进步,这不能说他学习不好,更不能叫缺点,这是优点。只有神才是完美无缺的,但尘世间没有神。"

点评:这位国际学校校长的回答看似简单,但他却正确回答了我们,如何尊重学生,公正、平等地对待全体学生的问题。关爱学生,就是要关心爱护全体学生,尊重学生人格,平等公正地对待不同学习成绩、不同智商、不同特长、不同爱好、不同家庭背景的学生。

2. 严慈相济,做学生的良师益友

教育关爱的目的,是让学生得到良好的发展,这意味着教师在关爱学生的同时也要对学生提出一定的要求。正如苏联教育家赞科夫所说:"不能把教师对儿童的爱,仅仅设想为用慈祥的、关注的态度对待他们。这种态度当然是需要的,但是对学生的爱,首先应当表现在教师毫无保留地贡献出自己的精力、才能和知识,以便在对自己的学生的教学和教育上,在他们的精神成长上取得最好的成果。因此,教师对儿童的

---

① 杨春茂.师德启思[M].北京:人民日报出版社,2012:131.

爱应当同合理的严格要求相结合。"①苏霍姆林斯基在谈到这一问题时也曾这样说过："教师既要激发儿童的信心和自尊心，又要对学生心灵滋长的一切不好的东西采取毫不妥协的态度。真正的教育者就要把这两方面结合起来，这种结果的真谛就是对学生的关心。也只有这种关心才能如水载舟，载起我们教育界称之为严格要求的那条很难驾驭的小舟。没有这种关心，小舟就会搁浅，你用任何努力也无法使它移动。"②由以上可知，真正的教育关爱总是与对学生的严格要求结合在一起的。教师对学生的关爱，要体现严慈相济，坚持做到以下几点非常重要：

（1）教师要对学生有慈爱之心。教师要把学生培养成为对社会有用的人才，就要对他们倾注无私的爱和真挚的情。教育家罗素认为，关爱学生能使学生的智慧和道德得到很好的发展，他说："凡是教师缺乏爱的地方，无论品格还是智慧都不能充分地或自由地发展。"③他的话提示我们，关爱学生对做好教育工作十分重要。慈母对孩子无私的爱，是因为有血缘关系。教师对学生慈母般的关爱，是一种更崇高而伟大的爱，能强烈地感化学生，使他们感悟人生，走向成功。

（2）教师对学生的严格要求要有科学标准。教师对学生的关爱是建立在高度的责任心和理性基础上的爱。正如夸美纽斯所说："聪明人更加需要教育，因为一个活泼的心理如果不去忙着有用事情，它便会去忙着无用的、稀奇的、有害的事情。"因此，教师有责任严格教导学生，在他们的心中播下"智慧与德行的种子"。④ 同时，教师的关爱既要体现为对学生有种种严格的要求，又不能损害学生的生理、心理健康。这就要求教师对学生提出的一切要求要符合法律法规，要符合国家的教育方针和政策，要符合教育教学规律。

（3）教师对学生的严格要求要掌握一定的度和方法。掌握一定的度，是指教师对学生提出的各种要求要切合实际，符合学生的特点。如果要求过高，偏离实际，学生将无法达到，结果可能会适得其反。此外，严格要求还要因人而异。由于种种原因学生在思想水平、认识水平和知识水平等方面会存在差异，这就要求教师要实事求是，区别对待，适度地要求不同的学生，这样才能有好的教育效果。掌握一定的方法，是指教师对学生的严格要求，要贯穿于教育教学活动之中，采用耐心疏导的方法。只有方法得当，对学生的严格要求才能真正得到落实，才能取得好的教育教学效果。

---

① 赞科夫.和教师的谈话[M].管海霞,译.武汉：长江文艺出版社,2021：23.
② 苏霍姆林斯基.和青年校长的谈话[M].赵玮等译.北京：教育科学出版社,2022：148.
③ 华东师范大学教育系,杭州大学教育系.现代西方资产阶级教育思想流派论著选[M].北京：人民教育出版社,1980：104.
④ 夸美纽斯.大教学论[M].傅任敢,译.北京：人民教育出版社,1957：39.

阅读资料①

怎样与学生建立良好的关系呢?按照科恩和弗雷德的观点,我们提出以下策略:

* 喜欢和学生在一起。抱有可以从学生身上学习的态度,表明你重视他们的观点。多问问他们的想法,并对他们说的话感兴趣。当学生说话的时候,避免打断他们,耐心倾听。

* 关心每一个学生,记住他们生活中的每一个细节。定期询问他们的生活和学习状况,或者让他们作出评价。

* 在课堂以外与学生打招呼。在走廊或餐厅里都与学生打招呼。

* 随时与学生保持联系,告诉他们什么时候以及如何与你联系。尊重学生的个人空间,与学生保持密切联系是很重要的。

* 努力解决好课堂上出现的窘迫局面。不合理、不理性的处理方式会损害你和学生的关系。

* 有幽默感。勇于自嘲,并能以幽默风趣的态度开展教育教学活动。

3. 关心学生健康、安全,维护学生权益

教师对学生的关爱不能只停留在口号上,要落实到保护学生安全,关心学生健康,维护学生合法权益的实际行为上。

(1) 保护学生安全

教师面对的是成长中的孩子,是未成年人,他们在面对困难与危险时不具备成人所具有的判断与处置能力。因此,不管是从法律角度,还是从职业道德规范角度讲,保护学生安全是教师不应回避的责任。教育职业特点决定了教师要承担更大的责任,在面对困难、危险时,教师要冲在前面,不惜牺牲自己也要保护学生的生命安全。这要求教师在教育教学活动中,不仅要传授学科知识,还要进行生命安全、生命价值教育,引导学生认识生命、尊重生命、珍惜生命,提升学生对生命意义与境界的认识,促进学生健康成长。

(2) 关心学生健康

学生健康包括生理健康和心理健康两个方面。从总体上看,我国中小学生课业负担较重,导致他们的身体素质严重下滑,如体质较差、近视率持续走高等。这一局面目

---

① 费奥斯坦,费尔普斯.教师新概念——教师教育理论与实践[M].王建平,译.北京:中国轻工业出版社,2002:182—183.

前仍未得到根本性扭转,引起了社会各界的担忧。对此,教师要承担起改善学生体质的责任,引导和督促学生加强锻炼,不得随意侵占学生休息、娱乐、体育锻炼的时间。

随着年龄的增长,学生会逐渐产生成长的烦恼,尤其是处在青春期的中学生在社会环境、家庭教育等因素的影响下会出现心理障碍和心理缺陷。比如,由于信息网络的发达、电脑的普及,学生在纷繁复杂的网络虚拟世界中如何汲取对自身发展有益的营养,而避免不良思想的侵蚀,避免网络成瘾等,就亟须教师的帮助。这要求教师加强与学生的沟通与交流,了解他们内心真实的感受和想法,坦诚交换意见,及时加以疏导,防微杜渐,避免学生的心灵受到扭曲。

（3）维护学生合法权益

学生既是国家公民,又是正在接受教育的未成年人。因此,学生不仅享有宪法所规定的公民应享有的各项权利,还享有其他公民不具有的特殊权利。中小学生大多未满18周岁,身心发展和社会性发展尚不充分,是无民事行为能力和限制行为能力的人,因此法律对其权利必须给予特殊保护。例如,《中华人民共和国未成年人保护法》和《中华人民共和国义务教育法》等法规都规定学生享有人身安全不受侵犯的权利、受教育的权利、民主平等的权利、发表意见的权利、隐私权等。学校既是从事教育的场所,也是保护学生权利的部门。教师要做学生权利的维护者,尊重、保护学生各项权利,让学生健康成长。此外,教师还要约束自己的情绪和行为,以防止伤害到学生。

> **案例 2-11**[①]
>
> 2020年7月2日,贵州省毕节市赫章县发生4.5级地震。当地震来临时,赫章县城关镇中心幼儿园的老师们并未因此手足无措,而是临危不惧、沉着冷静,果断采取措施来保护幼儿园的孩子们。当时的公共视频显示,地震发生时建筑物剧烈晃动,幼儿园老师们逆行冲回班级,第一时间指导孩子们躲到桌子下避险。等晃动结束后又迅速带领孩子们离开建筑物。随后马上清点各班幼儿数量,确保没有落下一个孩子,在17秒内将176名孩子全部带到了安全地带。这一"17秒撤离176名孩子"的案例,从学校层面而言,表明了其对处置突发事件的重视,培养了一支训练有素的队伍。对于广大教师而言,也是其作为护花园丁的师德示范。而且,在这一突发事件中,老师们在心理上沉着冷静,在应对措施上井井有条,演绎了一场完美的"教科书式撤离"。

---

① 杨芷英,刘雪松.教师职业道德[M].北京:高等教育出版社,2022:129—130.

点评：由于教育工作的特殊性，我们习惯于把普通问题看得很严重。比如，学生吸烟当然是不好的事件，学生逃学当然是严重的事情，但这些都不能称为危机事件。对生命的淡漠使得我们习惯于忽略安全、健康等非常重要的东西，而到了真正的危机发生时，难免认识不足、准备不够、处置方式不当，从而造成灾难。从这个意义上说，贵州省毕节市赫章县城关镇中心幼儿园老师的伟大之处，就在于他们把珍爱生命作为最重要的理念，而且坚持不懈地贯彻这一理念。

学校日常教育教学活动中不安全因素非常多：上游泳课，可能会发生溺水事件；上其他体育课，可能会发生各种运动受伤；学生和教师的自杀；大面积食物中毒事件；春（秋）游活动的失足伤亡事件；校内建筑设施的损坏或坍塌；化学药品的流失；漏电、跑水等事故。因而，树立足够的安全意识，开展相应的安全教育是中小学教师义不容辞的责任和义务。

4. 不讽刺、挖苦、歧视学生，不体罚或变相体罚学生

在学生成长过程中，有缺点和犯错误是在所难免的。面对学生的缺点和错误，教师绝不能讽刺、挖苦、歧视学生，坚决杜绝使用体罚或变相体罚等非人道的手段。因为以上这些非人道的手段既有害于学生的身心健康，也违背了教师职业道德规范。采用这些野蛮的手段，既不能使学生明白自己错在哪里，更无法引导学生向善，只会使学生养成粗暴、冷酷的性格和待人无礼的作风，破坏教育成果，激化师生矛盾。教师对学生的惩罚主要表现在以下几个方面：

（1）心罚。即对学生心理和精神的惩罚。主要表现为教师以各种方式伤害学生的情感，侮辱学生的人格，损伤学生的自尊心。如在批评做错事的学生时，训斥、谩骂、讥讽、丑化、嘲弄、污辱等；还有公开评选"最差生"，给后进生设特座等。这些都是歧视学生、侮辱学生人格的表现。

（2）体罚。即对学生身体的惩罚。常见的体罚方式主要有：罚站、罚晒、罚跑、罚劳役、罚饿；手打、脚踢、拧耳朵、扇耳光，更有甚者强迫学生自己打自己，或强迫学生排队轮流打一个学生等。这些体罚方式给学生的肉体和精神带来极大痛苦，教师的这些行为不仅违背教师职业道德规范，还涉嫌触犯法律。

（3）变相体罚。即借助于其他形式间接地对学生进行处罚。例如，因学生作业没写对，或没完成，教师便惩罚学生再写十遍、二十遍，甚至上百遍等；学生在学校表现不好，教师就暗示或直接通知家长，通过家长之手惩罚学生。

总之，心罚、体罚和变相体罚，都是教师对待学生的非人道行为，会对学生的人格和尊严造成严重伤害，激起学生的厌学情绪以及对教师的仇恨，这是与教师职业道德背道而驰的。在日常教育教学工作中，教师在管理犯错误的学生时，总是难以把握管

理的"度",使得一些教师"不敢管""不愿管""不会管"。面对人人畏事的现状,教育部依据《教育法》《义务教育法》《教师法》《未成年人保护法》,印发了《中小学教育惩戒规则(试行)》(简称《规则》),并于2021年3月1日起正式施行。《规则》所称的教育惩戒,是指学校、教师基于教育目的,对违规违纪学生进行管理、训导或者以规定方式予以矫治,促使学生引以为戒、认识和改正错误的教育行为。具体内容如下:

《规则》第七条指出学生有下列情形之一,学校及其教师应当予以制止并进行批评教育,确有必要的,可以实施教育惩戒:

(一)故意不完成教学任务要求或者不服从教育、管理的;

(二)扰乱课堂秩序、学校教育教学秩序的;

(三)吸烟、饮酒,或者言行失范违反学生守则的;

(四)实施有害自己或者他人身心健康的危险行为的;

(五)打骂同学、老师,欺凌同学或者侵害他人合法权益的;

(六)其他违反校规校纪的行为。

《规则》第十二条指出教师在教育教学管理、实施教育惩戒过程中,不得有下列行为:

(一)以击打、刺扎等方式直接造成身体痛苦的体罚;

(二)超过正常限度的罚站、反复抄写,强制做不适的动作或者姿势,以及刻意孤立等间接伤害身体、心理的变相体罚;

(三)辱骂或者以歧视性、侮辱性的言行侵犯学生人格尊严;

(四)因个人或者少数人违规违纪行为而惩罚全体学生;

(五)因学业成绩而教育惩戒学生;

(六)因个人情绪、好恶实施或者选择性实施教育惩戒;

(七)指派学生对其他学生实施教育惩戒;

(八)其他侵害学生权利的。

《规则》第八条、第九条、第十条、第十一条中指出了面对不同情况,教师应该采取的惩戒方法。

在此要注意,教育惩戒不同于体罚,它是适度和必要的惩罚。当不良行为出现时,可以用两种惩罚方式:一是给予某种厌恶刺激,如批评、处分、舆论谴责等;二是取消个体喜爱的刺激或剥夺某种特权等,如不许参加某种娱乐性活动。教师进行惩罚时,应严格避免体罚或变相体罚,否则将损害学生的自尊,或导致更严重的不良行为,如攻击性行为。惩罚不是最终目的,给予惩罚时,教师应让学生认识到惩罚与错误行为的关系,使学生从心理上能接受,口服心服。同时还要给学生指明改正的方向,或提供正确的、可替代的行为。

第三节 教师职业道德规范的内容(下)

一、教书育人

教书育人是教师的天职,是人类社会对教师职责的共识。对此,习近平总书记明确指出:"教师要时刻铭记教书育人的使命,甘当人梯,甘当铺路石,以人格魅力引导学生心灵,以学术造诣开启学生的智慧之门。"① 可见,教育是一项追求理想并充满希望的事业,教书的职责就是教书育人。针对当前部分中小学教师"重教学""轻育人"等问题,2008年9月1日颁布的《中小学教师职业道德规范》中规定了"教书育人"这一教师职业道德规范内容。

(一)教书育人的内涵及教书与育人的辩证关系

我国的教育目的是为社会主义现代化建设培养德才兼备的接班人。教师作为教育方针政策和教育目的的实施者,承担着教书和育人的双重任务。

1. 教书育人的内涵

教书育人,是指在教育教学过程中教师根据社会发展需要和学生身心发展规律,既传授科学文化知识,又进行思想品德教育,把学生培养成为德、智、体、美、劳全面发展的社会主义现代化建设的接班人。在任何时代、社会,教育工作的根本任务是为一定社会或阶级培养所需要的具有一定科学文化和思想道德的人。② 这是由教育在社会生活中的地位和根本任务决定的。

我国无产阶级教育家徐特立认为,教师应是"经师"和"人师"相统一的教育者。他指出,"教师是有两种人格的:一种是'经师',一种是'人师'。人师就是教行为,教怎样做人的问题。经师就是教学问,除了教学问以外,学生的品质、学生的作风、学生的生活、学生的习惯,他是不管的。我们的教学要采取人师和经师合一。如果只传授文化科学知识,而忽视培养的方向,这样的教育是失败的。"③ 德国教育家赫尔巴特提出的"教育性教学"的原则,成为论述教书育人这一教师职业道德规范内容的理论依据。他指出,"不存在'无教学的教育'这个概念,正如反过来,我不承认有任何'无教

---

① 习近平.论党的宣传思想工作[M].北京:中央文献出版社,2020:80.
② 张炳生,邓之光,陈德华.教师职业道德新论[M].南京:河海大学出版社,2005:72.
③ 武衡,谈天民,戴永增.徐特立文存(第四卷)[M].广州:广东教育出版社,1995:248.

育的教学'一样……"①"教学如果没有进行道德教育,只是一种没有目的的手段,道德教育如果没有教学,只是一种失去手段的目的。"②因此,教师不仅要教好书,还要育好人,这是教师职业道德的核心所在。

2. 教书与育人的辩证关系

"教书"与"育人",作为知识教学和思想道德教育紧密结合的有机整体,相互联系,不可分割。"教书"是"育人"的主要手段,"育人"是"教书"的根本宗旨,二者相辅相成,辩证统一。"教书"与"育人"的辩证关系主要表现在以下三个方面:

(1) 相互联系

教书是育人的载体,是前提和基础;育人是教书的灵魂和指导思想。教书与育人统一于教师的教育教学实践和学生全面发展的过程中。也就是说,教不好书,育人就失去了载体,成为无源之水、无本之木,最终教学会失去其应有的教育意义,育人也就成为空中楼阁。同时,教师要教书育人就必须以国家教育方针政策和教育目标为指导思想,将传授知识技能和培养能力与培养学生的良好思想品德结合起来。苏霍姆林斯基认为,"智育的目标不仅在于发展和充实智能,而且也在于形成高尚的道德和优美的品质。"③

(2) 相互渗透

教书与育人相互渗透,即"教中有育,育中有教"。第一,在各学科的教学过程中渗透着道德教育。主要表现为:各学科教材内容包含丰富的德育因素,可根据各自的教学任务和特点,结合教材内容渗透德育;学习各科课程的时间占学生在校时间的80%以上,教师通过课堂教学渗透德育是最基本、最普通的途径,所以说,教师只有把握好"课",才能有效地渗透德育,"课是点燃求知欲和道德信条火把的第一颗火星"④;在校学生的兴趣和求知欲主要表现在对各门课程的学习上,教师把德育蕴含在学科教学过程中会改变单一道德说教的空洞性和无效性,有"随风潜入夜,润物细无声"的效果。第二,在育人的过程中渗透教书,即对学生进行道德教育时要依据教育规律和道德规律来进行。"道德目的在一切教学中(不论是什么问题的教学)普遍存在并居于主导地位。如果不能做到这一点,'一切教育的最高目的是形成性格'这句人们所熟知的话就会变成伪善的托词。"⑤因此,教师

---

① 赫尔巴特.普通教育学[M].李其龙,译.北京:人民教育出版社,1989:190.
② 张焕庭.西方资产阶级教育论著选[M].北京:人民教育出版社,1979:267.
③ 苏霍姆林斯基.帕夫雷什中学[M].赵玮,等,译.北京:教育科学出版社,2022:24—25.
④ 苏霍姆林斯基.给教师的建议(修订版)[M].杜殿坤,译.北京:教育科学出版社,2010:422.
⑤ 杜威.学校与社会·明日之学校[M].赵祥麟,等,译.北京:人民教育出版社,2005:136.

要认真研究、理解和转化课程,把道德化的知识传授给学生,培养学生的道德品质。

教师只有在教育教学实践中把握了教书与育人的相互渗透关系,才能走出把学科教学视为"纯知识课"的误区,才能避免把学科教学演变为道德教育课。

(3) 相互促进

教书和育人不仅不会相互干扰,而且能相互促进。一位教书好的教师其教学过程具有艺术性,能把枯燥无味的知识讲解得精彩生动,使学生陶醉在知识的海洋中。教师把道德教育融入此过程,学生在学习知识的同时便潜移默化地接受了教师所传授的道德观念,提升了自己的道德品质。同时,教师育好人又能促进教好书的顺利进行,即学生只有"亲其师"才能"信其道",提高学习知识的效率。

(二) 教书育人的要求

《中小学教师职业道德规范(2008年修订)》中,对"教书育人"这一教师职业道德规范的要求是:"遵循教育规律,实施素质教育。循循善诱,诲人不倦,因材施教。培养学生良好品行,激发学生创新精神,促进学生全面发展。不以分数作为评价学生的唯一标准。"

以上要求相互联系、内在统一,共同构成了新时期教师"教书育人"的行动指南。具体可从教书育人的理论依据、具体原则、目标指向和结果评价四个方面进行阐释。

1. 遵循教育规律,实施素质教育

"遵循教育规律,实施素质教育"是教书育人的理论依据。所谓教育规律是指教育内在的本质联系和必然趋势,是开展教育工作必须遵循的客观法则。遵循教育规律要求中小学教师必须做到了解、掌握、依据和利用教育规律。[1] 素质教育是以全面提升人的基本素质为根本目的,以开发人的智慧和潜能,弘扬人的真、善、美本性为基本内容,以促进人的积极性、主动性发展,形成人的健全个性,实现人的潜在价值为根本特征的教育。[2] 实施素质教育是一项长期任务,也是一个系统过程,必须遵循教育规律。教育规律范围很广泛,在实施素质教育的过程中要特别注意遵循以下两个规律,即社会发展规律和学生个体发展规律。

(1) 遵循社会发展规律,实施素质教育

实施素质教育不仅是教育改革的必然要求,也是社会经济发展的必然规律。在

---

[1] 王毓珣,王颖. 教师新师德六项修炼[M]. 重庆:西南师范大学出版社,2009:116.
[2] 教育部师范教育司. 中小学教师职业道德规范学习手册[M]. 北京:高等教育出版社,2008:50.

以全球化和知识经济为主导的当下,社会发展更快,人与人之间的竞争、合作更为密切,这使得社会发展与人的素质愈发休戚相关,不可分割。也就是说,社会发展有赖于各级各类教育活动的开展,有赖于人素质的提升;同时,教育活动的开展必须遵循社会发展规律。

目前,我国的经济发展模式正从粗放型经济向集约型经济转变,从高能耗型经济向节约可持续发展型经济转变,转变的根本便在于科技进步和劳动者素质的提高。在此社会背景下,中小学教师应顺应社会发展潮流,转变教育观念,抓住社会转型所带来的机遇,全身心地投入教书育人的工作中,大力实施素质教育,为培养社会发展所需要的高素质劳动者而努力。

(2) 遵循学生个体发展规律,实施素质教育

人的发展有其自身的规律,不同年龄阶段有不同的身心发展特点。因此,在实施素质教育过程中,教师必须从教育对象的实际出发,遵循学生个体发展的规律,针对不同年龄的学生,提出不同的具体任务,采取不同的教育方式和手段。具体说,教师教书育人要遵循学生生理发展、认知发展、品德及人格发展的规律。[①]

① 生理的发展。青少年儿童时期是个体身体快速发育的阶段,其中又以脑和神经系统的发展最快,成熟最早。这一时期,大脑重量逐渐增加,并在15岁时达到成人水平。同时,大脑机能和神经系统日趋完善,皮质抑制功能蓬勃发展,这些为后天教育提供了物质基础。这要求教师在设计教育教学目标时要充分考虑学生的生理发展特点,避免拔苗助长。

② 认知的发展。小学儿童逐步具备了人类思维的完整结构,以形象思维为主要思维形式,逐步过渡到以抽象思维为主;初中学生的认知结构和思维过程进一步完善,抽象思维占据主导地位,开始进行运用假设、逻辑推理及逻辑法则的认知活动;高中学生已能进行完全属于抽象符号的推导,用理论去分析、解决各种问题,形式逻辑思维处于优势地位,辩证逻辑思维迅速发展。认知发展的以上特点要求教师在呈现教学内容,帮助学生理解教材时要做好周密的准备,既要适合学生的现有水平,又要促进其高效发展。

③ 品德和人格的发展。中小学生的品德和人格处于快速发展时期。道德认知发展体现为由具体、片面和过于关注结果过渡到抽象、全面和兼顾动机,道德行为也由依附、模仿过渡到自觉和习惯。同时,中小学生的人格也处于发展变化中,表现为自我意识由社会自我发展到心理自我,价值观由萌芽到初步确立,情绪情感体验更为

---

① 中小学教师通识培训教材编写组.中小学教师职业道德研修读本[M].北京:高等教育出版社,2012:18.

丰富,个性品质趋于稳定和成熟等。在实施素质教育过程中,教师要特别注意学生的这些发展特点,通过不同途径,如调查问卷、召开主题班会、走访座谈、分析书面资料等进行了解和关注。

案例 2-12

原始学校[①]

近年来,美国硅谷精英们大都让自己的子女上"原始学校"。所谓"原始学校",是课堂教学中只用传统的纸和笔,禁止使用电脑的学校。谷歌、苹果、雅虎和惠普等公司的高级主管们,都喜欢把自己的孩子送到当地一所只有9个教室的"原始学校"去上学。这所学校的教学工具只有笔、纸以及必须动手使用的织针、橡皮泥等传统材料或工具。

在科技高度发达的今天,很多学生父母和教育工作者认为:基础教育是为人生打基础的,价值观、人生观、行为习惯、思维方法、学习方法的培养重在由人——教师——来培养,而不能指望包括电脑在内的任何先进的设备。电脑与中小学是不能融合的,电脑会束缚人的创造性思维与行动,妨碍人与人之间面对面的生动交流,使人分散注意力。教育应当回归自然和遵循其自身的规律,应该注重学生的动手操作能力及体力活动,使学生通过具有创造性的、动手的活动来学习。"研究证明,上"原始学校"不影响升学。对作为"原始学校"的北美华德福学校联盟的调查显示:1994—2004年间,94%的华德福中学毕业生考上了大学,不少还考上了像欧柏林学院、加州大学伯克利分校等名校。

---

2. 循循善诱,诲人不倦,因材施教

"循循善诱,诲人不倦,因材施教"既是我国教书育人的优良传统,也是教师实施教书育人的具体原则。说它是优良传统,因为它可追溯到孔子,并由后人在实践中不断加以丰富。说它是具体原则,是指它是对教书育人规律最基本的反映,是人们把客观存在的教学规律主观化的结果,体现了人的主观能动性,是从教学规律中总结出来

[①] 杨春茂.师德启思[M].北京:人民日报出版社,2012:165—166.

的教书育人的行动指南。①

(1) 循循善诱

实施素质教育要求教师具备特定的人际沟通和交往能力,在教育教学中做到循循善诱。教书目标的实现离不开教师与学生之间的有效沟通,育人成果的取得有赖于教师对学生学习的循循善诱。要做到循循善诱,教师首先要尊重学生,以平等、平和、平易的心态对待学生。

这里我们介绍情境教学创始人——全国教书育人楷模、著名儿童教育专家李吉林老师。②

了解李老师的人们这样评价她:"用真挚的情感和高尚的情操去拨动儿童的心弦,书写明天的诗。"李老师常常这样形容自己:"在儿童的世界里,我在爱孩子的过程中,渐渐长大了。我把这种爱升华成自己的理念,又把它细化为自己的行为。"正是秉持这样的教育理念,李老师创立了包括循循善诱在内的独特而有效的教育教学方法——情境教学。

李老师教学的最大特点,是结合教学内容,创设孩子们喜欢的情境。如讲花草,讲大自然,讲梦想,李老师就把孩子们带到蒲公英丛生的地方,让孩子们描述蒲公英,孩子们七嘴八舌地说:"金黄色的小花,真像野菊花""也像一颗小巧玲珑的向日葵""我觉得像小姑娘的圆脸"……李老师小心翼翼地摘下蒲公英的种子使劲一吹,轻柔的种子便乘风飞去,孩子们的心灵也随之放飞了,大自然成了生动的课堂。为了讲日出,李老师半夜起床赶到日出观察点进行实地实景设计;为了讲牛的奉献精神,她顶着烈日到郊外田边观察老黄牛、大水牛,让孩子们从自然界、生活里领悟哲理,写出真实的情感和思想,写出好的作文,写出美好人生。李老师说,她这样做是为了把教材教活,把课堂教活,把孩子们教活,让孩子们的心飞起来。

为了探索情境教学,李老师曾经十多年没有过过周末和节假日。她把学生引入"形真、情切、意远、理蕴"的情境教学模式,激发起学生的学习兴趣,使学生主动地学习,创造性地学习。学生在快乐的氛围、生动活泼的情境中提高了学习效率。李老师教的学生小学二年级人均识字就将近 2700 个,相当于小学四年级学生的识字水平;学生的课堂阅读量达到同年级学生的 6 倍;小学升初中统考,李老师教的班级合格率 100%,优秀率 90% 以上,全班 43 名学生有 33 名被重点中学录取。李老师说:"教师不能满足于做教书匠,要立志当教育家。教师不仅是实践者,更应该是思想者。"李老

---

① 教育部教师工作司.为了未来——教师职业道德读本(中小学教师分册)[M].北京:高等教育出版社,2013:154.
② 杨春茂.师德启思[M].北京:人民日报出版社,2012:171—172.

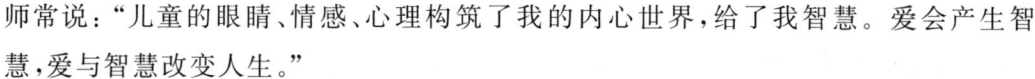

师常说:"儿童的眼睛、情感、心理构筑了我的内心世界,给了我智慧。爱会产生智慧,爱与智慧改变人生。"

(2) 诲人不倦①

十年树木,百年树人。教育是一项长期的工作,不能急功近利,教师要保持高度的耐心;教育是一项复杂的工作,不可能一蹴而就,教师要有恒心。只有如此,教师才能在教书育人过程中诲人不倦,才能让学生学而不厌。

耐心是教师热爱学生的表现,是教育取得成功的重要保障。耐心建立在尊重学生的人格和理解学生的认知水平的基础上,能够使教师消除失望感和挫折感,使教师以一种宽容的心态对待学生的弱点,以一种接纳的态度对待学生的个性。耐心意味着教师愿意承认学生在努力学会做人、努力获得知识过程中的局限性,愿意给学生一种在成长过程中有人陪伴的安全感。教师对学生多一些理解,多一分期待,多一点包容,可能会带来意想不到的效果。

恒心是基于教师对学生成才的坚信与肯定,体现了教师对教育事业的执着与追求。在人的素质培养中,品质素质是最为关键的部分。素质的养成不是一朝一夕就能实现的,而是要循序渐进、日积月累。特别是对于在某一方面暂时落后的学生,更需要教师坚持不懈、持之以恒地关注和指导,绝不能知难而退,半途而废。因此,素质教育的成功离不开教师的恒心。

(3) 因材施教

由于遗传、成长环境和所受教育的不同,学生的身心发展存在个别差异。但是,每个学生都是可造之才,都有发展潜能,只是潜能发展的类型和表现形式不同而已。如,有的学生接受新知识、新事物快,学习成绩优异;有的学生运动技能强,有灵巧的步伐,飞快的速度,矫健的身姿,精湛的球艺等;有的学生有良好的语言天赋,语言流畅,作文构思巧妙,善于言谈;有的学生动手能力强,实验操作、模型制作得心应手;有的学生具有艺术天赋,歌声嘹亮,舞姿优美,表演惟妙惟肖;有的学生有良好的人际关系,待人和善,有礼貌……总之,学生的潜能千差万别。就学生个体而言,各方面潜能都优秀的极少,但总会有某个方面的才能比较突出。

教育追求的目标不是培养"标准件",而是要尊重学生的个体差异,让学生的潜能、特长充分发挥出来。2010年颁布的《国家中长期教育改革和发展规划纲要(2010—2020年)》对因材施教提出了明确而具体的要求:"关注学生不同特点和个性差异,发展每一个学生的优势潜能。推进分层教学、走班制、学分制、导师制等教学管理制

---

① 中小学教师通识培训教材编写组. 中小学教师职业道德研修读本[M]. 北京:高等教育出版社,2012:18.

度改革。建立学习困难学生的帮助机制。改进优异学生培养方式,在跳级、转学、转换专业以及选修更高学段课程等方面给予支持和指导……"这就需要教师在教育教学活动中做到因材施教,因势利导,扬长避短,为每个学生潜能的发挥创造条件和机会。

> **案例 2-13**
>
> ### 帕弗利克的故事①
>
> 刚入学不久,帕弗利克便被教师们一致认为是学习上的"低能儿"。他"思想愚钝",对周围世界麻木不仁,很少去思考和比较。同样的学习内容,要反复教他才行。哪怕是一些最简单的问题他也难以弄清,甚至要花费很大的气力才能把一个字母同另一个字母区分开来。班主任为提高他的学习成绩,花费了许多的精力,几乎利用所有的课外时间帮助他补习课业,同时还动员他的母亲也这样做。帕弗利克几乎是时时刻刻地伏案学习。尽管如此,他的学习成绩仍是每况愈下,不可救药。随着年级的升高,每增加一门新学科,就多了一位为学习成绩找他母亲谈话的教师。
>
> 帕弗利克艰难地进入了五年级。依然是伏案苦读,依然是疲惫不堪,依然是成绩落后……不过在他的生活中,也开始有了新的变化。一些课程不再只是要求听讲和记忆,还要求动手做些什么,特别是植物课。植物课教师教学时不是单纯地要求学生去"消化教材",而是用种种方法引导学生通过自己的操作去获取知识。老师让每一位学生都缝了个小口袋,把上课用的各种各样的"活教材",如枝、叶、花、茎、种子等装在里面,让学生们用放大镜观察它们,进行比较并把它们画下来。在植物课上,教师惊讶地注意到,帕弗利克一反常态,不仅对上课表现出极大的兴趣,而且还在活动中表现出其他学生远远不及的能力,如他可以精细、准确地切开砧木的树皮,剥出插条上的幼芽进行果树嫁接,而这种事连一些老练的园丁都不容易做好。最使植物课教师激动的是,帕弗利克对一些自然现象有着浓厚的兴趣和独到的认识。植物课教师向全体教师宣布(教师们也才第一次听说)帕弗利克原来是一位非常聪明好学的学生,只不过他的智慧突出体现在每一次操作活动中

---

① 刘守旗,丁勇,俞润生.教育的艺术——苏霍姆林斯基100教育案例评析[M].广州:中山大学出版社,2003:102—104.

的高超技艺上,即用植物教师的话说:"智慧表现在手指尖上。"

植物课教师在温室和生物室里开辟了一个操作角,鼓励和支持帕弗利克在那里进行各种有趣的实验。在那里,帕弗利克甚至完成了要求很高的、只有经验非常丰富的高级园艺师才能完成的植物栽培实验。实验成功后,帕弗利克完全改变了,他的"思维觉醒"了。原先的胆怯、厌学、反应迟钝的表现慢慢地消失了,取而代之的是旺盛的求知欲,对自然现象的观察细致入微,对所学习的材料理解透彻,掌握牢固,学习成绩一年比一年进步。中学毕业后,帕弗利克考上农学院,毕业后成了一名出色的农艺师。

点评:帕弗利克原先是一个"低能儿",对于这样的学生,很多教师费了很大力气,却使他愈学愈傻。但是后来的植物课教师则使他从一个"低能儿"变成了"出色的农艺师"。产生这种奇迹的原因是什么呢?或者说植物课教师成功的原因是什么?我们认为这位教师成功的原因有两个:

第一,他对于帕弗利克有一个正确的看法,即他没有把帕弗利克看成是无可救药的"低能儿"。现代心理学及教育实践证明,在正常情况下,儿童绝无天才和蠢材之分,每一个孩子都是有潜能的,只不过潜能的类型、表现形式及表现时间不同而已。正是基于这种观点,这位教育者才能正确看待学生,不歧视或冷待差生,而是相信、鼓励和支持帕弗利克,从而产生一种特殊的"期望效应"。

第二,能精确地观察到帕弗利克个性上的能力特点——"智慧表现在手指尖上",并根据这一特点为其设置挖掘和展示其才能的机会与条件,然后再帮助该生由单科才能(植物课)的展示和突破转向多学科的展示与整合,促使该生"原处于僵化状态的大脑思维"被全面激活。其结果不仅仅是"思维的觉醒",更重要的是这种"觉醒"还带来了人格的觉醒,帕弗利克在植物课上的成功以及后来的一系列成功使得他获得了自信和自尊;而这种对"自我"的积极认识及体验又反过来促使帕弗利克在教师"期望效应"的影响下,更加积极、主动地进行学习,最终学有所成,成为一个对社会有用的人才。

这则案例给我们的启发是多方面的,但最重要的一点是:对于差生,教育者要善于透过平庸的表象发现其个性和才能上的特点,尤其是要依此特点,因材施教,扬其所长。只有当差生通过自己的长处和进步认识了自己、增强了信心的时候,他们才会更加努力地去学习,才会真正扬起个性全面发展的风帆。

3. 培养学生良好品行,激发学生创新精神,促进学生全面发展

以往教育所倡导的"好学生"标准,由于过于重视学习成绩,只能涵盖少数"精英"学生,忽视了学生的个体差异,因而受到人们的质疑。针对此现象,需要重新明确育人的目标指向。素质教育强调在尊重学生个性特征的基础上,促进全体学生全面发展。因此,"培养学生良好品行,激发学生创新精神,促进学生全面发展"成为中小学教师实施教书育人工作的具体目标指向。具体可阐释为以下两个方面:

(1) 培养学生良好品行

教育主要是培养受教育者的品行。我国《教育法》规定,"国家在受教育者中进行爱国主义、集体主义、中国特色社会主义的教育,进行理想、道德、纪律、法治、国防和民族团结的教育。"具体讲,培养学生良好品行既要继承传统美德,培养学生高度的社会责任感、高尚的道德情操、强烈的爱国热情、文明的生活方式、以及良好的个人生活习惯、学习习惯及公共生活习惯,也要结合时代要求,对学生开展适时的教育,培养他们公正、诚信、感恩、合作、奉献等一系列良好的品行。[1]

培养学生良好的品行是每一位教师的义务。优秀的教师绝不仅仅是"教书匠"和传授知识的"工具",他们是学生生活的导师,是学生形成良好品德的领路人。培养学生良好的品行,一方面,教师要让学生在日常生活、学习中明辨是非,懂得道理,形成良好的思想观念;另一方面,教师要重视学生品行的规范化教育,将《小学生日常行为规范》和《中学生日常行为规范》的内容融入教育教学活动中,让他们从小就树立正确的国家观、集体观、道德观、法制观、人生观、价值观等理念,养成良好的行为习惯,促进身心健康发展。教师还应自觉结合自己的教育教学内容,将品行培养落实到教育教学工作的全过程,渗透到每一门学科的教学中。

培养学生良好的品行,教师的言传身教至关重要。教育无小事,事事是教育;教育无小节,节节是楷模。教师的一言一行,一举一动,会在学生精神世界里起着无声的作用,潜移默化地塑造学生的人格和品德。教师培养学生良好品行要做到"真""严""全"三个方面:言传要真,身教要诚,以真授人,以诚待人,以情感人,以理服人,用真实的教育鼓舞学生努力学习,实现德智体美劳全面发展;用严格的要求和高尚的思想品德带领学生严于律己,乐于助人,全心全意为人民服务,多做好事和实事;教师应当尽可能地使自己得到全面发展,形成和谐的人格,从学知识,学言行,学才能,学方法上启迪和引导学生全面发展。[2]

---

[1] 教育部师范教育司.中小学教师职业道德规范学习手册[M].北京:高等教育出版社,2008:54.
[2] 李彦福.落实教育规划纲要背景下的师德修养[M].南宁:广西教育出版社,2012:114—115.

(2) 激发学生创新精神①

创新是国家兴旺发达的不竭动力,是民族进步的灵魂。在当今日趋激烈的国际竞争中,取胜的关键在于具有创新能力的人才,培养创新人才的关键则在教育。我国在创新方面的状况不容乐观,据科技部研究统计,1980年至2002年间获得诺贝尔奖、鲁斯卡奖、伽德纳奖、沃尔夫奖、菲尔兹奖、图灵奖、日本国际奖、京都奖这八项国际科技大奖的497名科学家中,没有一名中国籍科学家;2002年至2006年间,中国有112人入选世界一流科学家,仅占总人数的4.2%,是美国的1/10;在158个国际一级科学组织及其下属1566个主要二级组织中担任领导职务的9073名科学家中,中国籍科学家仅有206人,仅占总数的2.3%,其中在一级科学组织中担任主席的仅1人,在二级科学组织中担任主席的仅24人。原因何在?与我们的教育有很大关系。温家宝同志曾多次看望著名科学家钱学森,几乎每次钱学森都会问:"为什么我们的学校培养不出杰出人才?"这就是著名的"钱学森之问"。2009年,教育进展国际评估组织对全球21个国家进行调查,其中中国孩子的计算能力排名世界第一,想象力却排名倒数第一,创造力排名第五。束缚学生创新思维和创造能力的原因是多方面的,其中一个重要原因是社会对教育、学校、教师的评价标准主要是考试成绩和升学率,这导致学生应试能力强,创新能力差。从小学开始,几乎任何问题和作业都设有标准答案,学生不能在独立思考后得出"非标准答案",多数学生是在背诵标准答案而不是在创新思考中学习,最终形成一种固定的思维模式,削弱了创新思维和创造能力。

因此,要充分发挥教育在培养创新人才中的作用,鼓励广大中小学教师通过教书育人,实施创新教育,激发学生的创新精神,培养学生的创新能力。教师要引导、鼓励、支持和帮助学生敢于追问、大胆想象、勇于探究,培养学生的自信心、好奇心、探索性、挑战性等创新人格品质。

4. 不以分数作为评价学生的唯一标准

"不以分数作为评价学生的唯一标准"是中小学教师对教书育人工作结果评价的指导思想。传统应试教育观认为,考高分的就是好学生,升学率高的就是好学校。这是科技不发达、生产力水平低下、信息闭塞、人的发展不受重视时代的教育观。随着科技的进步、生产力的高速发展、经济全球化的到来,现代社会对人才的要求正向多元化转变,人的全面发展受到前所未有的重视。仅仅以分数作为评价学生的标准,不仅抹杀了学生的个性、打击了学生的创新精神,而且还伤害了学生的自尊心和自信心。

基于对应试教育评价学生弊端的反思,2008年修订的《中小学教师职业道德规

---

① 杨春茂.师德启思[M].北京:人民日报出版社,2012:187—190.

范》提出了"不以分数作为评价学生的唯一标准",以适应素质教育全面、科学、客观、公正评价学生的要求。2010年颁布的《国家中长期教育改革和发展规划纲要》对学生评价也提出了明确要求:"改进教育教学评价。根据培养目标和人才理念,建立科学、多样的评价标准。开展由政府、学校、家长及社会各方面参与的教育质量评价活动。做好学生成长记录,完善综合素质评价。探索促进学生发展的多种评价方式,激励学生乐观向上、自主自立、努力成才。"由以上可知,《纲要》在制度层面对教育评价做出了规定。新时期的学生评价,应当既要有总结性评价,也要有过程性评价;既要有主体评价,也要有客体评价;既要有定量评价,也要有定性评价。改变把考试分数作为唯一评价标准的做法,使评价在学生全面发展中发挥应有的作用。①

> **案例2-14**
>
> ### 巧妙的评价使李超同学产生的转变②
>
> 高二上学期,李超因学习成绩差而转到美术班。在班里他经常溜号,画画的时候又总是躲在角落里和同学聊天,导致原本安静的教室变得乱哄哄,扰乱了正常的教学秩序。美术老师对他的批评收效甚微。经了解,李超在班里很有人缘,学生都听他的;他本身没有美术基础,也不爱好美术,是因为学习成绩不好而被家长硬逼着来学美术的。李超平时画画很不认真,每幅画都画得很慢,而且都是半途而废。
>
> 在第一次考试中,美术老师要求学生在两节课的时间里完成一幅素描石膏像。这是入学以来的第一次考试,学生们很在乎这次考试,都抓紧时间画画。美术老师用质疑的口气对李超说:"你画一张完整的画让我看看,我还没见过你画过一张完整的画呢,你不会只是起个稿吧?"这激怒了他,他回答:"我怎么不能画一个完整的画啊?你等着,我画一个给你看看。"两节课后,李超按时交了卷。
>
> 美术老师在评卷时发现平时画画不认真也没什么基础的李超对人物的特点抓得比较准确,在造型塑造上有很强的能力。李超是有画画天分的,可能他自己并没有发现自己的天分。老师没有给他的作业打分,成绩公布的

---

① 杨春茂.师德启思[M].北京:人民日报出版社,2012:199.
② 李彦福.落实教育规划纲要背景下的师德修养[M].南宁:广西教育出版社,2012:120—122.

那天,李超问:"老师,我怎么没有成绩啊?及格不及格都是分数。老师,你不会给我打个零分吧?"老师把李超的考卷拿给全班同学看,让大家谈谈各自的看法。同学们有的说画得挺像,有的说有点乱。老师说:"这是李超同学入学以来第一幅完整的作品,而且只学了两个月美术,虽然画的线条还很生硬,但画的特点却抓得很形象、很准确。"并继续说:"我之所以没给他打分,是因为他才仅仅学了两个月美术,和大家的起点是不一样的,不在一个起跑线上起跑对他来说是不公平的,你们说是不是啊?"同学们连连点头。老师接着说:"但我们的终点是一样的,都是要参加同样的高考。所以我们在相同的时间里,谁付出得越多,谁收获的机会就越大。我相信李超同学经过努力一定会取得进步的。"李超在全班同学面前得到了肯定,极大地增强了自信心。

在老师的鼓励和精心指导下,李超渐渐地树立起了信心,发掘出绘画的天分,进步很快。老师还利用他人缘好、有号召力的特点,让他当美术班的班长,更激发了他的责任感和进取心。一年之后,他的美术成绩跃居班里中等偏上,同时也激发了他学习文化课的劲头。高考时,李超获得了七个学校的成绩合格证,并填报了鲁迅美术学院,最后被鲁迅美术学院雕塑专业录取。

点评:分数是评价学生学习成绩的标准,但不是评价学生的唯一标准。尤其是美术、体育、音乐、劳动技术等学科,对学生的评价更是有一个很大的空间,只有抓住学生的特点与优点加以引导,才能激发他们的兴趣,促使他们进步。每个学生都有自己的闪光点,不要轻易定论某个学生行还是不行,不能放弃一个学生,不能因为我们的感性判断而抹杀了一个学生的前途。学生对教师的看法很在意,教师对学生的评价和平时的言谈都会潜移默化地影响学生的判断和行为。此案例中的美术老师不以一次测验成绩的好坏评价一个学生,而是善于发现学生的闪光点,运用发展性评价和赏识鼓励性评价积极引导学生,帮助学生树立起学习的自信心,最终使"差生"李超圆了大学梦。由此可见,教师要为每个学生的发展奠基,成为他们成功路上的指路明灯,使学生走得更远。

二、为人师表

在研究教师职业道德规范时,尤其要重视教师"为人师表"意识和行为的价值。为人师表,就是要求教师自觉地以自身的纯正品德为学生做示范和榜样,即言传身教,以身立教。为人师表作为教师职业道德规范的内容之一,其特殊价值在于它有巨大的教育功能。其教育力度正如雅斯贝尔斯所说:"教育意味着一棵树摇动另一棵树,一朵云推动另一朵云,一个灵魂唤醒另一个灵魂。"① 孔子也说:"其身正,不令而行。"

《中小学教师职业道德规范(2008年修订)》中,对"为人师表"这一教师职业道德规范的要求是:"坚守高尚情操,知荣明耻,严于律己,以身作则。衣着得体,语言规范,举止文明。关心集体,团结协作,尊重同事,尊重家长。作风正派,廉洁奉公。自觉抵制有偿家教,不利用职务之便谋取私利。"下面从四个方面对教师职业道德规范的重要内容之———为人师表,进行深入细致的解读。

(一)知荣明耻,严于律己,以身作则

知荣明耻是具有知耻心、自尊心、自爱心的表现。人们只有知荣明耻,才能自觉地履行道德义务,保持尊严、荣誉和人格,不做可耻、毁誉和损害人格的事。因此,知荣明耻是新时代教师的基本职业规范,而严于律己、以身作则是教师知荣明耻的必然结果和具体的表现形式。

教师要严于律己,以身作则,这是由教师职业的示范性决定的。教师的职责在于教书育人,既要用自己的学识教人,又要用自己的品格育人。正人先正己,这要求教师要严于律己,以身作则,在思想品德、学识才能、言语习惯、生活方式和举止风度等方面树立自己的良好形象,处处做学生的表率,借此教育和感化学生。正如法国教育家卢梭所说:"在敢于担当培养一个人的任务之前,自己就必须造就成一个人,自己就必须是一个值得崇拜的模范。"英国教育家洛克在《教育漫话》中强调,教师应当以身作则,使儿童去做他所希望做的事情。教师的行动千万不可违反自己的教训,除非存心使儿童变坏。车尔尼雪夫斯基也说过:"教师把学生造就成什么人,自己就应该首先是这种人。"

> **案例 2-15**
>
> ### 张伯苓戒烟②
>
> 南开中学校长张伯苓对学生要求很严格。有一次上"修身课"时,张伯苓看见一个学生的手指被烟熏得焦黄,于是批评这个学生说:"你看,把手指熏得那么黄。吸烟对青年人身体有害,你应该戒掉它!"这个学生回答说:

---

① 雅斯贝尔斯.什么是教育[M].邹进,译.北京:生活·读书·新知三联书店,1991:104.
② 李天凤.教师职业道德[M].北京:高等教育出版社,2015:201—202.

"您不是也吸烟吗？怎么说我呢？"张伯苓愣了片刻，随即把自己的烟袋一撅两段，坚定地说："我不抽，你也别抽！"于是叫校工将自己的吕宋烟全数拿来，当众销毁。校工非常惋惜。张伯苓说："不如此不能表示我的决心，从今以后，我与诸同学共同戒烟。"此后，张伯苓终生不吸烟。

（二）衣着得体，语言规范，举止文明

2018年5月2日，习近平总书记在同北京大学师生代表座谈时表达了对广大教师的殷切希望："古人说：'师者，人之模范也。'在学生眼里，老师是'吐辞为经、举足为法'，一言一行都给学生以极大影响。教师思想政治状况具有很强的示范性。要坚持教育者先受教育，让教师更好担当起学生健康成长指导者和引路人的责任。"[1]在工作中，教师要长时间地面对学生进行教育教学活动。这要求教师不仅要有高尚的品德，也要在衣着、语言和举止上表现得体、文明，有修养。只有"内外兼修"的教师才能得到学生的尊重与欢迎。

教师职业是一个讲究仪表礼仪的职业。教师只讲"穿衣戴帽，各凭所好"是远远不够的。教师的穿着打扮不仅具有示范性，而且会影响学生的学习状态。因为服饰不仅展示了教师的个性、修养、审美品位和生活情趣，也显示了教师对待教育教学的态度和认真程度。教师的衣着应简洁而庄重，明快而得体。教师穿着要遵循协调性原则（与场合协调）、整体性原则（与发型、妆容搭配协调）和育人原则（与上课内容协调）。相反，不适宜的穿着不仅不符合教师的职业身份，还会分散学生的注意力，影响学生的正常学习。教师过分地追求个性化，穿着浮华、艳丽、时髦，或者穿着邋遢、暴露等都是不适宜的。

语言和衣着一样，能反映一个人的审美修养、气质性格、情感态度和精神面貌。此外，语言还能反映一个人的思维水平、文化和道德修养。因此，语言是教师为人师表的一个重要方面。教师语言要规范，与学生交谈时应以平等、尊重、谦虚的口吻，使用礼貌用语，选择积极的词语，态度诚恳，语气亲切，语调平和，音量适中，音色清亮，展现教师温文尔雅的风度；讲课时口齿清楚，吐字准确，用语精炼，声音清脆，逻辑清晰，前后连贯，专业术语规范；课堂管理时语气文明、尊敬，不恶语相向，抱怨连连；使用书面语时要遵循规范清晰、简明扼要的原则，表现出专业性、权威性和严肃性。

---

[1] 习近平.在北京大学师生座谈会上的讲话[N].人民日报,2018-05-03(02).

为人师表还体现在教师举止文明上。教师举止要做到亲切、自然、庄重和文雅。教师的举止文明主要体现在与学生相处时,一方面要讲究仪态,站有站姿,坐有坐相;另一方面要用目光、微笑和手势等向学生传递关注、理解和教育的信息。①

案例 2-16②

高老师形象的积极影响

高老师是小方同学上初二时的语文老师,高老师讲课的内容无所不包,循着课本的线索,对东西方故事信手拈来,即成文章。高老师的教学超越了对文本中心思想、段落大意的简单概括和枯燥讲解,而成为对人物、山水、思想、文学的巡礼,从而帮助学生穿越知识的屏障,感受文化的魅力。在小方眼中,高老师的头发永远整齐,衣履永远洁净,谈吐文雅,表情恬淡,周身洋溢着学者的气韵。以前的小方淘气顽皮,平时不知被其他老师罚过多少次,但是,自从听了高老师的课,小方收起了玩心,努力变得文雅起来。

或许高老师并不知道自己对一个孩子产生了多么巨大的影响,但小方认为是高老师决定了他一生中对高尚心灵和完美人格的追求,是高老师让小方等孩子看到了完美人性所应有的光芒。

赵老师衣着的消极影响

这天早上第一节是赵老师的课,同学们坐得端端正正地迎接她的到来。上课铃一响,只见赵老师走上讲台,她穿着鲜红的棉袄,下面的裤子乌黑发亮,长头发烫成大波浪披在肩上。同学们瞪圆了眼睛,不约而同地发出了赞叹声。赵老师表面上对同学们的反应不予理睬,内心却感到极大的满足。然后,赵老师仍然如平常一样开始讲课。这节课同学们不知道听到了什么,也不知道赵老师讲了什么,只记得大波浪头发来回晃动,红棉袄在眼前闪动……

点评: 加里宁曾说过:"教师每天仿佛都蹲在一面镜子前,外面有几百双精细的、

---

① 教育部教师工作司编.为了未来——教师职业道德读本(中小学教师分册)[M].北京:高等教育出版社,2013:187—190.
② 李彦福.落实教育规划纲要背景下的师德修养[M].南宁:广西教育出版社,2012:139—141.

富于敏感的、善于窥伺出教师优点和缺点的孩子的眼睛,在不断地盯视着他。"正因为如此,教师必须十分注意自身的外在形象,时时处处做学生的良好榜样,以大方得体的仪表、稳重端庄的举止、亲切和蔼的态度、文明礼貌的语言、严谨持重的行为等,去感召学生,启迪学生,最终达到为人师表、教书育人的目的。

同为老师的高老师和赵老师对学生的影响,简直是天壤之别。教师要为人师表、行为世范,其衣着虽是细节,却是非常重要的。高老师整齐的发型、干净得体的衣着、义雅的谈吐,以及学者的风采,展现出一位教师的光辉形象。这种形象,构成了教师的外在魅力,吸引学生,成为学生模仿的对象。高老师的言传身教,在有形和无形中,均形成了巨大的教育力量,促进学生转变,引导学生以老师为榜样,追求心灵的高尚与完美。爱美之心,人皆有之,然而赵老师的美,出现在课堂上,却失去了对学生的教育意义。老师表现自己的美无可厚非,但教师在课堂上的穿着或打扮过于艳丽不仅与教师的身份不相匹配,还会使学生分心,甚至有的学生会认为教师轻浮,从而使教师的教育效果大打折扣。所以教师在学校、课堂上,都要衣着庄重、整洁、大方,做学生的表率。

> **案例 2-17**[①]
>
> 　　有位在大医院工作的医生,成天面对痛苦不堪、牢骚满腹、对医生不满的患者,自己也变得心情烦躁,甚至对医生这个救死扶伤的高尚职业也产生了怀疑。然而,一件小事彻底改变了他的生活态度和职业道德。
>
> 　　有一天他正准备下班时,一位患者走进了诊室,表情恬淡地和他打了个招呼。这位医生看到患者的检查结果显示其病情严重,在回答了患者的问题后,他诚恳地向患者反复强调要进一步诊治。患者表示了感谢,临走时顺手把检查用过的废纸带走,扔进了门边的垃圾桶里。这么一位面对严重的病情仍不急不慢,轻手关门,不乱扔垃圾的患者,突然消解了那位医生郁积了一天的烦躁和郁闷。他仔细看了患者留下的病例,发现他是一位小学教师。这位患者细小而非刻意而为的举动,使这位工作压力巨大的医生带着这位举止文明的小学教师给他的平和心情踏上了下班路,并在以后的工作中重新燃起了对医生这一职业的热忱与信念,不再烦躁郁闷、怨天尤人。由此可见高尚师德的作用多么巨大。

---

① 杨春茂.师德启思[M].北京:人民日报出版社,2012:215—216.

(三)作风正派,廉洁奉公,不利用职务之便谋取私利

廉洁既是教师从事教育这一神圣职业的道德基础,也是教师必须坚守的道德情操。廉洁从教是教师处理教育教学活动和个人利益关系之间的准则,也是教师为人师表的人格魅力所在。

目前,在社会主义市场经济快速发展这一社会环境下,教师在廉洁从教方面面临着新的情况和问题。由于就业竞争激烈,升学压力大,父母对孩子期望值过高等原因,家教市场火爆且管理无序。从制度方面看,对教师业余时间兼职缺乏具体规定。从理论方面看,对教师社会兼职存在争议,有人认为教师业余时间付出劳动获得报酬理所当然;有人认为个别教师正常教学时间不专心工作,业余时间利用办班和个别补习增加收入。对北京市5000名13—18岁的学生进行的问卷调查显示,有23.9%的学生认为:"学生给老师送礼后,就会受到教师重视和善待。"[1]这一方面反映了教师在廉洁从教方面令人担忧的现状;另一方面也体现了对教师加强廉洁从教的道德教育的迫切要求。

针对教师在廉洁从教方面存在的新情况和新问题,2008年颁布的《中小学教师职业道德规范》把"自觉抵制有偿家教"作为廉洁从教的重要内容首次写进了该规范中。只要有损教师形象,在社会上造成负面影响的行为,都应该从制度和法律角度严格禁止。近年来,虽然教育主管部门三令五申"严禁教师从事有偿家教",但这一现象依然屡禁不止。当然,制度规定是外在的,杜绝有偿家教关键在于教师的自我认识和自省自律。教师要模范遵守师德规范,洁身自好,自觉抵制有偿家教的不良之风。

依据师德高尚教师在其职业生涯中的体会,教师廉洁从教要做到"四忌":[2]

一忌丧失原则,与学生家长发生不应有的经济来往。教师即使为学生付出了额外劳动,也应不求回报,保持教师固有的道德标准。

二忌利用某些家长的权利去谋取个人利益,进行不正当的危害教师形象、对学生造成不良影响的交易。

三忌盲目地向家长许愿,丧失原则,最后事与愿违,双方被动。

四忌与学生家长有吃吃喝喝的关系,影响教师在学生心目中的形象。

---
[1] 杨春茂.师德启思[M].北京:人民日报出版社,2012:234.
[2] 杨春茂.师德启思[M].北京:人民日报出版社,2012:235—236.

案例 2-18

画师人生：坚持 40 年免费辅导 500 名学子成才①

原福建省福州九中美术教师黄鸿恩，40 多年免费辅导近 500 名校内外学子，其中不少学生如今已成为美术界、设计领域的大家，仅中国美术学院就有 9 名教师曾师从于黄鸿恩，包括院长许江、副院长宋建明等。当记者登门采访，问他为何能坚持 40 年免费辅导时，黄鸿恩淡淡地说："我是一名教师，你想学，我就免费教你。"

1962 年，黄鸿恩于福建师范大学艺术系毕业，成为福州九中的一名美术教师。黄鸿恩开办了美术兴趣小组，教学生画素描。从一名痴迷画画的学生到诲人不倦的教师，黄鸿恩把自己所有的热情倾注其中，乐此不疲。

1977 年，全国恢复高考，校内外前来学画的人络绎不绝，最多时兴趣小组有三四十人。黄鸿恩把他们分成三个小组，对准备参加高考的学生，他都是一对一辅导。那段时间，黄鸿恩没有周末和节假日，每天晚上都要忙到八九点才能吃饭。

1978 年，黄鸿恩搬进学校分配的不足 50 平方米的福利房，一同搬进来的还有学生们的画板。黄鸿恩至今仍对当年情景记忆犹新，"整个房间全是人，挪动一下都要推来推去，连走廊都摆满画板。"由于房间太过拥挤有时甚至连床上也挤满学生，他们一不小心就掉滴粉彩、丢块油墨，使得黄鸿恩的床单经常变得五颜六色。"学生家长见了，都说要赔钱，我都谢绝了。那时学生学画已不容易，能坚持下来我就很感动。"黄鸿恩说。

黄鸿恩不仅免费教学生，有时还贴钱辅导。1987 年，福州残疾女孩刘小燕拄着拐杖前来拜师学艺，黄鸿恩看她行动不便，就决定每晚八点去她家辅导，并为她购买画笔、水彩等。三年下来，黄鸿恩自己花费了上千元，刘小燕也考进中国美术学院，如今在美国开了一家服装设计公司。

黄鸿恩认真负责的态度以及出色的教学成绩，深得学生及家长们的信任和感激。1987 年他获得"全国优秀中小学美术教师"称号，1989 年被评为"福建省优秀教师"。

---

① 李彦福. 落实教育规划纲要背景下的师德修养[M]. 南宁：广西教育出版社，2012：139—141.

2002年,黄鸿恩退休了。然而,名声在外的他即使退休,也难阻上门求教之人。不认识的人慕名前来,认识的人他更难以拒绝。前几年,黄鸿恩的学生林雪白、吴华、陈钟贵、许建明等人的孩子上初中,想找一位美术老师课外辅导。虽然黄鸿恩已退休,并决定不再收徒,但学生们软磨硬泡,请他再次出山教他们的孩子。黄鸿恩说:"一来就是9个孩子,是我学生的学生。"

回首40多年办兴趣小组、免费授徒的经历,黄鸿恩认为自己只是尽到了一个美术教师的责任,"是老师,就该好好教学生,不管校内还是校外。"对于目前社会上各种各样收费高昂、鱼目混珠的美术培训班,他认为这是当前高考机制派生出来的现象。他说自己免费辅导学生的行为,看起来"格格不入",却是自己内心真实的表达,即希望有更多人喜欢美术、喜欢美的东西。

点评:如果教师上课只是为了赚取薪酬,把教师职业仅仅当成养家糊口的方式,这样的教师不可能全身心地投入教书育人的工作中去,更不可能为了教育事业而无私奉献。教育是一种特殊的职业,教师应当为人师表,从各方面提高自己的素养,成为学生的表率。教师高尚的道德行为是引导和激励学生完善品德、积极向上的一种精神力量。

即使在社会主义市场经济条件下,面对社会利益的多元化和利益需求的多样化,在追求个人利益已经成为时尚的今天,为人民多作贡献,仍然是民族和国家的需要,仍然是一位教师奋发向上、为人师表的强大动力。

黄鸿恩老师四十年如一日,不求回报,无偿家教,培养出了一批批优秀的美术人才。黄老师这种不为名利所动的恬淡气质和超然的作风,值得我们学习。他并没有豪言壮语,当别人问及为何能坚持40余年免费辅导,他只是淡淡地说:"我是一名教师。"这句最朴实、最真挚的回答,其实富含深意,"教师"一词之重,非常值得深思。而他40年免费辅导学生,难道不让那些追逐财利、热衷于有偿家教的教师汗颜吗?

三、终身学习

1965年,在联合国教科文组织召开的国际成人教育促进会议上,法国教育理论家保罗·郎格朗以《论终身教育》的报告开启了终身教育运动的序幕。1994年,在联合国教科文组织及其他有关国际机构的大力推动下,首届"世界终身学习会议"在意大利罗马举行,此后,终身学习在全球逐渐形成共识,并作为重要的教育概念广泛传播。国际21世纪教育委员会在向联合国教科文组织提交的报告中指出:"终身学习是21

世纪人的通行证。"在制定教育法律法规时,许多国家都对终身学习或者终身教育内容做出了具体规定,把终身学习提高到了前所未有的高度。

目前普遍认可的终身学习的含义如下:终身学习是通过一个不断的支持过程来发挥人类的潜能,它激励并使人们有权去获得他们终生所需要的全部知识、价值、技能与理解,并在任何任务、情况和环境中有信心、有创造性和愉快地应用它们。终身学习的含义表明,学习是贯穿个人一生的自觉行动,社会各部门,包括学校、博物馆、文化宫、电视台等社会机构、设施和大众传媒都应参与教育并为社会成员的学习提供机会和条件。

终身学习的基本特征主要包括以下几个方面:[①]

(1) 连续性

终身学习主张学习的连续性和一贯性,要求把学习贯穿于人的一生,学习要从过去仅对人生早期的职前负责进步到对职后的整个人生负责。

(2) 开放性

终身学习的开放性表现在两个方面:一是学习社会化。社会化主要是指学校向社会开放。包括学校必须与现实社会紧密联系,实现专业、学科结构和具体教学内容的开放,以及实现对学习对象的完全开放。二是社会学习化,在影响个人成长与发展的所有因素中,学校教育仅仅是一种有限的教育力量,学校不再是唯一被认可的学习场所,公共机构和大众传媒对青少年教育及成人教育都可以发挥巨大作用和有效影响。教育应扩展到与人们实际工作、生活有关的各种环境中,满足人们走向社会、了解社会、参与社会变革的需要。

(3) 多样性和灵活性

终身学习是一切教育机会的有机统一,它对受教育者没有年龄、资历、职业背景等方面的要求,对学习时间和地点也无任何限制。人们只要产生学习需求,就能随时在终身教育系统中获得相应的教育满足。由于不同的人在各自不同的年龄阶段以及不同的职业背景下有着不同的求学目的,因而需要不同层次的多种教育形式来满足不同的学习需求。这些学习形式不仅有正规教育学习、非正规教育学习、非正式教育学习之分,而且有初等教育学习、中等教育学习、高等教育学习之别。此外,还有面授、函授等多种学习形式,以及广播、电视、计算机、多媒体、网络等多种学习手段,充分体现了终身学习的多样性和灵活性。

[①] 中小学教师通识培训教材编写组.中小学教师职业道德研修读本[M].北京:高等教育出版社,2012:28—29.

(4) 个性化

未来教育将是分散的、不集中的、个别化的。人的生存总是个体性的,作为人的基本生存方式的学习或教育也应是个性化的,人们可以自由选择学习的内容和方式。终身学习尊重每个人的个性和独立选择的特征,它强调每个人在其一生中随时选择最适宜自己的教育形式,以便通过自主自发地学习在最高和最真实的程度上完成全面发展的目标。

(5) 整体性

终身学习提倡学习一体化,注重学习的整体性。终身学习是人一生中所遇到的学习机会与社会所提供的学习机会的统一,即一切正规教育学习、非正规教育学习、非正式教育学习的整合。现代社会中所有可以利用的教育力量应由相互独立、各不相干的关系发展成一种新型的合作关系,即将各种学习机会和学习条件有机整合起来,统筹安排,整体调控,使之统一在一个相互衔接的制度中,形成家庭、学校、社会学习一体化。

(一) 崇尚科学精神,树立终身学习理念,拓宽知识视野,更新知识结构

1. 崇尚科学精神,树立终身学习理念

崇尚科学精神,树立终身学习理念既是提升教师自身素质的内在动力,也是教师职业的现实要求。身处 21 世纪的今天,新知识和新信息以前所未有的惊人速度不断更新。有研究表明,25 年后知识总量将是今天的 4 倍,50 年后知识总量将是今天的 32 倍。对教师而言,这既是难得的机遇,也是前所未有的挑战。教师作为知识和文明的重要传播者和创造者,必须崇尚科学精神,树立终身学习理念。只有如此,教师才能不断完善自己,充分发挥潜能。

但是,目前教师工作量普遍较大,真正有效进修的时间不多,这客观上给教师拓宽眼界带来了困难。因此,教师应努力克服困难,找准自己的定位,树立终身学习的理念,不断学习和掌握先进的科技知识,开阔视野。只有如此,教师才能在教学中及时反映所任学科的前沿成就。否则,教育质量将会大打折扣,久而久之教师也将不能胜任教育教学工作。

2. 拓宽知识视野,更新知识结构

为了适应教育的未来发展,教师必须拓宽知识视野,更新知识结构,才能提高教育教学质量。教师拓宽知识视野,更新知识结构应包括以下三个方面:

(1) 教师要有精深的专业知识

教师要成功地完成教学任务,必须精通所教学科的专业知识,教师专业化发展已是当今教育发展的趋势。教师只有经常更新专业知识,才能有厚实的知识功底和专业知识素养,在教学中才能旁征博引,深入浅出,提高教学效果。教师只有不断更新专业知识,不断探索教育教学技巧,才能赢得学生的敬佩和尊重。此外,现代科学的

发展,推动了学科之间的相互影响与交叉,各学科内部的专业知识也出现了相互渗透的走向。现代各国课程改革均强调学科之间的相互联系,在此思想指导下,综合课程应运而生,各学科教材的修订也十分注意相互之间的沟通与综合,这要求教师更新专业知识的同时,还要补充相关学科的知识。

(2) 教师要有广博的科学文化知识

在科技发展日新月异,科学知识快速更新的今天,教师不仅要具有精深的专业知识,还必须具有广博的科学文化知识,以提高和完善自身的科学文化素养。教师科学文化素养的高低,直接关系到学校的教育教学质量的高低和教育目的能否实现。教师只有具备较高的科学文化素养,才能满足现代学生对知识的需求,才能培养高智能的学生。教师应该具备的科学文化知识,包括文史哲、数理化、音体美、外语和现代信息技术等多方面知识。

(3) 教师要有现代教育理论和教育技术知识

现代教育理论不仅是社会发展对教育需求的集中体现,也反映了当代教育的基本思想。如果没有教育理论作为指导,教育教学的方向就是盲目的,不能按照现代信息社会的要求来培养学生。在当代信息技术社会,教育技术已走进校园为教育服务,教育技术作为教育教学手段发挥着越来越重要的作用。网络技术和多媒体技术是现代教育技术的主要内容,教师上课、学习和科研都离不开网络和多媒体。"一张嘴,一本书,一支粉笔"已不适应现代教育的要求,教师必须迅速适应科学技术的新发展,学习、掌握现代教育技术手段。总之,教师只有在现代教育理论指导下,运用现代教育技术手段,优化教育教学资源,才能提高教学效率,圆满完成教学任务。

案例 2-19

疫情期间,陈教师成"网红达人"[1]

2020年2月中旬,57岁的某大学教授陈老师一直都坐在自家书房的电脑前久久发呆:他在200多人的大教室里站着讲课已经有36年,从初登讲台时的局促不安、结结巴巴到面对形形色色的生疏面孔谈笑风生,他早已习惯了侃侃而谈时那种被众多热切的眼睛盯视着的感觉。当下,正值新冠疫情期间,教育主管部门要求所有老师都要进行线上教学。他独坐书房,面对

---

[1] 杨芷英.教师职业道德[M].北京:高等教育出版社,2022:186—187.

着电脑屏幕,对自己是否能流利畅快地讲好网课产生了深深的恐慌与怀疑。原本再过6个学期就要退休的他,不曾想过因为疫情的到来,自己会被迫通过网络直播上课。

为了上好网课,陈老师将家中网络升级为5G,购置了5G手机、网红直播设备、屏风,重新购置了西装、皮鞋和多条领带;他把教学课件尽可能做得美观、简明、大方,色彩、字体搭配合理;每次上课前,他都郑重地穿上白衬衫、西装,配上领带,甚至脚上的皮鞋都擦得亮亮的。为了保持好的教学效果,他始终保持着屏幕上的画中画模式,使学生既可以看到自己的表情,也能够看到教学课件上的授课提纲。

经过为期四个月的网络直播,陈老师由即将退休的"油腻大叔"华丽转身为"网络主播"。现在,只要开启手机课堂平台,他就可以对着那个小小的手机屏幕娓娓而谈,正如同置身于座无虚席的大礼堂甚至连续授课3个小时仍不知疲倦。在自己"玩转"了网络之后,陈老师又要求自己的师范生和教育硕士学习录制微课程,使多名应届毕业生通过了线上招聘的多道关卡,成功走上教师岗位。

点评:2016年5月17日,习近平总书记在哲学社会科学工作座谈会上指出:"社会总是在发展的,新情况新问题总是层出不穷的,其中有一些可以凭老经验、用老办法来应对和解决,同时也有不少是老经验、老办法不能应对和解决的。如果不能及时研究、提出、运用新思想、新理念、新办法,理论就会苍白无力。"面对复杂的物联网技术,陈老师没有畏缩,而是凭借着对上好每堂课的执着信念,不断探索和学习新型教学模式,最终成为一名"网红教师"。这一事例启示我们,优秀的教师和优秀的学生一样,都是主动的学习者,教师的身后不是一成不变的"标准答案",而是需要与时俱进的"一壁高大的书橱"。在教书之中和教书之余养成持续学习的习惯,通过持续学习和接触新鲜事物使自己保持思考和进步的状态,是成就一位好教师的基本途径。

(二)潜心钻研业务,勇于探索创新,不断提高专业素养和教育教学水平

教师要真正承担起教书育人这一职责,必须潜心钻研业务,勇于探索创新,不断提高专业素养和教育教学水平,这是做好教育教学工作的前提和基础。正如马卡连柯所说:"不论你是多么亲切,你的话说得多么动听,态度多么和蔼,不论你在日常生活中多么可爱,但是假如你的工作总是一事无成,总是失败,假如处处都可以看出你不通业务,假如你做出来的成绩都是废品——那么除了蔑视之外,你永不配得到什

么。这种蔑视有时是宽大的,含讽刺的,有时是暴怒的,含无比的憎恨,有时是执拗的,含着侮辱。"①因此,教师要从师德的高度来认识业务水平和专业素养问题,严格要求自己,刻苦钻研,不断丰富和提高自己,才能真正担负起教书育人的重大责任,成为一名合格的教师。

具体来说,教师应从以下几个方面努力提高自身的业务水平和专业素养。②

1. 潜心钻研业务,苦练基本功

教师基本功包括语言和"三笔字"等。教学语言是教师进行课堂教学的基本功之一,是教师传授知识的重要工具。教师能否胜任教育教学工作主要取决于教师的语言表达能力。要想成为一名出色的教师,必须注重自己语言表达能力的锤炼。这需要教师加强语言修养,注重语言规范性,关键是努力学好普通话。教师要利用各种途径进行听说训练,如多听广播,多看电视新闻,对易错发音进行强化训练。词汇是语言的建筑材料,没有足够的词汇教师就无法组织语言表达思想,因此教师要积累词汇,掌握专业术语。同时应积极使用贴切形象的比喻、鲜明的对比等修辞手法,增强语言的趣味性、启发性和感染力,使语言表达生动形象。此外,教学语言在逻辑上也要具有连贯性,要抑扬顿挫,把握节奏的轻重缓急。除了有声语言外,教师的肢体语言也非常重要。

练好"三笔字"——毛笔字、钢笔字和粉笔字,这是教师首先应具备的教学基本功,对中、小学教师尤为重要。文字是文化传承的载体,博大精深的中华文化赋予了汉字极为丰富的内涵。中国历来就有"字如其人"之说,教师美观的书写是有文化、有修养的表现,对学生有不可低估的直接影响。教师如果能把课堂板书、作业批语写得工整美观,必然对学生起到潜移默化的影响,有助于帮助他们养成良好的书写习惯。

练好"三笔字"首先要练好毛笔字。因为要想写出规范、流畅的钢笔字和粉笔字,必须以毛笔字为基础,这是由汉字的结构和书写特点决定的。毛笔字最讲究"用笔"和"结字"。钢笔笔头硬,弹性幅度小,写出的笔画粗细差别不大。写钢笔字要讲究笔画的起和收,练习时要注意基本笔画和字的形体结构。粉笔字应注意运笔和转动,要保持笔画粗细一致,大小适中,字形均匀美观。

教师"三笔字"基本功练习,并不是一蹴而就的,需要有耐心、有意志力,持之以恒地练习。这不是可有可无的小事,而是中小学教师综合素质和专业化发展的重要组成部分。

---

① 朱金香,等.教师职业道德概论[M].北京:中央编译出版社,2002:239.
② 李彦福.落实教育规划纲要背景下的师德修养[M].南宁:广西教育出版社,2012:152—162.

2. 积极探索教育规律,提升科研创新能力

当下,各国对人才的要求越来越高,传统的、单一型的教师素质结构已不能适应现代多元化社会的需要。教师只有把教育活动作为自己的研究对象,反思自身的教育实践,不断探索育人规律,才能适应时代的要求,才能创造性地完成教育工作。如果作为教师仅仅教书育人而不从事探索创新活动,那么其教育教学便不会有大的进步。我国教育发展要求教师具有基本的探索创新能力。实践表明,教育要创新,就要通过提高教师的探索能力去实现。

3. 认真钻研专业知识,提高专业素养

一个受学生欢迎的教师,首先要认真钻研所教学科的专业知识。"学高为师,身正为范。"教师只有不断提高专业素养,才能成为高师,培养出合格的人才。教师钻研专业知识,提高专业素养,需要完成以下几个方面的转变:第一,由被动学习向主动探究转变。教师要善于总结教学经验,反思自己的教学实践,促使自己的专业素养得到实质性转变。第二,教师要由依赖教材、教参向关注其他教育教学资源转变。教师的教育教学行为可以依据教材,但绝不能依赖教材。教师要总结经验,通过多种途径,不断丰富教育教学内容。第三,教师要由盲从权威、迷信书本向发展创新能力转变。教师在阅读书本知识时,应该用辩证的眼光看待书本内容,积极主动思考,不被权威人物的思想限制,才能养成独立自主的思维能力,发展自身的创新能力。第四,教师要由过分关注应试知识向注重情感、态度和价值观转变。受传统教育观和应试教育的影响,许多教师十分重视学生知识的掌握,而忽视了学生情感、态度和价值观的培养。仅用专业知识教育人,难以培养出全面发展的学生。知识与情感、态度和价值观是相互作用的,使学生习得丰富的知识,并形成正确的价值取向才是我们教育的方向。

4. 加强教学反思,提高教育教学水平

人类社会是在反思中超越自我而不断进步的,教师的发展也一样。美国心理学家斯金纳提出教师的成长公式:成长＝经验＋反思。教学改革的实践证明,教学反思有利于教师深入思考教学实践,积累和提升自身教学经验,并将其逐步内化为先进的教育理念,这是一条造就名师、名家的必由之路。在教学反思实践中,专家探索了多种反思方式。如,以时间为序列,有日反思、周反思、月反思、期中反思和期末反思;以主体为序列,有教师个人反思、教师集体反思、教师与学生共同反思、教师与家长沟通反思、教师与专家共同反思;以内容为序列,有个案反思、主题反思、学科反思、跨学科反思;以表现形式为序列,有反思日记、反思档案、反思报告等。

案例 2-20

中职教育的拓荒者汪秀丽[①]

汪秀丽任张家口职教中心的校长,曾获得过全国五一劳动奖章、全国教书育人楷模等荣誉。2008年1月25日,她作为全国职业教育的唯一代表,应邀参加了温家宝总理主持召开的《政府工作报告》征求意见座谈会,向总理汇报工作并对《政府工作报告》提出了建议。在同事眼里,汪秀丽不仅是教学能手,更是一位"领军人物"。多年的职教经验使汪秀丽认识到,灵活设置专业是职业教育保持旺盛活力的关键所在,一个好的专业可以激活一所学校。为此,她敏锐地捕捉各种市场信息,使学校的专业设置年年有变化,年年有亮点。1998年,她紧紧抓住信息产业蓬勃发展的机遇,大力开发计算机专业,使在校生数量呈几何级增长,并逐步占到全校学生总数的一半以上,计算机分支专业也达到8个;2000年,她抢抓西部大开发,国家将新建20个机场的机遇,率先开发航空乘务专业,吸引了省内外1200多名学生前来报名,并成功输送出了26名空姐、空少,培养出了河北省第一代航空乘务员;美国"9·11事件"发生后,她紧急召开学校专业建设领导小组会议,商讨确定了新的专业建设目标:航空安全检查专业。目前,该校已有十余批近千名学生奔赴首都国际等机场工作,他们靓丽的形象、文明的举止、熟练的技能、热情的服务,赢得了各方的一致好评。

思考与练习

1. 简述教师职业道德规范的含义、结构与功能。
2. 简述中华人民共和国成立以来我国教师职业道德规范的沿革。
3. 查阅资料,搜集遵循和违反教师职业道德规范的案例,并进行剖析。
4. 结合自己的实际,谈谈作为教师的最基本要求应该有哪些。

[①] 王定华,韩筠.师之楷模 国之栋梁:全国教书育人楷模群英谱(中等教育卷)[M].北京:高等教育出版社,2017:158—162.

第三章 教师职业道德范畴

> **学习目标**
>
> 1. 了解我国教师职业道德范畴的内容。
> 2. 理解教师职业道德范畴的含义、意义。
> 3. 在现实生活中努力践行教师职业道德范畴的各项内容。

范畴是指最一般的概念,这些概念反映着客观现象的基本性质和规律,规定着一个时代的科学理论思维的特点。范畴经过了无数次实践的检验,已经内化、积淀为人类思维的成果,是人类思维成果高级形态中具有高度概括性和结构稳定性的基本概念。教师职业道德范畴从广义上来讲,包括教师道德原则、规范中所有的基本概念,也包括反映教师个体道德品质的基本概念(如"谦虚""朴实""仁爱""乐观"等),还包括教师道德评价、道德修养和道德教育等方面的基本概念(如"善""恶""自制""慎独"等)。从狭义上来讲,教师职业道德范畴是指那些概括和反映教师道德的主要特征,体现一定社会对教师道德的根本要求,并成为教师普遍的内心信念,对教师的行为产生影响的基本道德概念,主要包括教师义务、教师良心、教师公正和教师幸福四个范畴。

第一节 教师义务

第三章第一节

一、教师义务概述

为了更好地生存与发展,人类建立了各种各样的社会关系,而所有社会关系的核心内容都是价值关系或利益关系,即在所有的社会关系中,人们一方面应该进行一定的价值付出,另一方面又应该得到一定的价值回报。因此,不管是否意识到,每个人客观上必然会对他人、对社会负有一定的使命和职责。从伦理学上讲,义务是人类社会生活中普遍存在的道德关系和道德要求,也即道德义务。道德义务比一般义务要求更高,同时也是一般义务确立的道德基础。

所谓教师义务,指的是教师在自己的生活中和职业领域内应当承担的职责。它具有两方面的含义:一是教师要对社会、对他人承担一定的一般道德义务;二是教师要承担起其职业角色所赋予的教育道德义务。

(一) 教师义务的形态

教师义务的形态主要表现为[①]:

1. 一般道德义务与教育道德义务

教师的义务包括"一般道德义务"和"教育道德义务"两个方面。"教育道德义务"主要存在于教育行业道德体系之中。

教师首先是普通道德生活的主体,所以他有在日常生活中遵守诺言、偿还债务、扶贫济困等一般道德义务;同时,作为特定职业生活的主体,教师又受到属于教育工作本身的一些职业道德要求,有如诲人不倦、团结协作、为人师表等教育道德义务。教师工作的特性之一是教师本身是教育的中介或工具,即教师通过自己的示范教育学生。这一劳动特点决定了教师必须正确面对上述两类义务。首先,教师必须比一般人更严格地履行一般道德义务,只有这样,他才能成为真正的道德榜样和教育主体;其次,教师更应当严格履行教育道德义务,努力高水平地完成自身的教育任务。

2. 显见义务和实际义务

所谓显见义务,是指我们日常生活中能够看到的普遍的、常识性的(理所当然的)义务,如忠诚、赔偿、感恩、公正、仁慈、自我实现和勿作恶的义务等。而所谓实际义务,则表现着我们义务的全部本性,代表着实际趋向我们的义务。实际义务是道德"综合判断"的结果。显见义务虽然是理所当然的义务,但是在实际生活中它可能仅仅是一种"义务假象"。比如遵守诺言就是一种显见义务,但在实际生活中我们可能出于道德上的原因不遵守诺言。所以只有实际义务才是真实和绝对的义务。

在工作中教师常常会面临非常复杂的道德境况,一个真正懂得教育义务的教师应当具有道德"综合判断"的能力,具体而非抽象地履行自己的教育道德义务。

[①] 檀传宝.教师伦理学专题:教育伦理范畴研究[M].北京:北京师范大学出版社,2010:103—104.

(二) 教师义务的作用

1. 教师义务的确立有利于增强教师的教育信念

对教师来说，只有具有正确的义务观和义务意识，才能为人民教育事业作出贡献。教书育人是教师的本职工作。在我国，教师的基本职责是要全面执行党的教育方针，为我国社会主义现代化建设和构建和谐社会培养大批合格人才。这既是我国现代化建设对教师提出的客观要求，也是教师对国家、社会和学生应承担的责任和义务。要完成这一使命，教师就必须在教育劳动中充分认识自己的职责，确立坚定的教育信念，以极端负责的态度自觉地调整自己的行为，忠实地履行教师的各种义务，完成教书育人的任务。

2. 教师义务的确立可以调节人际关系，有利于教育任务的顺利完成

由于教育劳动的特殊性和复杂性，教师的日常工作中存在着复杂而特殊的人际关系，不可避免地会出现各种矛盾和冲突，如师生之间、教师之间、教师与领导之间、教师与家长之间的冲突。这些冲突如不尽快加以解决，不仅会影响教育工作任务的完成，还会使教师本人处于一种紧张的人际关系和内心压力之中，失去教育上的"自由"。解决冲突的根本方法只能是教师从主观上深刻认识自己的教育使命，严格承担起教师道德义务，从而建立起和谐的人际关系，顺利完成教育任务。

3. 教师义务的确立有利于提高教师道德"综合判断"的能力

教师在教育过程中常常会遇到义务冲突的情况，包括不同的教育义务之间的矛盾、一般道德义务与教育道德义务之间的冲突。比如：教师可能遇到家庭道德义务与教育义务之间的矛盾，也可能遇到尊重学生、保守学生的"秘密"和与家长、同事进行适当沟通以帮助解决学生面临的困难之间的矛盾等。在义务冲突明显的情况下，只有对职业使命和道德义务有深刻和全面理解的教师，才能把握大局，进行道德"综合判断"，正确、恰当地履行教育义务。

4. 教师义务的确立有利于培养教师高尚的道德品质

康德认为，纯粹出于自然爱好而偶然性地履行的义务不具有道德价值。只有出于道德义务心并且克服了"自然爱好"(或非出于道德冲动)的行为才具有道德价值。这是因为，只有经历过道德冲突考验的品质才是稳固的。教师在履行道德义务时往往会遇到考验道德意志的情况。经过教师教育活动的反复实践和深入认识，外在的义务要求会逐步内化为教师的"内心需要"。苏霍姆林斯基也提出："恪守义务可以使人变得更高尚。教育者的任务，就在于使义务感成为自觉纪律这个极其重要品质

的核心,缺少了这个品质,学校就是不可想象的。"①因此,教师道德义务的真正确立反过来有利于增强教师道德动机,形成高尚的品质。

5. 教师义务的确立有利于培养学生的义务意识

教育的使命之一就在于向教育对象展示义务履行的必要性。教师严格履行自己的义务能增强学生的责任感,推动学生自觉履行自己的道德义务,做一个道德上负责任的人。

二、教师义务感的培养

"比起一个人怎样才被认为是该负责任的这个问题来,还有一个重要得多的问题,那就是他自己怎样才会感到自己是该负责任的。"②因此,教师义务感的培养是教师履行、承担相应义务的关键前提。

(一) 给教师自由选择的空间,培养教师的道德责任感

伦理学家石里克指出,人的"自由"有两种:一种是"意志自由",一种是"行为自由"。道德所关心的是后者,这种自由一般说来是为人类所特有的。"一个人的行为如果不是被迫的,他就是自由的。"因此,如果没有任何外来的强制施加到某人身上的话,"这个人就会被认为是完全自由的,并且要对自己的行为负责"。而道德主体的行为不管属于什么性质,只要主体处于自由状态,就应该对自己的行为负责任。

关于道德责任,石里克是这样认为的:"对责任的感觉是假定了像是我自己的欲望驱使我那样自由地行动。如果因为违反了这种感觉,我就情愿因为犯了错误而受到责备,或进行自责,并因此认为我可以按另外一种样子行动,那么就表明其他的行为也是同意志律相容的——当然也就承认有其他动机了。而有了这样一个心理过程,就有了使自己改恶从善的动机。"③因此,培养教师对道德责任的承担意识,对教师教育水平和道德水平的提升都有重要的意义。但并不是所有教育上的消极后果都要教师去承担。

除了上述石里克所认为的主体处于道德选择的自由状态,即行动自由这一条件之外,教师应承担的责任还应当有以下几种基本限定:

(1) 某一义务是社会和教育事业、教育机构已经提出明确要求的。这一条件是

---

① 苏霍姆林斯基.和青年校长的谈话[M].赵玮,等译.北京:教育科学出版社,2022:124.
② 石里克.伦理学问题[M].张国珍,赵又春,译.北京:商务印书馆,1997:138.
③ 石里克.伦理学问题[M].张国珍,赵又春,译.北京:商务印书馆,1997:139.

说不能无限地对教师提出承担道德责任的过高要求。

（2）客观环境已经为这一义务的履行提供了起码的条件。比如在没有实验条件的贫困地区的学校，教师就不能严格按照标准开展实验教学。

（3）教师具有与履行该义务相关的教育行为能力。小学教师不应当为回答不出大学课程的内容而惭愧；特定的教师也不能在短期内对学生的后进状况承担完全的责任。

但是，在具备上述三项条件之后，教师就应当对自己的行为负责。

（二）普及教育道德知识，提高教师的道德义务认知水平

道德义务的形成，与个体对客观道德责任的认知或觉悟水平是有非常密切联系的。也正是由于这一点，在个体的道德修养以及道德义务感的培养策略中，对道德义务的认知、学习成为一个非常重要的环节。"虽然拥有关于道德义务的知识并不一定会直接导致及时或合适的道德行动，但是对义务的认知，尤其是结合了情感体验的真正认知，肯定会对教师义务感的增强和教师义务感的践行有十分积极的意义。"①

（三）提升教师的教育事业意识，确立教育信念

对于教育道德义务的认知存在于教师外在的知识体系中，要想使其真正发挥作用，必须将这些知识纳入教师的信念体系中。因此，"更高一级的教育道德意识乃是教师本人的遵循教师道德要求的愿望，是形成他的意志、成为他个人兴趣的内容的需要，当教育道德的规范成为个人的要求和分内事、成为他的愿望和兴趣时，那么他就会调动起自己的思想、情感和意志，按这些规范去做。教育道德的要求将成为他本人的稳固的品质……"②

第二节 教师良心

一、教师良心的内涵

"良心"是一个古老的伦理概念。"中国思想家长于对良心的体验，长于对良心的

---

① 檀传宝.教师伦理学专题：教育伦理范畴研究[M].北京：北京师范大学出版社，2010：108.
② 檀传宝.教师伦理学专题：教育伦理范畴研究[M].北京：北京师范大学出版社，2010：110.

总体和直接的把握;西方思想家长于对良心的分析,长于对良心的分门别类、不同角度的细致探讨。"①孟子称恻隐、羞恶、恭敬、是非之心为良心,主张人应当找回被流放的良心。"虽存乎人者,岂无仁义之心哉?其所以放其良心者,亦犹斧斤之于木也,旦旦而伐之,可以为美乎?"西塞罗和塞涅卡把良心解释为内心的声音,这种声音会对我们伦理性质的行为加以褒贬。卢梭则认为,良心是"显现在人身上的自然之声",是"我们内在的向导"。②而尼采认为,真正的良心植根于自我肯定,植根于"对自己的自我说'是'"的能力。③黑格尔说:"作为真实的东西,良心是希求自在自为的善和义务这种自我规定。"④从古圣先贤对"良心"的定义中可以发现,良心与人的内在自我密切相关。当一个人判断和确认自我的存在方式和存在价值时,良心是一个无法逃避的内在的道德律令。

教师良心属于教师职业道德范畴,它是指在教育实践中,教师对社会提出的一系列道德要求的自觉意识,是个人对学生、教师集体、学校和社会自觉履行职责的特殊责任感和道德自我评价能力。教师良心是隐藏在教师内心深处的一种意识活动,同时在教师的职业活动中体现出来,是教师道德觉悟的综合表现。

 阅读资料

趣说良心⑤

最近,笔者偶然读到一篇有关"没良心"这句熟语起源的文章,才知道所谓"良心"一词的语义并非同某些辞典解释的那样——指人性和内心对是非、善恶的认识。原来,"良心"是"量心"的谐音。心怎么能量呢?其中,有个故事——

很早以前,有个王木匠,手艺高超,远近闻名,60多岁了还没有家小。邻村一个叫张金的后生,想把王木匠的手艺学到手,就登门拜师,表示愿意侍奉王木匠一辈子,做他的儿子,为他养老送终。

---

① 何怀宏.良心论:传统良知的社会转化[M].上海:生活·读书·新知上海三联书店,1994:13.
② 泰勒.自我的根源:现代认同的形成[M].韩震,王成兵,乔春霞,等译.南京:译林出版社,2001:550.
③ 弗洛姆.为自己的人[M].孙依依,译.北京:生活·读书·新知三联书店,1988:139.
④ 黑格尔.法哲学原理[M].范扬,张企泰,译.北京:商务印书馆,1961:139.
⑤ 任新林."没良心"起源趣说[EB/OL].(2008-07-13)[2016-10-21].http://www.qikan.com.cn/article/xywg20080713.html,2008-07-13/2016-10-21.

王木匠被张金的诚恳感动,答应了他的请求。张金很听话,也很孝顺,加上心灵手巧,又很勤快,人们都说王木匠有眼力,收了一个好徒弟和孝敬儿子。

一年后,张金能独立干活挣钱了,他见王木匠无法再教给自己更多的技艺,就借口回家探亲,一去不复返了。王木匠又伤心又气愤,心想,幸亏留了一手绝活没有传给这个忘恩负义的人,于是就用这绝活做了个木头人,让木头人帮自己拉锯刨木,做家务。这事很快就传开去,无人不夸王木匠的鬼斧神工。张金得知后,急忙买了许多礼物来拜见王木匠。他一进门,木头人就给他端茶倒水。张金跪在王木匠面前认罪,乞求他的原谅。王木匠二话不说,就命他照木头人的模样自己动手做一个。

张金暗喜,把木头人的大小尺寸、前后左右、上下四角,仔细量了又量,不放过丝毫细节。木头人做好了,虽然在外表上同王木匠做的一模一样,但就是不会动弹。王木匠这时开口说话了:"你量的大小尺寸虽然丝毫不差,各部分的榫头也严丝合缝,但就是没量心,没量心,木头人怎么会动弹?!"他语义双关,既是检讨自己当初没有看出对方心术不正,也是责骂张金忘恩负义。于是"没量心"便一传十、十传百,越传越远,后人便把"没量心"谐音为"没良心",专门用来责骂没安好心的人和行为。

据此,人们又加以引申,造出"有良心"一词同"没良心"对应,一褒一贬,形成鲜明对比。在此基础上,经过群体智慧加工,又派生出"良心好""良心坏""良心生在胳肢窝""良心生在正当中"等语词,而"没量心"的原义则随着时间的流逝逐渐被人遗忘了。

二、教师良心的意义

(一)教师良心对教师的内在价值具有提升效能

教书育人是复杂、细致、反复的工作,需要教师持之以恒。教师教育教学工作的质量及效果在一定时间和空间之内是较难量化的,而且教育工作周期长、见效慢,因此,教师工作价值的显现具有长期性、隐蔽性和间接性的特点。教师良心能对自己起到鼓励和肯定的作用,激励自己无怨无悔地坚守信念。康德认为,良心实指善良意志,"权力、财富、荣誉,甚至健康以及通常的福利和舒适满足,这些通常被称为幸福的东西,如若没有一个善良意志去匡正它们对心灵及其行为诸原则的影响,以使其与善良意志之目的普遍相合,那么它们就会引发自负甚至骄横"[1]。也就是说,凡事符合善良意志是个体获得幸福的前提,而善良意志的本质是抑恶扬善。对于教师来讲,教师良心是他们追求美好教育生活的内在动力,会促使教师在日常教育生活中按照内在的善良意志来思考和行动,使自身的观念和行为符合教育规范的要求,把促进学生身心健康成长作为教育宗旨,尽职尽责,努力提升教育效果,在认真履行自身教育责任的过程中不断提升师德境界。

(二)教师良心对教师的教育行为具有调控作用

教育是系统的社会工程。任何一个教育过程,总包含着各种各样的关系,存在着各种各样的矛盾,因此需要一个调控机制以协调各方的冲突,教师良心就发挥着这种调控作用。教师良心支配着教师道德意识的各个方面,贯穿于其行为的各个阶段。主要表现在:

1. 在行为进行前,教师良心对教师行为的动机起着选择作用

教师在选择行为时,不仅要受到外部条件制约,还会受到自己良心的影响。在同样条件下,教师之所以选择某种行为,是因为这种选择受到良心的支配。这种支配作用表现在教师良心能对行为的动机进行自我检查,肯定符合道德的动机,否定不道德的动机。一个有良心的教师在履行道德义务时,心中充满了强烈的责任感,其履行义务完全出于自己内心的要求,即使没有社会舆论的监督,也能自觉承担对他人、对社会的义务。当教师确认自己的行为符合道德要求时,即使牺牲个人利益或遭到他人的非议,自己也能感到"问心无愧"。

2. 在行为进行中,教师良心对其行为能起到监督、调整和控制作用

在行为进行的过程中,良心对于人们的认识、情感、信念、意志以及行为的手段都起着"监控作用"。一个有良心的教师,不需要学校领导、其他教师及学生的监督,就可以自觉地按照教师职业道德的要求行动。在行动过程中,会自觉地纠正和避免不符合教师职业道德的意识和行为手段,激励和强化各种符合教师道德的行为、情感,使自己的行为始终能够沿着正确的轨道前进,不致发生偏差,产生不良后果。

---

[1] 康德.道德形而上学基础[M].孙少伟,译.北京:中国社会科学出版社,2009:3.

3. 在行为结束后,教师良心对行为后果具有审判和评价作用

在教育实践中,教师的行为要受到两方面的评价,即社会舆论的评价和自己良心的评价。社会评价会对教师的行为起到一定的规范作用,但由于教师劳动的个人性和自由性,教师的劳动就表现出"良心活"的特点,教师自己良心的评价显得更为重要。"良心是自己同自己相处的这种最深奥的内部孤独,在其中一切外在的东西和限制都消失了,它彻头彻尾地隐遁在自身之中。"①良心不需要任何外在的约束,它本身就是一种约束,而且是唯一对其自身有约束力的东西。良心也具有独立的自我反思和评判的能力,它促使个体对自身的言行举止进行自觉反思,并作出评判,符合良心会使人产生愉悦感、满意感,而违背良心则使人产生羞愧感、自责感。教师的教育良心是他们内在的道德规约,在整个教育过程中都具有自我判断、评价和调控的作用。

(三)教师良心对学生发挥榜样效应

教育是造就人的事业,面对性情、身心迥异的教育对象,教师正向的引导和教育就显得尤为重要,对学生的心灵世界有着深远的影响。教师是学生重要的影响源,在追求善的过程中,教师良心激励着教师不断净化心灵和升华道德品质,这对学生本身起着润物无声的教育和示范作用。

  阅读资料

我的教师职业,我的良心活②

工作多年,我一直有一个感觉,就是刚放假没几天就盼着快开学上班。好多同事都说我傻,可我真的这么想。如今天天坐通勤车上下班,虽然很辛苦、很累,可每天却精神饱满、倍感充实。记得刚参加工作时,我在村小任教,每天往返十七八里的乡间土路,我走了五年。那是我吃苦受累最多的五年,也是令我最为难忘、感到幸福的五年。那时无论是雷雨天,还是风雪日,我从没请过一天假。因为我坚信,只有全心全意地为学生付出,才能使学生信服;只有对得起学生,对得起自己的良心,才能坦然接受任何结果。

---

① 黑格尔.法哲学原理[M].范扬,张企泰,译.北京:商务印书馆,1961:139.
② 刘大鹏.我的教师职业,我的良心活[J].新课程学习(中),2013(12):166.

今年五月的一天，轮到我给学生上课。前一天晚上我突然犯了眩晕症。头晕目眩，又吐又泻，早晨已经起不了床。可一想到即将中考的学生，我依然强打精神，坐客车来到学校。拖着沉重的双腿走进教室时，我知道我的脸色一定很难看。"先做一套卷子吧，之后我再讲。"我无力地说。当时教室里的学生都静静地看着我，我的课代表立刻站起来说："老师您怎么了？生病了吗？快回家休息吧。我们自己能上好自习，您放心吧。"还有好几个学生也附和着："老师您回去吧，我们保证没事儿。"我跟大家说："好了，谢谢大家，我没事儿，过一会就好了，快做题吧，我还要讲呢。"课后，两个学生说要到街里取户口本，向我请十分钟的假，可回来后却给我拎来了好多的水果和治疗眩晕症的药片，说是同学们的心意。我不禁感动万分，热泪盈眶。我由衷地说："你们真的懂事了。"我知道，正因为我平时真诚友善地对待他们，才换来了他们对我的关心。

教师在物质上也许是清贫的，但在精神上却是富有的；教师拥有教不完的学生，但他们自觉地将自己的全部精力和感情投入教育事业中，并为之奋斗，从中体味学生成长的快乐，享有"桃李满天下"的幸福，在追求社会价值的过程中找到个人的幸福与快乐，实现人生的真正价值。

我热爱我的职业，更执着于我的"良心活"。

三、教师良心的形成

教师良心的形成受多重因素影响。从宏观层面来说，社会整体的道德水平为教师道德修养奠定了社会基础；从中观层面来说，教师工作群体的整体职业道德水平也会影响到教师个体教育良心的形成；从微观层面来讲，教师的自我修养是关涉其教育良心生成的关键因素。对于教师个体来讲，社会道德环境和工作群体的整体职业道德水平属于客观条件，是个体难以把握和控制的，而教师的自我修养属于主观条件，是能够通过自身的努力来实现的。[①]

（一）对教育责任的透彻理解是教师教育良心形成的前提

教书育人是对教师教育职责最凝练的概括，也就是说，教师不仅要帮助学生增长

---

① 马多秀.教师的教育良心：师德生成之基[J].中小学德育，2014(5)：18—21.

知识、开启智慧,还要对学生心灵的健康成长负责。然而,受应试教育的影响,在教育实践中很多教师只顾教授学生知识和提高学生的学业成绩,而忽略了对学生进行心理、道德等方面的教育;还有些教师为了提高及格率、优秀率,给学生布置过重的课外作业,甚至为了提高升学率而不让学习成绩差的学生参加升学考试。这些做法不仅给学生造成了身体上的伤害,还给他们造成了心灵上的伤害。这些违背教育良心的反教育现象的频发,揭示出教师对自身所承担的教育责任的无知和遗忘。因此,对于教师来讲,在教育过程中透彻地理解和深刻地牢记自己所肩负的教育责任是圆满完成教育任务和提升师德修养的基本前提。

(二)对教育生活的深刻体验是教师教育良心形成的基础

体验是个体对生活情境或对象产生的内在感受和体悟。教师对教育生活的体验主要包括作为受教育者的教育生活体验和作为教育者的教育生活体验两部分。教师本身也曾是受教育者,在教师自己处在学生的角色和地位时,对教育生活都有着丰富和深刻的感受和体验,尤其是不同教师对待学生的态度和方式都会在学生内心产生印记,甚至影响其一生。作为教师,永远都不能忘记自己当学生时的经历和体验,在教育过程中,要能够站在学生的立场上,设身处地地考虑自己的举动可能会让学生产生的情感体验,从而避免不良后果。作为教育者,教师在教育过程中的情感体验会随着教育情境的变化而变化。需要指出的是,"教师的体验要以关心学生为取向,这是由教师的职责本身所决定的。如果偏离了这一取向,教师的体验本身也就失去了教育意义,这意味着,关心学生和为学生考虑是教师体验的唯一的价值目标"[1]。在现代社会,生活中的不确定性因素增加,学生的生活也处于变化之中,教师需要提高敏感性,用心体察学生的各种细微变化,以有利于促进学生健康成长和发展的方式作出反应,从而使自己获得更多积极的情感体验。

(三)在教育生活中践行善良意志是教师教育良心形成的关键

黑格尔把良心分为形式的良心和真实的良心两类。"当我们谈到良心的时候,由于它是抽象的内心的东西这种形式,很容易被设想为已经是自在自为的真实的东西了。"[2]在他看来,道德和伦理是截然不同的,在道德范畴内,只存在形式的良心;只有在伦理实体范畴内,才有真实的良心,真实的良心是主观认识的客观化。良心首先是一种内在的善良意志,是对某种关涉良心的价值的确信;但是,这只是一个人成为一个有道德的人的前提。一个人是否真正有道德,还取决于他的行动。一个既具有善良意

---

[1] 马多秀.教师的道德敏感性及其生成[J].教育导刊(上半月),2013(2):15—18.
[2] 黑格尔.法哲学原理[M].范扬,张企泰,译.北京:商务印书馆,1961:141.

志,又表现出善良行动的人,才是真正有道德的人。

对于教师来讲,在教育生活中践行善良意志是教育良心形成的关键;也就是说,把善良意志转化为道德行动是教师教育良心形成的关键。影响教师把内在善良意志转化为外在道德行动的因素,除了教师自身,还包括外界的制度、舆论等。当主客观因素一致时,有助于教师道德行为的产生;当二者不一致时,则关键取决于教师自身的意志力,需要教师坚信自己所确认的价值,并始终按照自己内在的善良意志和愿望来行事,即使受到外界的批评和责备,也会从内心获得良心上的安宁和抚慰。正如阿德勒所说:"教师对学校的制度不负有责任,但如果他们能以个人的同情和理解缓和一下这个制度的非人性和苛刻的一面,那就是最好不过了。因此,教师要考虑到某个孩子的特殊情况,适当对他宽容一点,这样,会起到鼓励这个孩子的作用,而不是把他推向绝路。"①所以,教师只有学会克服外在环境的制约,始终以促进学生健康成长和发展为宗旨,才能够真正实现教育良心的形成和师德修养的提升。

第三节　教师公正

"努力让每个孩子享有受教育的机会,努力让 13 亿人民享有更好更公平的教育",是习近平对全体人民的承诺。近年来,教育公正成为学界和社会大众关注的焦点,而教师公正则是教育公正的核心。教师,作为教育行为的具体实施者和教育资源的分配者,对于教育公正的实现有着实质性的影响。②

一、教师公正的内涵及特征

(一) 教师公正的内涵

公正一直是人类社会普遍的道德法则,是人们孜孜以求的价值生活目标。而公正的概念内涵复杂,它既是法学、政治学概念,又是伦理学概念。在法学中,公正与法律有关,法官的使命就是以法律为依据主持公正,为公正服务;在政治学中,公正是一个政治原则,要求公务人员不徇私情,公正无私;在伦理学中,公正是人们最基本的道德原则和道德规范。作为一种可贵的道德品质,公正是指人们根据一定的道德原则

---

① 阿德勒.儿童的人格形成及其培养[M].韦启昌,译.北京:北京大学出版社,2014:110.
② 吕晨晨.教师公正的理论内涵、价值意蕴及实践理路[J].教育与教学研究,2022(09):54—66.

和道德规范办事,坚持真理,合乎情理,公平正直,不存私心。

教师公正是在教育过程中逐步形成的。在教育过程中,教师根据平等原则处理自己和他人之间的道德关系,在内心深处逐渐形成了公正这一道德意识和道德信念。这种公正观,既受社会总体道德公正原则的指导,又受教育活动特点的影响。因此,所谓教师公正是指"在教育教学活动中,教师能够按社会或阶级公认的道德准则,公平合理地对待和评价每一位合作者,处理好与校长、教师集体、其他教师、学生、家长和社会之间的关系。其中,教师对学生的评价公正合理是教师公正的本质特征"[①]。

(二) 教师公正的特征

1. 教师公正的历史性

教师公正是一个历史范畴,总是相对于特定历史时期的教师评价标准而言,不同历史时期的社会发展状况、经济基础及人们的教育需求是各不相同的,人们对公正的理解和需求也是不同的。教师,作为教育行为的执行者,其公正性也必然受到一定社会的经济关系、道德风尚、文化环境的影响和制约,而具有特定历史时期的特征。

2. 教师公正的教育性

教师公正是在教师的教育教学过程中逐渐形成的,因此,教育性是教师公正区别于其他职业公正的重要特点。教师公正的教育性主要是由教师劳动的特征来决定的。教师劳动的特点之一就是教育主体与教育手段的同一性,所以教师能否公正处事、能否建立起公正的人际关系,特别是师生关系,往往对学生起到示范性和教育性作用。

3. 教师公正的自觉性

教育是一种目的性很强的社会活动,教育总是要教人从善。因此,教育的根本目的蕴含了公正的意义,并通过教学活动、教学情境或隐或显地体现出来。所以,与其他社会职业相比较,教师不管在职前教育还是职后实践中,都需有较高的教育公正的自觉意识。

4. 教师公正的平等性[②]

平等是公正的核心问题,也是教师公正的主要特征。《中华人民共和国教育法》

---

① 董英,杨奉祥.教育伦理学[M].武汉:湖北人民出版社,1995:126.
② 刘慧.教师公正教育价值的现代思考[J].沈阳师范学院学报(社会科学版),2002,26(1):55—58.

明确规定了受教育者和教育者的权利与义务,如:"公民不分民族、种族、性别、职业、财产状况、宗教信仰等,依法享有平等的受教育机会。"这些权利与义务的实现,不仅需要法律的保障与监督,还需要教师的公正品质为其保驾护航。教师平等地对待学生,主要表现为:

(1)平等对待不同家庭出身的学生。现实中,不同职业的学生家长处理与学校、教师关系的方式往往是不一样的,不同家庭出身的学生在与教师交往时的态度与行为往往也是不同的,这容易使教师产生对学生不公正对待的问题。平等对待不同家庭出身的学生,是现代教育对教师的要求。

(2)平等对待不同类型的学生,如学习成绩好的学生与学习成绩差的学生,特长明显的学生与没有明显特长的学生,班级干部与普通学生,性格热情、开朗、外向的学生与性格冷淡、文静、内向的学生,表现欲强的学生与不善于表现的学生,等等。

(3)平等对待自己与学生,做到"己欲立,而立人;己欲达,而达人;己所不欲,勿施于人"及"推己及人"。

5. 教师公正的开放性

在信息时代,学生获得知识途径的多样性,导致他们的价值观念、知识结构具有多元化特征,这可能会或已经与教师形成了一定的差异。面对这种差异,教师公正的又一特征可概括为开放性。其主要表现为两方面:一是向学生学习。从现实的师生关系状况调查中发现,教师对学生持肯定态度的比例很小,学生对教师比较满意的程度也不高。其中的一个重要原因在于教师的封闭性。教师若能够转换角度、转换思路,走进学生的世界,理解并尊重学生的天性,尊重学生的选择,就会惊喜地发现学生有许多方面值得成人学习。二是支持学生。学生的健康成长是社会、学校、教师、家长和其自身关注的焦点。在一定程度上可以说,学生的健康发展是各方面共同追求的教育目标,教师的价值也在于此。但由于年龄、经历等的不同,对学生世界存在的一些现象,教师从个人的喜好出发可能无法理解或难以接受。这些现象以传统道德标准来衡量,可能是不符合道德的;而以新的道德标准来衡量,则可能是道德的,或当下还难以判断是否是正确的。但只要可以肯定这些现象的大方向是利于学生发展的,教师就应给予支持和鼓励。这也是教师公正开放性的主要表现形式。

二、教师公正的意义

公正犹如一面镜子,反映出教师的心灵;它又像一把尺子,衡量着教师的行为。在新形势下,公正对于教师良好职业道德的形成将日益显示出强大的影响力。

(一)教师公正有利于自身德性的完善

教师公正既能规范教师行为,又能完善教师个体德性。公正既属于教师职业道德规范,是一种群体伦理道德规范,也是一种个体品质、个体德性。规范的公正与德性的公正并不相冲突,规范为德性提供了内容,而德性是规范得以实现的前提。教师公正德性是教师将公正规范内化之后形成的一种个体德性。教师将责任的"应该"转化为内在的"要求公正"的道德力量,就形成了一种践行公正的现实力量。教师公正德性首先出于教师对公正这一责任的认同与敬畏。教师在对群体规范认同的基础上不断追求公正,教育教学实践中的公正要求又激发了教师不断自我完善,不断追求更高的道德境界以获得个体德性的提升。教师公正就是教师将职业规范与个体德性合二为一,既符合社会对教师角色的期望与要求,又是内在公正德性的自觉展现。可以说,教师追求公正的过程也就是教师自身德性不断完善的过程。

(二)教师公正有利于学生的道德成长

教书育人是教师这一职业的主要职责,其中育人是教师之为教师的根本使命。因此,教师不仅要增长学生的知识、提升学生的能力,更要在学生的心灵与人格上产生教育性的影响,这一影响可能关乎学生的终身发展。

教师公正直接影响学生对公正的理解和认同。学生具有"向师性"的特点,教师的德性会直接影响到学生。一名教师若是公正的,那公正的德性便会渗透在他的言行举止中,并通过与学生的交往传播到学生身上。在教师的言传身教、榜样示范下,学生对于公正的认识和理解都会发生相应的变化,并在无形中形成公正的品质。

教师公正有利于学生公正德性的养成。教师公正有助于促进学生对公正的认同和追求,尤其在学生切身感受到公正之后,会更深切地体会到公正是获得尊重的前提,是人与人相处的重要原则,是值得追求的道德品质。在学生感受到公正对自己、对他人的善之后,公正也会成为学生的目标和追求,并自觉在日常行为中严格要求自己,提高自己践行公正的能力。

(三)教师公正有利于良好教育环境的形成

从教育的外部环境来说,具备公正德性的教师在日常教育教学实践中能公正地待人待己。具备公正德性的教师能正确地处理与学生家长的关系及其他一些社会关系,将社会上的不良风气自觉地抵制在教学之外,为教育教学营造良好的外部环境。

从教育的内部环境来看，公正的教师能正确处理与学校领导和教师同侪的关系。其中，对于教师工作环境，教师公正有利于教师服从上级领导，与同侪相互合作，共同致力于学生的全面健康发展。教师在与领导、同侪的人际交往中彼此平等相待，有利于教育集体良好氛围的形成，为教书育人功能的发挥提供强大支持。对于班级建设，班级是学生学习、生活与成长的重要场所，教师公正有益于良好班风、学风的养成。一个充满公正氛围的班集体会对学生的学习、发展产生举足轻重的影响。因此，教师公正对营造有利于学生健康成长的教育环境有着巨大的作用。

（四）教师公正有利于社会公正的实现

教师公正是社会公正的重要组成部分，教师公正直接从属于社会公正。在最基本的意义上，没有教师公正就很难有社会公正。因为，社会是由每一个具体的人构成的，只有教师培养出一个个具有公正品质的公民，才能组成一个人人公正行事的社会。比如，课堂上的教师公正，虽然涉及的不过几十个人，但每个学生都是社会中的一员，他们不但从属于学校，还从属于家庭和社会。学校即是社会的雏形，因此教师公正是社会公正的起点。如果学生在学校生活中不能感受到应有的公正，不能得到公正的对待，那么学生将很难建立公正的信念，因此也就不利于社会公正的实现。可见，教师能否实践公正关系到一个社会公正的实现及其程度。[①]

正如杜威所说，"学校即社会"，唯有公正的学校生活才能养成学生的公正品性。只有每一个学生在学校生活中被老师公正地对待，从老师身上学到了如何公正待人，将来才有可能成为构建公正社会的合格公民。与之相反，如果他们从小就看到种种偏见与不公，从小就感受到人与人之间的高低贵贱之分，那么，不公正的思想就会在他们的头脑中生根，他们长大成人后就会复制学校生活中的观念体系和行为标准，用不公正的方式去思考问题，对待他人。因此，教师公正对于整个社会公正的实现具有重要的奠基性价值。一个公正社会的形成需要教师为每一个孩子构建公正的学校生活，否则，那个公正社会的到来就可能遥遥无期，无可期待。[②]

三、导致教师不公正现象的原因分析

教师公正与否直接显示公正在教育过程中的实现程度。揭示教育实践中的教师不公正现象，解析现象背后的产生原因，对于促进教师公正，实现教育的社会功能具有重要的现实意义。

[①] 房月华,闫帅领.在教学过程中的教师公正研究[J].科技信息,2011(24):17.
[②] 蔡辰梅,刘娜.论教师公正及其实现[J].教师教育研究,2017(04):1—6.

（一）市场经济因素与教师职业道德的缺失造成的不公正

市场经济是以市场为基础，配置社会经济资源的一种方式，资源在市场经济中从来就有稀缺性和不平衡性。由于生产力总体水平较低且经济发展不平衡，我国现阶段的教育资源表现出紧张且分布不平衡的特点，具体表现为在教育供需市场上一方面教育需求不断扩大，另一方面教育资源供不应求，优质学校有限、优质班额有限、班额扩充后教师的注意力有限等。相应地，在市场经济环境的浸染下，少数教师追求功利和实惠，不恰当地将市场经济中等价交换的原则运用到教育领域，利用教师权力谋取不正当的利益。他们以给予特殊学生特殊关照的方式，因"财"施教，获取物质利益或权力的优待。

在不正当的利益驱动下，教师权力的滥用直接导致部分学生获得了不正当精神利益和不正当资格利益。获取不正当精神利益表现为在教育教学领域以权钱交易等非法手段干预教师公正对待学生的权力，以期获得教师对关系学生的特别关心、鼓励、支持、辅导，意图使关系学生获得乐观自信的心态优势。

获取不正当资格利益，是指在学校管理过程中（含班级管理），学生及其社会关系成员通过权钱交易等非法手段从学校领导、班主任等具有教育管理职权的教师手中获取不正当荣誉或资格。[①] 表面上看，这种师生之间的利益或权力交换是双向互惠的，私人交往的结果是双赢的，但就本质而言，这种行为是对绝大多数学生的公共利益的破坏。因为教师对待学生群体的权力偏移必将导致在部分学生受益的同时，其他学生丧失了得到平等对待的权利，甚至被剥夺了宪法、教育法规所赋予的受教育权。

（二）传统的精英教育观与教师评价机制不健全造成的不公正

在我国的传统教育体制中，精英教育一直占据着主导地位，从而在办学思想上陷入了这样一个误区：往往只注重教育的工具性价值，忽视了教育的本体性价值。精英教育最主要的表现形式就是竞争性考试，优胜劣汰。"分数面前人人平等"的形式看似公平，但其背后却隐藏着极大的不公正。首先，精英教育以分数为标尺的选择制度往往将来自社会和经济方面的障碍，简单归结为个人能力的欠缺；其次，几乎没有证据可以证明，这种选择的程序能够正确地预测一个人是否具有从事某些特殊职业所需的才能。秉承精英教育观的教师，往往深受重功名、官本位的传统思想影响，把能否培养出"当官的""出名的"人作为自我价值实现的标准；把能否培养出少数尖子

---

① 刘冰,于伟.师生关系中影响教育公平的不正当利益因素探析[J].东北师大学报（哲学社会科学版），2004(2)：127—133.

学生看作衡量教育质量高低的标准。这样就不可避免地把精力和资源向"尖子生""优生"们倾斜,倾向于关注学业水平较高的学生,在课堂上实行选择性交往,使本应均等的课堂参与机会分配失衡。美国学者的一项调查显示,教师在一节课上与学生的目光交流有四分之三的时间集中在优秀学生身上。① 同样,一位教育科研人员在教学班连续听课后发现,该班有两名学习尖子,在两天内被各科教师提问共12次,另两名学习后进生,在12天内却无人问津。②

教师评价机制是教师职业行为的风向标。当前社会普遍以学生考试成绩作为衡量教师工作业绩的唯一标准,且将其与教师的奖惩、利益、职称、知名度挂钩,客观上导致教师在教学目标的制定、教育内容的安排、教学方法的选择上,都以"优生"为参照,有意无意地忽视相对落后的学生。

(三)教师专业素质不高,教育教学能力不足造成的不公正

1966年,国际劳工组织和联合国教科文组织提出了《关于教师地位的建议》,首次以国际组织官方文件的形式确认了教师职业的专业性质,认为"应把教师工作视为专门的职业"。1994年,我国开始实施的《教师法》规定:"教师是履行教育教学职责的专业人员",第一次从法律角度确认了教师的专业地位。1999年,我国颁布的第一部对职业进行科学分类的权威性文件《中华人民共和国职业分类大典》,首次将我国职业归并为八大类,教师归属于"专业技术人员"一类。在我国政府的积极推动下,我国专职教师学历结构总体上不断改善。截至2022年,全国各级各类学校专任教师1880.36万人。全国学前教育专任教师学历合格率为99.39%,专任教师中专科及以上学历比例为90.30%。全国小学阶段教育专任教师学历合格率为99.99%,专任教师中专科及以上学历比例为98.90%。全国初中阶段教育专任教师学历合格率为99.94%,专任教师中本科及以上学历比例为91.71%。普通高中阶段教育专任教师学历合格率为99.03%,专任教师中研究生学历比例为13.08%。中等职业教育专任教师学历合格率为94.86%,专任教师中研究生学历比例为8.91%,"双师型"教师比例为56.18%。全国高等教育专任教师197.78万人,普通、职业高校研究生以上学位教师比例78.54%。③ 然而,教师学历并不能与教师专业素养直接画等号,当前我国教师队伍中还存在着部分专业素质不高、教育能力低下的教职人员,他们所提供的低质量的教育资源和简单粗暴的教育管理方式,严重阻

---

① 李方安.班级规模到底该多大[J].教学与管理(中学版),2003(2):18—20.
② 马和民.新编教育社会学[M].上海:华东师范大学出版社,2002:146.
③ 教育部发展规划司.2022年全国教育事业发展基本情况[EB/OL].(2023-03-23)[2023-04-28].http://www.moe.gov.cn/fbh/live/2023/55167/sfcl/202303/t20230323_1052203.html.

碍了教育公正的实现。

（四）师生缺乏必要的理解沟通造成的不公正

相互理解是形成和谐师生关系的基础。有研究者从5所学校随机抽取了100名教师，问："您热爱学生吗？"90%以上的被试教师都回答"是"。随后研究者又对这100名教师所教的学生进行调查："你体会到老师对你的爱了吗？"仅有12%的被试学生回答"体会到了"。[1]

教育是以爱为基础的心理互动的过程，教师的教育行为只有被学生真正认同才会体现其价值，发挥其功效。教师与学生是两个存在较大差异、相互区别的群体：在智力发展上，教师是较发达者，学生是较不发达者；在社会经验上，教师是较丰富者，学生是欠丰富者；在思维方式上，教师倾向于理性思维，学生则更多是感性思维；在信息获取上，师生之间呈现一种不对等的状态，学生有着不同于教师的语言、文化和成长背景，而教师则拥有着区别于学生的成人的价值观念、思想情感和行为标准。如果缺乏理解和沟通，这些客观存在的差异性，将会阻碍师生之间的相互认同，甚至产生隔阂、误解，并使学生产生强烈的不公正感。

（五）教师的心理偏见造成的不公正

认知偏见，容易导致教师难以正确地认识和评价学生，从而产生不公正。较为突出的有以下几种：

1. 期待效应

罗森塔尔和雅各布森对于教师"期待效应"的研究表明，教师往往对优秀学生给予正向期待，一般不做消极分析；而对那些"差学生"给予反向期待，一般不做积极分析。教师这种心理又被称为"归因偏见"，将高期望学生的成功归因为内在/稳定因素，而将其失败归因为外在/不稳定因素。相反，低期望学生的成功会被归因为外在/不稳定因素，导致成功不能激起他们的自我效能感，无法产生激励作用；而他们的失败又会被归因为内在/稳定因素，使得失败会进一步挫伤他们的自尊，并导致其再次失败。

2. 光环、刻板效应

光环效应，是教师将学生的某个特别突出的特点、品质泛化到这个学生的其他特征上，从而导致以偏概全的认知偏误的现象。"一好百好""一俊遮百丑""爱屋及乌"，就是光环效应的结果。刻板效应，指教师忽视学生的个体差异，基于对学生的机械归

---

[1] 刘爱吉,许兴荣.素质教育呼唤高素质的教师[N].中国教育报,2001-05-26(4).

类,而形成的对学生的一般看法和固定印象。有些教师根据自己的主观判断给学生贴标签,认为好的学生不会变坏,坏的学生不会变好。如一位语文教师发现一个平时作文很差的学生,写出了一篇很漂亮的习作,他可能会习惯于说:"你的作文大有进步,内容很好,文字也很通顺……不错,不错……是你自己写的吗?"这种存在认知偏见的评价,对学生显然不公。

3. 自我投射

自我投射是一种人际偏见,是把自己的认识、情感、意志等特征投射到学生身上,以己度人的心理活动。自我投射容易使教师对学生的评价主观化。自我投射包括情感投射和愿望投射。

情感投射,即认为别人与自己的好恶相同,对别人进行自我同化,从而导致对他人的认知障碍;或对喜欢的人越看越喜欢,厌恶的人越看越厌恶,从而表现为过度赞扬或中伤。对喜欢的学生,教师会觉得他们的优点越来越多,对他们进行美化;对不喜欢的学生,则会觉得他们越来越讨厌,什么都是缺点。

愿望投射,即把希望当成现实,认为他人也如自己所期望的那样,从而对他人的情感或意向做出错误评价,歪曲他人,造成交往障碍。有的教师对学生有看法,就认为学生也在搞鬼,从而形成对学生的不公正评价和认知偏见。

4. 情绪效应

情绪效应是指一个人的情绪状态可以影响到对某一个人今后的评价。尤其是在第一印象形成过程中,主体的情绪状态更具有十分重要的作用,第一次接触时主体的喜怒哀乐对于双方关系的建立或是对于对方的评价,可以产生不可思议的影响。与此同时,交往双方可以产生"情绪传染"的心理效果。主体情绪不正常,也可能引发对方的不良态度反应,影响良好人际关系的建立。当教师心情轻松愉快时,这种愉快的情绪也会感染学生,对待学生也较宽厚和蔼,易于发现学生的优点。反之,当教师情绪低沉郁闷时,常常会造成课堂气氛紧张压抑,知识信息便难以被学生有效接收。因此,情绪效应也是影响教师公正的一个重要因素。

四、教师公正的践行

在价值判断上,人只要存在理性就会要求公正。现阶段,在人们追求教师公正这一教育理想的同时,必须意识到绝对的教育平等是难以实现的。教育不像有固定数量和标准形状的物品那样可以平均地分配或切割给每个人,而达到绝对的量上的平等。实际上教育本身也不是追求绝对平等的工具。教师公正要求在公正的价值取向之上,根据我国的社会经济发展水平、教育资源分配现状,以及教育未来发展的可能性来规定教师公正的具体内涵,确立教师公正的实施原则、方法,积极地在教育实践中追求教师的教育公正。

(一)综合治理实现教师公正的教育环境

综合治理教育环境,尤其是教师职业环境,对于促进依法治教,倡导社会教育关系的公平公正,规范教师职业行为,提高教师公正的程度和水平,具有积极的现实意义。对教育环境的治理应注重以下几方面的建设:

第一,增加教育投入,扩大教育资源总量,合理配置教育资源。

第二,保障教师权利,优化职业环境。

第三,建立科学的教师评价机制。

(二)提升道德素质,实现市场经济环境下的教师角色认同

市场经济条件下分配关系、利益格局的重大变化,多元文化的交融、碰撞,使师德状况也出现了复杂的变化。目前,我国教育领域已出现明显的市场行为,但相应的市场规则却没有建立,使得许多教师把自己的职业简单地看成是一个可以进行等价交换、牟取私利的平台。实际上,教师这个职业与其他职业有着天然分别,因为教育的对象是人,人需要言传身教,这一点就决定了教师这个职业永远无法完全市场化。教师不能把自己仅仅视为"经济人",而在市场经济条件下盲目地追求利益最大化。市场经济下个体的逐利性是由市场经济的规律和本质所决定的,但是这种逐利性是有边界的,至少应该在教师职业道德面前止步。

受中国古代"天地君亲师"思想的影响,当前社会对教师角色的认知存在另一极端,即将教师形象高度理想化,视教师为十全十美的模范、毫无瑕疵的"圣人"。社会,包括教师自己也习惯于将教师群体视为春蚕、蜡烛、阶梯甚至殉道者。这实际上是将教师的人格理想状态泛化为教师职业道德标准,而忽略了教师作为普通社会成员的个性存在。过于苛刻的标准会使教师产生不同程度的压抑感,当社会对教师较高的期待和职业评价与教师实际较低的社会地位和劳动报酬发生矛盾时,便会引发教师强烈的心理冲突,使教师产生失落感、不公正感,甚至自我否定。

实现社会主义市场经济环境下的教师角色认同,必须避免对教师职业的上述两种认知偏差。一方面,教师只有具有崇高的师德和专业标准,才能真正把满足学生的需要和利益置于教师个人需要和利益之上,在具体的教育过程中充满公正感和责任感;另一方面,教师职业也是教师实现自我价值的途径。教师的职业价值不仅体现在教书育人、传道授业的社会价值上,也体现在教师对自身的专业成长、人

格完善、生命超越的个人需要的满足上。教师应将个性自我与角色自我融为一体，追求自身内在生命价值与外在社会价值的统一。自我价值的实现并非等同于自我私欲的满足。知识经济时代所需要的人才是个性独立、具有创新能力的人才，作为人才培养者的教师，理所应当地也应是充满激情、不断成长与自我完善的人。正确认知教师角色，有利于教师实现市场经济环境下的职业角色认同，在职业劳动中体验教师职业生活的丰富性，避免因无法将生命价值与社会价值相互统一而出现的教师职业偏见、职业倦怠、专业理想缺乏等问题，减少由此产生的教师执教不公、师德缺失等现象。

（三）注重教育教学艺术，提高教师公正的实践能力

教育教学艺术，作为教育行为得以成功进行的内部机制或性能，具有双重性质，既包含遵循教育教学规律和学生发展规律的科学性，也包含恰当运用教学方式与情感表达的艺术性。科学性与艺术性，决定了教育教学艺术的运用应该且必须达到教育教学效果的最优化，从而促进学生最大限度地发展，实现教育教学艺术的终极目标——公正及公正所产生的教育效益。以下将从教育智慧和教育分寸两个方面，探讨如何在教育实践中运用教育教学艺术，追求教育实效，提高教师公正的实践能力。

1. 运用教育智慧，追求教师公正

教育智慧，是未来教师专业素养达到成熟水平的标志，是教师长期全身心地投入教育实践，不断反思、探索、创造所付出的心血的结晶。教育智慧体现在敏锐感受、准确判断教育中不断出现的新形势和新问题的能力；体现在把握教育时机，化解教育矛盾和冲突的机智；体现在根据教育对象的实际情况和具体的教育情境，及时做出决策和选择、调节教育行为的魅力。

2. 掌握教育分寸，实现教师公正

所谓教育分寸，就是教师要注意教育方法、教学态度的恰到好处，选择最恰当的教育行为培养学生。掌握教育分寸，既是教师职业道德规范的要求，也是衡量教师职业能力的重要标准。分寸，包括教师对其教育行为的后果的主观预见，也包括对学生高度的尊重、同情和关心。教师依靠对学生高度负责的态度来调节教与学、师与生之间的矛盾关系，调节已经出现的或将要出现的一系列矛盾，做到讲究分寸和行为适度。

第四节　教师幸福

> 除了幸福,事实上不存在其他任何被渴望的东西。无论何种事物被作为实现某种更高目的(最终为幸福)的手段而受到渴望,都是因为它本身被视为幸福的一部分而受到渴望,并且只有在它确实变成幸福的一部分后它本身才会被渴望。①
>
> ——约翰·斯图亚特·穆勒

一、教师幸福的含义

幸福是一个多元而又模糊的概念,幸福概念的模糊性不仅表现在个体对自己奉持的幸福概念的"只可意会",更表现在不同个体之间理解幸福的角度各有差异。从哲学角度讲,幸福是个体"由于感受或意识到自己预定的目标和理想的实现或接近而引起的一种内心满足"②;从物质生活的角度讲,幸福与人们物质生存与发展环境的改善密切关联,体现了社会物质条件逐渐满足个体需求的状态;从心理感官的角度讲,幸福是一种"期望"得到"满足",从而使心理预期与客观现实达到大致匹配的心理状态。因此,幸福是需要得到满足、潜能得到发挥、力量得到增长的持续快乐体验。对教师来说,亦是如此。只有当教师体认到其所从事的职业的崇高地位与重要价值,并拥有与之相匹配的物质环境和精神环境时,他才会感到自尊和职业生活的幸福。由此,教师职业幸福感是教师在教育工作中满足自己的个人需要、自由实现自己的职业理想、发挥自己的潜能、实现自身和谐发展,并伴随着力量增长所获得的持续快乐体验。

作为一个独立、完整的生命体,教师既有生理的需要,即物质生活的保障;也有心理的需要,即期待尊重和爱的浸润,渴望心灵自由的空间;同时还有社会性需要,即有自我实现的梦想和追求。只有这些需要得以满足,教师才可能营构幸福的教育人生,凸显主体的生命意义。然而大量研究发现,目前我国教师职业幸福感的总体状况不容乐观。2020年东北师范大学"中国教师职业幸福感"课题组对全国范围内33590名教师进行的问卷调查显示:教师职业健康幸福感在四类幸福感中水平最低。教师职业健康幸福感与其认知幸福感、主观幸福感、社会幸福感相比较,在四类幸福感中获得均值最低分3.14。由此可以推断,全国范围内教师的身心健康状况处于普遍性的、

---

① 穆勒.功利主义[M].叶建新,译.北京:九州出版社,2007:89.
② 朱贻庭.伦理学大辞典[M]上海:上海辞书出版社,2002:98.

整体性的亚健康状态。进一步研究表明：约 45.8% 的教师经常因为工作而睡眠不足；约 47.72% 的教师觉得自己的身体有明显不适感，健康出了问题；约 42.27% 的教师经常感到头疼或胃疼。①

二、教师幸福的追寻

关于幸福，亚里士多德说过，幸福是通过学习和培养得到的，而不是靠运气获得的。② 教师是一个幸福的职业，但这种幸福并非自然天成，它需要教师通过无私的奉献、积极的进取和卓越的创造去追寻。所以，对于教师幸福，"去追求"和"能追求"是至关重要的。如果教师自愿放弃了对幸福的向往和追求，或是由于自身感知幸福能力有限，即便幸福就在身边也不能获得幸福，幸福则不可企及。

（一）教师幸福感的来源

1. 教师的幸福来源于学生的成长

每个职业的人都有自己的幸福：农民以获得丰收为幸福，工人以生产出有价值的东西为幸福，医生以医治好病人为幸福……作为教师，也有属于自己的幸福。赠人玫瑰，手留余香，教师这个职业是时时给予爱、收获爱的职业。将爱的种子无私地播撒到学生的心田，收获的必定是爱的果实。我国古代思想家孟子曾讲过"君子有三乐"，其中"得天下英才而教育之"即是一"乐"。桃李满天下，看到学生的成长，得到学生的尊重、认可，是教师最大的幸福。

2. 教师的幸福来源于自我价值的实现

一些心理学研究表明，"幸福不仅仅意味着因物质条件的满足而获得的快乐，而且包含了通过充分发挥自身潜能而达到完美的体验。幸福感更多地表现为一种价值感，它从深层次上体现了人们对人生的目的与价值的追问"③。对于教师来说，要得到幸福就必须实现自我价值，而价值的体现源于教学生活所带来的成就感与满足感——在促进学生成长与进步的同时，教师也获得教学经验的凝练，自身潜能的实现，教学境界的提升，自我实现的满足。

3. 教师的幸福来源于和谐师生关系的建立

幸福虽然是个体体验，但人不是孤立的原子化的存在，而是一种关系性的存在，

---

① 林丹,沈晓冬.教师个体均衡发展的逻辑起点探析：基于 2020 年中国教师职业"健康幸福感"调查[J].现代教育管理,2021(12):70—79.
② 亚里士多德.尼各马可伦理学[M].廖申白,译注.北京：商务印书馆,2003:16.
③ 曹俊军.论教师幸福的追寻[J].教师教育研究,2006(5):35—39.

因此,个人幸福必然以和谐的人际关系为基础。"那幸福的生活伸展于事务、处境、各种人际和各种行为之间。一个人的幸福在这些跨度范围中展开。"[1]教育教学过程本身就是一个交往的过程,教师的幸福就深植于和谐的师生关系中。

4. 教师的幸福来源于社会的认可与尊重

研究表明,社会支持与主观幸福感呈显著正相关。[2] 教师受尊重的社会地位是教师获得职业幸福感的基本条件。当教师的劳动被他人、社会认可时,教师必然会无比快乐,会被幸福紧紧"包裹"。而过高的社会期望和不健全的社会支持系统则会加重教师的精神压力,降低教师的幸福感指数。

(二)教师幸福能力的提升

幸福能力是主体发现、感受与创造幸福的能力。人人都向往和追求幸福,但并非人人都能获得幸福。幸福往往垂青于那些能凭自己的能力与努力发现、感悟并创造幸福的人。"一个幸福能力强的人,不会感叹生活的平淡无奇,反能让其变得引人入胜,并以此为乐,热爱生活;一个幸福能力强的人,具有健全的主体意识和合理的内在尺度,能自主地把握自己的人生幸福;一个幸福能力强的人,始终保持着强烈的创造欲望和旺盛的创造激情,体验创造之幸福;一个幸福能力强的人,不仅自己善于发现、创造、享受幸福,还能将这种幸福'移植'给他人,与他人共创、共享幸福,达到共生共进、和谐发展的美好境界。"[3]

教师幸福是社会环境和教师品质、能力共同作用的结果。因此,教师幸福能力的提升依赖于自我世界的精神塑造、外在世界的人文关怀,依赖于主观世界的专业追求、客观世界的尊重回报,依赖于精神世界的融合建构、物质世界的价值营造。

1. 建构合理的幸福观

所谓幸福观,即人们对幸福的含义、幸福的标准以及获取幸福的途径等问题的根本看法和态度,它是一个人的人生观和价值观在对待幸福问题上的集中表现,对幸福的方向和强度具有导向和驱动的作用。心理学研究表明,无论是不同人面对同样的刺激,还是同一个人面对不同的刺激,是否产生幸福感,或产生什么样的幸福感,都是以人的幸福观为前提的,都要经过幸福观的过滤和指引。[4] 作为教师,要在自己的职业中获取幸福,首先必须树立健康的幸福观。

---

[1] 托马森.不幸与幸福[M].京不特,译.北京:华夏出版社,2004:543.
[2] 宋佳萌,范会勇.社会支持与主观幸福感关系的元分析[J].心理科学进展,2013,21(8):1357—1370.
[3] 唐凯麟,刘铁芳.教师成长与师德修养[M].北京:教育科学出版社,2007:204—205.
[4] 扈中平.教育何以能关涉人的幸福[J].教育研究,2008(11):30—37.

幸福不是索取,而在于奉献。我们追求幸福,但幸福绝非单纯地索取;我们提倡奉献,但奉献绝非纯粹的自我牺牲。教师在进行职业奉献的同时,也在升华和实现着自我的价值。

幸福并不缥缈,而存在于平凡的生活中。教师的幸福就存在于平凡的日常教育教学生活中。正如苏联教育家阿莫纳什维利所言:"谁爱儿童的叽叽喳喳,谁就愿意从事教育工作,而谁爱儿童的叽叽喳喳声已经爱得入迷,谁就能获得自己的职业幸福。"①

阅读资料

我的幸福教育故事②

我的幸福来源于课堂上那一双双渴望知识的明眸。课堂是我的立足之本,讲台是我的舞台。就跟演员需要观众一样,当我精心备好每一次课,我也同样渴望着学生投来欣赏的目光。当他们观察着我的一举一动,聆听着我的一言一语,全身心地投入课堂学习知识的时候,我的内心在澎湃,那是我激情的表现。是他们那渴望知识的眼神让我激情飞扬!

我的幸福来源于那一摞摞整齐的作业本和试卷上一个个醒目的分数。当一个个小课代表矫健的身影在办公室来回穿梭时,我对他们充满了信任、欣赏、感激。他们送来的不仅仅是一摞摞本子,一个个简单的分数,而是对我们辛勤付出的反馈、回报,是他们向敬爱的老师呈上的一封封感谢信。试卷上那一个个鲜红的对勾,一个个令人愉快的分数,使我们感到欣慰和高兴;作业中的个别叉号,与令人不甚满意的分数,则为我们指明了改进的方向。只要用心感受,这些原本被视为负担的事也能大大提升我们的幸福指数。

我的幸福来源于一遍遍不厌其烦地点拨后学生的醒悟带来的惊喜。我的幸福来源于一声声诚挚的"老师好"……作为教师,我们独享着许多的"特权",何尝不是幸福?

教师职业的点点滴滴无处不是感动,无处不存在幸福的鹅卵石,只要你愿意俯下身去,就能捡到幸福。

幸福不是坐享其成,而在于教师的积极创造。"年年岁岁花相似,岁岁年年人不

---

① 阿莫纳什维利.孩子们,你们好![M].朱佩荣,译.北京:教育科学出版社,2002:5.
② 王春叶.我的幸福教育故事[EB/OL].(2012-06-19)[2016-10-21].http://www.szseblog.cn/blog/6076/29277.html.

同",教师的劳动对象是不断发展变化的人,教师的职业是一个富有创造性和挑战性的职业。而"人的幸福总是同人的创造紧密联系在一起的。创造是人的一种天性,也是人获得幸福、享受幸福的主要源泉"①。所以,教师的幸福存在于积极的创造之中。

幸福并没有什么固定的模式,它既可以表现在对追求获得满足的愉快体验中,也可以表现在与困境、与命运抗争的过程中。不管有多难有多苦,只要心中有坚定的信念,心中有感激之心,内心深处安静平和,人生就是幸福的。教师也是这样,在平凡的岗位上默默地奉献,尽管不能面临巨大的压力和身心的劳累,但也收获了其他人难以拥有的幸福和快乐。

2. 拥有健康的身心

身心健康是教师提升幸福指数的前提条件。随着生活节奏的加快、压力的增加,目前许多教师的身体状况以及心理状况都不容乐观。

教师要提升幸福能力,首先要有一个健康的身心。常言道"身体是革命的本钱",教师的工作量巨大,并且具有延展性,即使下了班,也还要备课、批改作业和处理班级事务等。"两眼一睁,忙到熄灯",日复一日,年复一年,许多教师都患有颈椎病、咽炎等职业病,部分教师甚至时常会因精神紧张而失眠。有关调查显示,我国59%的教师存在"常因工作压力大而身体不适"的问题;61%的教师存在"每天下班后都身心疲惫,体力不支"的问题;58%的教师存在"睡眠不足,睡眠质量下降"的问题。基于此,教师应坚持体育锻炼,积极强身健体,响应国家"每天锻炼一小时,健康工作数十年,幸福生活一辈子"的号召。

3. 树立积极的心态和敬业的态度

当人们寻找生命的真谛,追求人生的价值时,就会审视脚下的每一步,思考存在的每一秒。态度,决定了我们的生活是不是圆满,也决定了我们的人生是不是快乐幸福。

 阅读资料

幸福比优秀更重要②

关于职业认同,我曾经给年轻教师打过一个比方:教育如同婚姻,浪漫也好,平淡也罢……都是你自己的选择。既然是自己的选择,在享受的同时,也要学会承受。

---

① 唐凯麟,刘铁芳.教师成长与师德修养[M].北京:教育科学出版社,2007:206.
② 李镇西.职业认同:幸福比优秀更重要[J].中小学德育,2022(09):1.

当教师对职业的认识达到这个高度,那么教育的一切——喜悦与烦恼、成功与挫折、赞誉与非议、欣慰与委屈……就都是自己的,与别人无关,因而外界的一切都不会影响我们的教育心态与行为,更不会挫伤我们对学生的爱和对教育理想的追求。

所以,教育不是外在的强迫,而是自己的选择;不是为别人做,而是为自己做。这就是我所理解的"职业认同"。今天,千千万万的教育工作者正是因为有了对职业的高度认同,才越来越坚定了这样的信念:一个教师是否"优秀"不是最重要,是否"卓越"也不是最重要,最关键的是,要看是否"幸福"。

所谓"优秀",至少有两个含义:一是指我们的工作做得比别人相对出色;二是指我们获得了各种荣誉称号。但不管是哪个意义上的"优秀",我都认为幸福比之更为重要。

如果是第一个层面的"优秀",那么我们总要和别人做比较(实际是"攀比"),因为"优秀"总是相对而言的;在这攀比的过程中,我们渐渐失去了从容自如的心态,失去了"慢教育"的智慧,也失去了教育的优雅与情趣,甚至我们潜在或者说沉睡的功利心也因之渐渐苏醒,让我们备受折磨。于是,教育的幸福在不知不觉中离我们远去。

如果是第二个层面的"优秀",那么我们免不了要关注教育以外的人和事,因为"优秀"是外界评比的结果。如果风气不正,即使工作出色,成果丰硕,结果可能也并不"优秀"。可见,既然"优秀"与否是别人的评价,那么作为教师,追求纯粹的教育幸福才是根本,因为"幸福"与否是自己的感觉。

成都市武侯实验中学邹显慧老师几十年如一日踏实上课,认真带班,直到快退休才评上高级职称,可她感到很幸福。她每次带的班都是学习基础和行为习惯不甚理想的所谓"差班",却总能取得让人称赞的成绩;且一届又一届的学生都很敬重她。有一年教师节,班上的三个调皮男生天没亮就起来,为他们敬爱的邹老师熬好鱼汤,并早早放到她的办公桌上。邹老师非常感动。中午她把鱼汤热了后端到教室里,让每一个学生都品尝这份鲜美,分享这份情感。邹老师没有什么"拿得出手"的荣誉称号和"优秀"证书,但她从不为此烦恼,每天都乐呵呵的,因为她随时都在感受着职业的幸福!

所以说,幸福源于心态,而不幸福也源于心态。我经常对老师们说:"如果我们对自己的职业不满意,其实只有两种选择:要么改变职业,要么改变职业心态!"

李白有诗云,"空长灭征鸟,水阔无还舟"。不是天空没有飞鸟,而是晴空万里,辽阔无边,一两只鸟简直微不足道;不是水面没有船只,而是烟波浩渺,水天一色,一两只船也就微乎其微了。这是胸襟,也是心态。某种意义上说,拥有了好心态,便拥有了幸福。

应该说,在一个风清气正的环境里,教师的优秀和幸福总是结伴而来的,对于感到幸福的老师,荣誉也会纷至沓来。这时,我们完全可以坦然接受这份教育的馈赠。只是将其当作意外的收获即可,因为我们教书育人不是为了荣誉,而是因为它牵系着我们自身的幸福。

"优秀"的教师是有限的,但幸福的教师有千千万万,而且就在我们身边,甚至就是我们自己。不必用堆叠的荣誉来证明职业的成功,因为教师的光荣印刻在学生温馨的记忆里。

4. 营造良好的社会和工作环境

在缺乏"尊师重教"的社会环境里,奢谈教师幸福是不切实际的。因此,构筑和谐的社会环境,营造良好的工作环境,倡导亲师信道的课堂氛围,这些无疑是教师获得幸福的必要条件。除了要营造良好的工作和生活环境,国家还需从政策与法律上保护教师的人格和尊严。我国近年来多次颁布法律法规并制定一系列政策规定以保障教师的合法权益、尊严和人格不受侵害,并多次以不同形式提高教师的社会地位与工作待遇,以保障教师的正当利益,确保教育事业的顺利进行。这些都体现了社会与人民对教师的充分认可与尊重,也成为教师幸福的来源和保障。

 阅读资料

胡萝卜、鸡蛋还是咖啡豆[①]

有一个女孩向父亲抱怨她的生活,她觉得凡事都很艰难,不知该怎样挺过去,想放弃努力。她厌倦了不断地抗争和奋斗,似乎一个问题刚刚解决,另一个问题就随之出现。

---

① 蒂尔凯希.胡萝卜、鸡蛋还是咖啡豆[EB/OL].梁军,译.(2010-11-02)[2016-10-21]. http://article.yeeyan.org/view/PopinJay/147697.

女孩的父亲是个厨师。他把女孩带到了厨房,在三个壶里分别装满了水,然后放到高温的火上烧。很快,壶里的水被煮开了。他往第一壶里放了些胡萝卜,往第二个壶里放了几个鸡蛋,在最后一个壶里放了些磨碎的咖啡豆,然后,一句话也没说,任由水把它们煮沸。

女儿咂巴着牙齿发出声响,不耐烦地等着,对父亲的行为感到很纳闷。大约二十分钟后,父亲关掉了火炉,把胡萝卜捞出来,放到一个碗里;又把鸡蛋拣出来放进另一个碗里;接着把咖啡用勺子舀出来倒进一个杯子里。然后转过头来,对她说:"亲爱的,你看到的是什么?"

女孩摸了摸胡萝卜,注意到它们变柔软了。然后,父亲又让女孩去拿一个鸡蛋并把它敲破,在把壳剥掉之后,她观察了这个煮熟的鸡蛋。最后,父亲要她饮一口咖啡。尝着芳香四溢的咖啡,她微笑起来。

父亲解释说,这三样东西面临着同样的逆境——煮沸的水。但它们的反应却各不相同。胡萝卜本是硬的,但受到煮沸的水的影响后,它变得柔软而脆弱。鸡蛋本来易碎,薄薄的外壳保护着内部的液体,但是在经历过煮沸的水以后,它的内部却变得坚硬。不过,最独特的却是磨碎的咖啡豆,当它们被放入煮沸的水之后,它们却改变了水。

当逆境找上你时,你该如何应对呢?

思考与练习

1. 如何培养教师的义务感?
2. 在教育实践中,为何要强调教师良心?
3. 何谓教师公正?在现实生活中如何践行教师公正?
4. 如何才能提升教师的幸福感?

第四章 教师职业道德教育

学习目标

1. 了解我国教师职业道德教育模式的沿革。
2. 理解教师职业道德教育的规划与实施。
3. 了解教师职业道德教育的形式及存在的问题。
4. 掌握教师职业道德教育问题的解决策略。

第一节 教师职业道德教育概述

第四章第一节

教师职业道德建设是教师队伍建设的根本性问题,随着社会的转型和教师队伍的不断更替,教师职业道德教育越来越受到重视。2012年8月国务院颁布了《国务院关于加强教师队伍建设的意见》,明确提出要建立师德建设的长效机制。为落实这一要求,教育部于2013年9月颁布了《教育部关于建立健全中小学师德建设长效机制的意见》,明确提出"将师德教育纳入教师教育课程体系。师范生培养必须开设师德教育课程,新任教师岗前培训开设师德教育专题,在职教师培训把师德教育作为重要内容,记入培训学分"。2013年的各类"国培"项目中,明确规定必须设立师德教育板块。近年来,国家层面高度重视教师队伍建设,尤其是师德建设,制定了系列重要文件,从不同层面强调重视和加强中小学师德教育,强调要激发中小学教师的道德自觉,提升师德修养水平,筑牢师德底线,具体包括三方面内容:一是强调师德师风是第一标准。如教育部等七部门2019年印发的《关于加强和改进新时代师德师风建设的意见》和中共中央、国务院2020年印发的《深化新时代教育评价改革总体方案》,明确提出师德师风是评价教师队伍素质的第一标准。二是强化师德规范和师德建设长效机制。教育部2018年印发的《新时代中小学教师职业行为十项准则》等三个准则,明确了新时代高校、中小学、幼儿园三类教师职业规范并划定基本底线。2013年印发的《教育部关于建立健全中小学师德建设长效机制的意见》和2018年中共中央、国务院印发的《关于全面深化新时代教师队伍建设改革的意见》都强调健全师德建设长效机制。三是明确中小学教师师德教育总体要求。2013年印发的《教育部关于建立健全中小学师德建设长效机制的意见》和2019年教育部等七部门印发的《关于加强和改进新时代师德师风建设的意见》,明确将师德教育纳入教师在职培训和教师生涯全过程。教育部办公厅2020年公布《中小学教师培训课程指导标准(师德修养)》,对如何设置师德培训课程、开发和选择中小学师德培训课程资源提出指导意见。教师培训院校和机构要认真对照国家关于师德建设的重要政策文件,结合新时代教育改革发展形势和要求,结合中小学教师师德现状和问题,进一步研究提升中小学教师师德培训工作实效。

一、我国教师职业道德教育模式的演进[①]

(一)对教师职业道德内涵的认识逐步清晰

1. 从强调政治性到凸显专业性

在我国,为师者具有很强的政治意识传统,以教为治是古代社会教师的神圣责任,寓治于教是教师不可推卸的义务。中华人民共和国成立后,我国的人民教师被赋予培养社会主义事业建设者和接班人、提高全民族素质的神圣使命。教师一度被认为是执行党和国家方针政策的"传递者",具有浓厚的政治色彩。相应地,师德规范、师德教育偏重从政治上、思想上对教师提出要求,而不仅是从教育这一特殊而又相对独立的专业领域来看待师德教育。然而,教师职业道德的专业性随着教师职业的专业化越来越凸显。"在教师专业化的运动之中,教师的职业道德向专业道德的转换始终是一个重要的线索。教师质量与专业精神不能分离,因此由抽象、模糊、未分化的师德走向具体、明确和专业化的伦理规范是理所当然的事情。"[②]教师越来越被认为是专业人员,其道德建设逐步与国家政治相剥离,呈现出专业化倾向。

2. 从强调德行到关注人性

教师曾经一度被推上神坛,人们期望教师"燃烧自己,照亮他人",而忽视了教师首先也是一个"人",有其合理的物质和精神需求。21世纪以来,一个明显的变化是,人们开始更多地关注教师的心理健康、职业倦怠等问题。如,有的学者从"为人师表"的时空范畴和行为范畴切入,认为"为人师表"作为教师的一种道德规范和

---

① 郅庭瑾,吴慧蕾.我国教师职业道德教育的发展与评价[J].中国教育学刊,2009(8):27—29.
② 檀传宝.论教师"职业道德"向"专业道德"的观念转移[J].教育研究,2005(1):48—51.

行为要求,应限制在教师从事职业活动的特殊时空范围内,而不应当把它扩展到一切时空范围,也不能泛化到教师的一切言行中去。① 有的学者从法治的视角认为,多年来社会领域存在着以"灵魂的工程师""蜡烛"等赞誉性、感情色彩浓重的描述代替对教师实际社会地位的理性分析的倾向,因此,呼吁用理性的、法治的精神改造人们的教育管理思想和行为,既不把教师妖魔化,也不把教师神圣化,而应正确认识教师在不同时间和空间上的不同身份。② 这些观点表明,只有给予教师最大的尊重与爱护,既不对教师的身份加以泛化,也不对教师的地位加以"神化",才能挖掘教师人性中的德行。

(二) 师德教育方法趋于务实

受各种主客观条件的制约,传统教师教育体系下的师德课程教学一般只限于课堂理论讲授,缺乏其他教学渠道和形式,只能讲解关于师德原则、师德规范、师德范畴等理论知识,相应地,在教学方法上仍然采用陈旧落后的灌输方法。当前,随着我国对师德教育实效性关注的不断增强,教师职业道德教育的方法和途径也逐渐趋于多元和务实。

1. 根据教师职业道德发展的不同阶段,采取有针对性的师德教育策略

处于不同职业道德认识和发展阶段的教师,其师德水平与需求并不相同,需要对其采取不同的教育策略。所以,在师德教育中,将师德水平与教师需求进行分类,对提升师德教育的实效性具有现实意义。

2. 采用榜样学习与反面事例警示相结合的方法进行师德教育

运用榜样示范、教师故事、视频电影、真实人物现身说法等方式进行师德教育,能够取得明显的教育效果。比如,历年举办的"全国十杰教师"评选活动及"十杰教师"在全国范围内的巡回演讲,都得到教师的共鸣,引起了强烈的反响。利用反面事例对教师进行教育,可以起到一定的警示作用,深化正面教育的效果。

3. 加强教师自身道德修养,注重反思学习

教师通过反思培训模式对自己的师德进行评价与思考,是师德培训的有效方式之一。教师职业道德教育不仅要使教师遵从既有的道德规范,更要教会教师如何应对多元道德价值观的冲击,作出理性的选择,避免理论上的高调和实践中的迷茫。

---

① 刘惠."为人师表"的合理范畴论析[J]. 教师教育研究,2005(1):47—50.
② 尹力.教师身份泛化:法治视野下亟待消解的问题[J]. 教师教育研究,2007(1):45—48.

(三) 师德培训职前职后一体化

教师职业道德教育作为教师教育的重要一环,其发展与教师教育系统密切相关。自第一次全国师范教育会议以后,我国逐步确立了定向型、封闭型的教师教育体系,新师资的师德培养主要靠师范院校在职前教育阶段进行。但是,教师职业道德教育应该贯穿教师职业生涯的始终。虽然职前师德教育能培养师范生对教育工作的理性认识和基本的工作情感,但教师职业道德成长的土壤在职场,在教育教学的生动、丰富而复杂的情境中。因此,以各级各类教育学院和教师进修学校培训为主要渠道的职后师德培训得到迅速发展。

二、我国教师职业道德教育发展的新趋势

我国教师职业道德教育经过三十余年的发展,不断走向专业化并走进实践领域,真实的教育职场越来越成为教师职业道德成长的重要场所,教师职业道德教育方面零散的经验也逐步被更加系统规范、更具操作性的制度所代替。

(一) 从"职业"走向"专业"

教师职业道德从传统的职业道德向专业道德转化,是教师队伍专业化的内在构成和重要标志。我国的教师职业道德建设在很长一段时期内,仅仅局限于一般道德规范在教育行业里的简单演绎与应用,而没有从专业特点出发讨论教师职业道德规范的建立,导致教师职业道德建设经常停留在口头上,没有得到真正的贯彻和实施。"专业性"实质上是指某一行业行为主体和主体行为的"不可替代性"。[①] 教师职业道德向专业道德的转换,首先意味着教师应被当作特殊的专业人员来对待,要有其特定的行业道德。其次,应当从专业生活的角度理解教师专业道德建设,将教师的职业道德理解为专业生活的必需。当然,教师职业道德向专业道德或专业伦理的转换不是一蹴而就的,但教师职业道德从"职业"走向"专业",是我国教师职业道德发展中业已出现、不可阻挡的新趋势。从"职业"走向"专业",预示着"通用"的教师职业道德规范即将落幕,"不可替代"的教师专业道德逐步建立。

(二) 从课本走向实践

多年来,我国教师职业道德教育主要是在职前培训的课堂上完成的,主要教育方式是对教师职业道德规范及相关的师德知识进行集中说教和灌输。"道德教育

---

① 黎琼锋.从规约到自律:教师专业道德的建构[J].教育发展研究,2007(1):35—38.

具有的实践性是与知识教育的本质区别,关注教育实践是重塑师德教育的必然选择。"①教师职业道德教育从课本走向实践,首先,因为教师的职业道德是在教育教学工作中养成与提升的。在教育教学实践中,教师产生职业道德需要,并将其逐步地转化为道德观念,外化为道德行为。其次,教师职业道德教育从课本走向实践意味着教师要勇于接受新的理念,通过教育实践,反思自己的教育行为,形成"实践+反思"的教师职业道德成长模式。最后,教师作为大众预期中的道德楷模,对学生的道德成长有深远的影响。教师与学生的交往,是培养良好师德品质的最佳道德实践。

(三)从经验走向制度

"经验型教师向专业型教师的转变是人类教育生活历史性进步的一个重要表征。"②同样,将零散的教师职业道德教育经验上升为系统规范、更具操作性的制度,是克服教师职业道德缺失的有效途径,也是今后教师职业道德建设要努力达成的目标之一。合乎伦理的教师职业道德教育制度是加强道德他律的重要措施。教师职业道德规范的确立,为推动教师职业道德教育从经验走向制度迈出了重要的一步,但仍有不少制度有待建立与完善。相较于美国等西方国家的教师伦理建设,我国教师职业道德建设对操作性强的制裁和惩罚制度的关注一直比较缺失。一些教师职业道德规范由于缺少奖惩制度的保障,在实践中难以落到实处。以教师职业道德规范为例,其条例主要以提高教师道德水准为着眼点,属于劝诫性的训条,充其量可以对有德行的教师起作用,而缺乏对"缺德"教师的鞭策力量。同时,科学的师德评价制度也亟需建立和完善。

三、我国教师职业道德教育的规划与实施

当代教师的职业生存状况呼唤教师教育理念和方式的伦理变革,这需要从教师自身的职业生活事实及职业道德、专业道德的视域统筹规划,合理实施。③

(一)师德培育需纳入教师教育体系建设与完善的全过程

鉴于教师教育实践中技能主义流行的弊病,目前的教师教育必须切实改变重能轻德的倾向,通过富有启发与反思意义的师德培育项目与活动,使教师学会在提

---

① 刘文华.关注教育实践是重塑师德教育的必然选择[J].工会论坛(山东省工会管理干部学院学报),2004(06):91—92.
② 檀传宝.论教师"职业道德"向"专业道德"的观念转移[J].教育研究,2005(1):48—51.
③ 唐爱民.道德成长:教师教育不能遗失的伦理维度[J].课程·教材·教法,2010(2):39—40.

高教学技能的同时,自觉地从道德的维度审视活动的智慧品质与精神内涵,以不断获得一种在恰当的时间、地点,以恰当的方式做正当的事的能力。应树立一种师德为先的教师教育观念,既在专业发展中融入师德建设的内涵,又在师德建设中结合专业发展,从而使教师的道德成长与专业发展实现相互支持、互为支撑的良性循环。

师德培育纳入教师教育的全过程,不应囿于师德规范的政策诠释与理论阐释,而应结合教师自身的职业生活状态或道德生态,采取体验、互动、反思、叙事、讨论等多种形式调动教师主动参与、亲身感受、自我体认的积极性,使教师学会分析日常教育生活中诸如对待学生、家长、同事以及开展教学活动等方面的不道德行为及其危害,自觉地恪守教师职业的底线道德,并在创造性的教育活动中追寻更高的道德境界。师德培育专业化的关键,是通过有组织的师德教育活动激发教师自我道德教育与自我修养的自觉性,引导教师通过对师德教育的感悟与理解发展成为自觉自律的教师。

无论是在教师专业发展过程中增加有效的师德培育环节,还是专门性地促进教师的德育专业化,都应将道德成长纳入教师教育的目标规划与实践活动中。以此为目标,国家应在教师教育的链条上建立符合教师发展规律与教育改革实际的、相互衔接的职前和在职师德培养体系,并将其作为教师入职、履职与解职的行业依据之一,使教师职业道德建设和师德素养的提高获得制度上的保障。

(二)增强教师教育活动之道德审视的自觉性

对教师而言,熟知并遵循现行的师德规范无疑是必需的,但要真正将师德规范融入日常的教育生活并使其成为统摄教育活动的价值指南,则需要对师德规范的实践性体认与反思性理解。否则,师德规范就成为外在于人的虚饰或外源性的强制,无法内化为教师真正的德行习惯。"道德所要求的规范终究要靠个人把握并主动遵守,道德应当归属于个人。"[①]"属人"的道德首先需要人的自我审视、确证与批判。这既源于教师职业的道德根基性,也是教师作为社会良心代表的职责所系。

道德性或价值性是教师劳动的第一特性,离开这一点,教师的专业发展与职业成长就无从谈起。教师的教学与教育活动既是专业知识与技能的创造性展现,又是道德智慧的自然流溢;既是一种能力的体现,也是一种德行的展现。同样,教师的职业成长既是其专业能力的循序发展,亦应是职业品质与道德人格的自然生成。教师的职业成长历程不应是学科知识、课程理解、教学技艺的单方面拓展,而应是学识与学

---

① 朱小蔓,其东.关于学校道德教育的思考[J].中国教育学刊,2004(10):35—38+42.

养、能力与品行的和谐共生。理想的教师发展的路径应是：既要从技能方面促进教师活动的实效性与创造性，又要从伦理的维度促使教师理解教育目的与过程的道德意义，实现公正、平等和合作的生活方式。教师要想在日常的教育实践中创造性地展现其智慧才能，就必须学会从道德的维度对自身的知识结构、教育方式、教学技能、评价方式作出批判性、建构性的省思。这样，既可以防止未经省思的跟风或盲从，又能在与同行的横向比较及与自身发展的纵向比照中，获得道德发展的反观与启迪。

（三）在新课程改革的实践中融入道德批判与道德反思

教师的道德成长需要组织化、制度化的教师教育活动的外在保障，但更需要立足于复杂而具体的教育活动之中的自我教育与反思的内在促进。这就需要教师自觉地从道德的维度增强对现行教育制度、教育理念、改革实践与教师职业的理解与反思。当下，新课程改革已成为中国基础教育发展的基本生态，教师教育及教师素质的全面提升业已提上日程，教师德性发展与道德完善的任务愈益紧迫。这同样需要教师在理解新课程改革的基本理念、掌握教育实践的新策略与新技能的基础上，通过自觉反思与道德审视发现并解决课程实施中的道德困惑与问题，以达到对教师职业与劳动的较为全面的理解，从而以主体性的姿态投入新课程改革的实践中，做一个有道德智慧的自主成长型教师。如若在教师教育与师资培训中继续偏重精巧的教学技术与策略的应用，而忽视与新课程改革相契合的、不断变化的教师职业道德意识与能力的提高，那么，教师就因囿于技能型、实用性、便利性的考量而丢弃了更为根本的道德成长与人格完善的责任，因而也就不会获得实质性的专业发展。

新课程改革所秉持的从重教到重学、从重知识到重能力转向的新理念，决定了无论是教师的发展还是学生的成长，教与学的活动都不限于知识的授受，而在于以符合道德、充满智慧的知识授受方式，寻找到知识表象背后的价值依托。知识的传授与习得只有获得道德的价值指向与规约，才能对师生双方产生精神意义。这是因为，仅凭知识和技巧并不能给人类的生活带来幸福和尊严。教师职业的道德特性决定了他所传递的任何知识都负载着某种价值意义或道德意蕴，而摒弃了道德发展的教师教育则必定使这种意义变为虚妄。

（四）引导教师在专业发展与道德完善的融合中实现对职业人生的理解

教师的专业发展与道德成长既需要制度、政策、培训等外部环境的支持，更需要教师在职业活动中的自主建构，二者并非相互冲突，而是互为支撑。正所谓德以导能,能以表德,教师要实现对职业的完整理解与体会,使自身的劳动充满魅力从而促进学生的全面发展,既需要教育专业技能的提高,亦需要对教师职业的道德理解,而后者对塑造幸福人生的意义更为显著。只有在合乎德性的具体的实践活动中,才能把握并创造美好生活。教师应当在师德修养中凸显关注生命、关爱生命、追求幸福人生、追求职业之美的浓烈的生命情怀。这不仅因为教师职业从根本上来说是一种道德职业,也因为教师对自身劳动的道德态度直接决定着人生的意义。只有走上道德所铺设的成人之道,偶然的人才可能转化为必然的人。

脱离教师全面发展的单向度的技能培训,剔除师德成长与反思的技能操练,或仅仅将师德培育视为规范的知识授受或榜样事例的机械比附,都无一例外地背离了教师职业的价值与意义。其结果是:教师没有实现自身职业的完满发展,学生也不可能得到素质的全面发展,因为教师道德成长的方式必定影响学生的道德成长。教师若以被动接受、例行公事的方式参与师德教育,则必定习惯性地对学生采取同样的规训式的道德教育策略,其效果可想而知。唯有引导教师在对自身教育活动的反思中实现专业发展与道德成长的融合,才能使教师的职业人生充满尊严与意义。

第二节　教师职业道德教育的形式

一、职前教师职业道德教育

(一)我国职前教师职业道德教育的现状

职前教师职业道德教育,是师范院校教育者依据社会对教师职业道德的要求,有目的、有计划地,将教师职业道德规范转化为师范生自身职业道德品质的教育活动。师范生是未来的教师,其素质状况直接关系到我国教育的质量。在师范生的素质中,思想道德素质具有导向作用,决定着师范生在未来教育、教学活动中的方向、态度和行为表现。因此,加强师范生的职业道德教育和为人师表的养成教育,培养其为教育事业奉献终身的职业理想、高度负责的敬业精神和高尚的师德品质,是培养德才兼备的教师的关键环节。

当前我国对师范生进行的教师职业道德教育还存在很多问题,比如教育理念较为陈旧,教育方法较为枯燥,教育过程缺乏情感体验,教育评价方式欠妥等。

1. 教育理念陈旧

教育理念其实就是一种教育思想，对人们的教育活动起一定的指导作用。一直以来，我国对师范生进行职业道德教育的观念比较传统，主要表现在两个方面：第一，将教师职业道德知识化；第二，把对师范生的职业道德教育完全推到职后去。目前，随着教育精英化向教育大众化的转变，包括教师在内的社会整体就业形势越来越严峻。为了提升学生在就业市场上的显性竞争力，高校往往更加重视加强师范生的职业技能培训，比如培养师范生的讲课、说课能力或加强专业理论知识的教育，忽视师范生的教师职业道德教育，认为职业道德会在工作后自然而然地形成，这样就把对师范生的职业道德教育完全推到职后去。师范生作为未来的人民教师，承担着培养祖国建设者和接班人的重任，其道德素质必须过硬，不然后患无穷。教师职业道德素质的形成并非一蹴而就，而需要一个长期的过程，既需要个人在工作过程中自觉体悟，也离不开学校的教育。想当然地认为仅仅通过职后的几次培训就能使教师的道德素质突飞猛进，既不现实，也不正确。

2. 教育方法枯燥

对师范生开展教师职业道德教育，只有采取行之有效的方式方法才能取得预期的效果，达到预期的目的；反之，则可能收效甚微，甚至会使结果走向目标的反面。因此，选择正确的方法是有效开展教师职业道德教育的重要条件。当前对师范生进行的教师职业道德教育，主要采用的方式是传统的灌输式教育，这种传统的灌输式教育方式无论是形式还是方法都比较单一枯燥。高等师范院校的一些教师把教师职业道德教育当成一般理论，把教师职业道德的内容分解为一个个知识点，通过课堂和会议的形式，集中灌输给学生。这种空洞说教的方式，使学生上课埋头记笔记、考前背笔记、考后忘笔记，完全处于被动接受的地位。教师是主导、学生是主体的双主体教育理念在这种灌输式的教育方式下，完全没有得到体现。同时，这种灌输式的教育方式只能使学生机械地记住一些教师职业道德规范的内容，而无法真正取得教育实效。

有人认为，师范生是未来的教师，其职责就是去教育他人，所以对师范生进行教师职业道德教育，只要把职业道德的规范和要求列出来，不需要采取特定的方式方法，师范生便会自觉地对自己进行教育。但是，空洞的理论不会轻易地转变为师范生的实际道德行为，教师职业道德教育本质上是一种情感教育，不单单是记住教师职业道德规范的几个条目就够了，而应该让师范生通过自主参与和切实的情感体验，产生切身的感悟，自发进行反思，使心灵得到觉醒，把教师职业道德的规范和要求内化为自己为人处世应该坚持的原则和规范,并将其落实到具体的学习、工作、生活中去。

3. 教育过程缺乏情感体验

教师职业道德教育并非只是简单的理论授受。对师范生进行教师职业道德教育,其目的是要让师范生提高教师职业道德认识,陶冶教师职业道德情操,锻炼教师职业道德意志,确立教师职业道德信念,培养教师职业道德习惯。把教师职业道德作为一种理论知识传授给学生,只能提高师范生对教师职业道德原则、教师职业道德规范等的认识。如果师范生缺乏教师职业道德的情感体验,他们的教师职业道德就只能停留于低级的认识层面,而很难向教师职业道德行为转化,教师职业道德教育也就无法取得实际的成效。教师职业道德并非纯理论的东西,从教师职业道德认识到教师职业道德行为的转变,中间需要有一个纽带和桥梁,那就是教师职业道德情感。这种情感是一种积极的情绪体验,是在衡量人们的思想和言行是否符合教师职业道德要求时产生的。只有具备丰富的教师职业道德情感的体验,才会产生对高尚道德的追求。在开展教师职业道德教育时,应该让师范生发挥主观能动性,比如创设具体的教学情境,让师范生设身处地探索解决问题的方法,或者针对一些社会上有争议的热点话题进行辩论和讨论等,以便让师范生有实实在在的情感体验。

4. 教育评价方式欠妥

教师职业道德评价对教师的行为起着调节和推动作用。如今的高师院校对师范生职业道德素质高低的考核存在如下两个问题:

第一,在学校评价方面,用成绩决定教师职业道德素质的高低。目前,大部分学校对学生职业道德素质的评价采取的仍是传统的试卷考试方式,仅通过对理论知识掌握程度的考核衡量职业道德水平。倘若学生在考前花了一点工夫复习课本知识,对于这种考试方式,他们理所当然会取得可观的成绩。那么,这样就能证明这些师范生具备了合格的教师职业道德素质吗?显然,这只能说明这类学生的学习能力较强,而不能说明他们的教师职业道德素质取得了实质上的进步和飞跃。这种偏重对学生理论知识进行考查的评价方式,缺乏对师范生行为的观察和判断,将导致评价结果与实际情况的偏差乃至背离,是不合理的。

第二,在社会方面,忽视对师范生教师职业道德的评价。在选拔、录用人才时,用人单位考查的主要是应聘者的学历状况和能力高低,而对于师范生的教师职业道德素养,由于时间和精力有限,一般不会过多考核。

（二）解决师范生教师职业道德教育问题的对策

1. 通过课堂教学加强直接道德教育的有效性

在教学过程中培养教师职业道德。课程是理论知识的主要体现，是学生学习理论知识和技能的重要载体和主要方式，但课程内容并不能直接被师范生内化为认识和思想，必须通过课堂的教学活动，才能成为师范生知识体系的一部分。应该说，任何理论知识的传授都必须依托于课堂教学活动。加强师范生教师职业道德教育，也离不开课堂教育教学活动。各个师范院校设置的通识课程、专业课程和教师教育课程是培养准教师们教师职业道德素质的主要渠道。

首先，大学通修课程中的思想政治理论课，是对准教师们进行思想道德教育和职业道德教育的主要途径之一，这些课程的学习将在一定程度上提升师范生的教师职业道德素养，帮助师范生树立热爱教育和终身从事教育事业的信念，同时，对于培养未来教育家正确的世界观和人生观也发挥着重要作用。

其次，专业课程主要是教授师范生专业理论知识，使师范生的专业理论知识在宽度和深度上得到提升，为师范生走上工作岗位奠定坚实的基础，专业理论知识的掌握是师范生成为合格教师的首要前提。师范生作为未来的教育家，肩负着培养社会主义合格建设者和可靠接班人的重任，必须具备深厚的专业理论知识。同时，在专业课程的教学中，也应该渗透教师职业道德教育。

最后，教师教育课程是教导师范生应该如何去传道授业解惑，让师范生掌握教育教学的技能和技巧，同时使师范生产生教师职业认同感的课程。如"教师职业道德"课程，就是直接帮助师范生探讨教师职业道德学理的课程，在其中融汇了教师职业道德规范的所有要求。学习这门课程，可以在一定程度上显著提升师范生的教师职业道德素养。

2. 通过各种活动增强间接道德教育的影响力

通过非教学活动或课外活动对师范生进行间接道德教育，是教师职业道德教育过程中不可或缺的一部分。其内容包括一切被称为"隐性课程"的教育环境和教育活动，包括对准教师们起间接影响作用的因素，比如有特色的校园文化、教师角色体验等。

首先，建设有特色的校园文化。师范生教师职业道德素养的高低，既与师范生自身的知识、能力等有关，同时也与其所处的环境有着密切的关系。俗语说"近朱者赤，近墨者黑"，这句话强调了环境对一个人潜移默化的影响。"孟母三迁"的故事，也表明了环境对人的重大影响。其实所谓的环境也就是一种文化氛围。大学校园是师范生日常活动和学习的地方,其文化氛围的优良与否深深地影响着师范生教师职业道德的高低。校园文化属于一种隐性教育,师范生的道德水平以及情感意志会受到校园文化潜移默化的影响。师范生只有置身于学习氛围浓郁和校风纯正的校园环境中,才会努力拼搏、积极进取,自觉提升个人的道德境界。因此,营造优良的校园文化氛围是提升道德教育成效的关键环节。学校应积极利用校园中传承已久的醇厚校风、富有时代气息的建筑群落、独具匠心的雕塑艺术以及振奋人心的宣传标语等宝贵的教育资源和财富优化育人环境,并组织有教师职业特色的活动,强化师范生对教师的职业认同,培养热爱教育的强烈情感。

其次,强化师范生的教师角色体验。每个人在特定时间和地点都扮演着不同的社会角色。师范生是未来的教育家。要想在社会舞台上扮演好自己的角色,最好先行进行角色体验。师范生进行教师角色体验是师范生产生教师角色意识的前提和基础。教师角色意识是个人对于自己所从事教师职业的认同和认可。应该说,师范生只有通过教师角色认同和教师角色体验,才能扮演好自己的社会角色。教学见习和教学实习是师范生进行教师角色体验的主要途径,通过这种途径不但可以提高师范生的教育教学能力、组织管理班级能力,同时也会强化师范生的教师职业认同。在教育见习和教育实习之前,一部分学生对于是否终身从事教育事业或许仍然犹豫不决,而在经历一段时间的教师角色体验之后,这些学生便会认识到教师职业的崇高,改变自己的择业观念。

二、职后教师职业道德培训

教师职业道德培训是教师职业道德教育的重要组成部分。目前我国的教师职业道德培训有些仍然处在职业技能训练范式之内,呈现出培训目标空泛化、培训内容"伪圣化"、培训者选择随意化、培训方式灌输化和培训效果虚无化等弊端。20世纪 80 年代后,国外教师培训已经开始转向交往范式,我国的教师职业道德培训必然要适应世界潮流,由"培训范式"转向"交往范式"。以交往范式理念为指导,可以采取培养新的道德主体、拓展更新师德培训内容、创新师德培训模式三种策略提高培训效率。[①]

(一) 师德培训问题检讨

教师职业道德培训是职后师德教育的重要组成部分,目前我国的教师职业道德

---

① 于进,于源溟. 从灌输到交往:师德培训问题的对策[J]. 当代教育科学,2014(10):42—46.

培训仍然处在职业技能培训范式之内。从 17 世纪中后期欧洲的教会组织创办教师培训机构起一直到 20 世纪中后期,教师培训基本上都具有职业技能训练的性质,托马斯·古斯基(Thomas R. Guskey)把这种培训方式命名为"培训范式"。"培训范式"的哲学基础是技术理性主义(technical-rationality),强调职业的技术性和技术的价值中立性,排斥非技术性的专业境界以及职业情感等方面的人性需求。具体到教师职业道德培训方面,则表现出明显的"知性"特点,属人的特性较为薄弱,具有去生命化的特征。这一培训范式背后的基本假设是教师队伍的德性水平是需要提高的,并且也是能够提高的,提高的基本方法就是灌输,从而形成了"不足—培训—掌握"的基本模式。这种模式中,教师因教师职业道德即师德水平不高而接受培训,培训的内容为师德知识和师德故事,培训的基本方式是灌输,培训者与教师形成"我—它"的主客体关系。"培训范式"下的教师职业道德培训可以用以下隐喻进行描述:培训者是驾驶员,而且经常驾驶别人的车子;教师是乘客,更确切地讲是被运载的物体。行驶的路线和停靠的站点都是事先固定好的,他们无暇也无心顾及沿途的风景,也无意维护惬意的心境。"培训范式"下的教师职业道德培训呈现出如下的弊端。

1. 培训目标空泛化

教育部对教师职业道德高度重视,地方教育行政当局也认为教师职业道德非常重要;教育部要求各级各类教师培训必须包括教师职业道德培训板块,各级培训组织者也坚决贯彻教育部的要求。可以说,教师职业道德建设是教师队伍建设的根本问题,然而,它同时也是一个非常复杂的问题。当前我国学术界对教师职业道德问题的研究并不充分,《中小学教师职业道德规范》所提的又大多是原则性的要求,对教师的教师职业道德形象到底是什么、教师道德行为究竟应该是什么等问题的界定其实是模糊的。关于教师职业道德培训需求的调研也往往是蜻蜓点水,并不深入。一方面是国家要求每次培训都要有师德培训板块,另一方面则是培训组织者很难了解受训需求,只能以解读《中小学教师职业道德规范》为培训内容,对于到底要达到什么目标、能不能达到目标则浑然不知。这种空泛化的教师职业道德培训目标,远离受训者的教师职业道德实际,无法解决教师面临的道德困境,也难以满足教师职业道德境界提升的需求。

2. 培训内容"伪圣化"

培训内容"伪圣化",是指用一套政治性、思想性的话语对各种教师职业道德规范进行过度解释,无限拔高;对教师日常或紧急情况下的高尚道德行为进行圣化和升华,把原本鲜活的、真实的高尚教师职业道德形象变成一种圣人形象。培训内容的

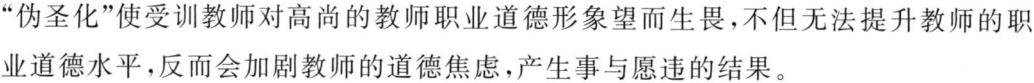

"伪圣化"使受训教师对高尚的教师职业道德形象望而生畏,不但无法提升教师的职业道德水平,反而会加剧教师的道德焦虑,产生事与愿违的结果。

3. 培训者选择随意化

目前教师职业道德培训者主要由高校的德育研究者、中小学师德标兵和教育部门的行政领导组成。德育研究是我国教育研究中比较发达的领域,拥有一批高水平的专家,但真正研究教师职业道德教育的专家并不多,作为培训者的高校德育专家所提供的课程往往理论性较强。高理论性的课程具有较高的学术价值,对"思品"课教师的教学可能会起到一定指导作用,但对提高教师职业道德水平的作用却不大,受训教师对德育专家的课往往不感兴趣。德育专家课程的"曲高和寡",使培训组织者更倾向于选择中小学师德标兵作为培训者。但由师德标兵担任培训者也有一定的弊端。这些来自一线的培训者能够讲出感人的故事,博得一些眼泪,但他们对自身事迹过度升华而产生的"伪圣化"效应,往往使他们的故事缺少真正的感召力。

教育部门领导是师德培训的主力军,培训的第一场报告一般由他们进行。然而,一位优秀的部门领导者却不一定是一个合格的师德培训者。很多教育部门领导的课程讲稿往往由秘书起草,内容充斥着政治性的话语;由于没有亲身参与课堂设计,其授课时只能机械地阅读讲稿,既没有 PPT,也不会根据受训教师的反应及时进行调整。但这些教育部门领导的课堂上,学员往往"聚精会神",不时还会响起"热烈"的掌声,这些领导们也会在这样的课堂氛围中信心倍增,从此"霸占"教师职业道德培训课程。但这些所谓的"聚精会神""热烈掌声"实际上都来源于"权力"。讲课者本身就是掌权者,并且是能够掌管培训组织者命运的掌权者。凡是领导讲课,主席台下面又会多出一大批掌握受训教师命运的掌权者。权力叠加,受训教师只能"聚精会神"。培训者的水平决定着培训的水平,成功的培训项目都会根据培训主题精心选择培训者,教师职业道德教育培训者选择的随意性则必然导致教师职业道德培训的低效甚至无效。

4. 培训方式灌输化

我国的教师职业道德培训主要有两种形式:一种是集中培训。集中培训又分为专题性师德培训和在其他专题中加入师德培训板块两种方式。另一种是教师自学。这种培训方式以有关文件精神和师德先进典型案例为内容,以自学为基本方式,以自学报告和书面考试为基本考核办法,自学成绩列入教师考核内容。

以上师德培训方式表面看起来形式丰富,具有多样化的特征,但实质仍然是灌输。道德知识的传授并不等同道德教育,对在校学生进行适当的灌输或许是必要的,但在职教师已经受过多年的灌输式德育教育,他们对教师职业道德规范已经有比较全面的理解和掌握。教师职业道德培训不顾在职教师的实际状况强行灌输,不但不能取得理想的效果,反而会使教师产生抵触情绪。

5. 培训效果虚无化

培训目标的空泛化,使目前的教师职业道德培训远离教师的道德生活情境,造成培训方向的虚指。培训内容的"伪圣化",使受训者与培训内容处于情感隔膜状态,培训内容很难内化为受训教师的道德意识。培训者选择的随意化,严重地耗损了教师职业道德培训的严肃性,使受训者情绪低落、情感冷漠,缺乏对培训的足够重视。培训方式的灌输化,往往会使已经具有反思精神和批判意识的受训教师产生逆反心理,不但不会接受培训者的观点,甚至会对培训者提出的每一项道德戒律提出相反的观点,教师职业道德培训由此沦为教师职业道德批判会。目标的空泛化、内容的伪圣化、培训者的随意化、培训方法的灌输化,最终只能导致培训效果的虚无化。

(二) 师德培训问题的解决策略

20世纪80年代以来,在后现代主义思想的影响下,学术界开始质疑和批判"培训范式",教师培训开始转向"交往范式"。美国教师培训的福利配套模式、英国教师培训的权利保障模式、新加坡教师培训的自由选择模式和法国教师培训的自我设计模式就是"交往范式"下教师培训模式的代表。随着教师培训模式的范式转换,教师职业道德培训范式也必然从"培训范式"转向"交往范式"。教师职业道德培训"交往范式背后的假设是,教师是教师伦理精神的主动学习者和反思的行动者,而不是被动的需要改变的对象"①。这种范式的转换,从价值目标上看,是从以社会本位为主转向社会需要与生命意义并重;从教师职业道德培训过程中对生命的处置方式上看,是从规训与抑制生命转向尊重和激发生命;从教师职业道德培训方法上看,是从独白转向对话。以"交往范式"的基本理念为指导,可采用以下的策略解决目前教师职业道德培训的诸多问题。

1. 培养新的师德主体

"道德主体是指将社会道德规范转化为个体的道德需要、道德信念、道德行为习

---

① 蒋文绍.基于价值思维的师德教育范式的转变[J].江苏高教,2009(6):118—120.

惯,并具备相应道德实践能力的人。"①教师的师德教育就是引导教师进行道德认识、道德判断、道德选择,并使其对自己、学生和社会负责。教师培训中仅靠几位道德模范人物的报告和各种师德戒律的宣讲是解决不了师德问题的。在价值取向上,教师职业道德培训应该转向"道德主体"的培养,通过内容的拓展和方法的创新把受训教师培养成新的师德主体。经过教师职业道德培训后的新师德主体应该具有三个特征:

(1) 具有自觉性。他们必须自觉接受和遵守教师职业道德规范,同时敢于对自己的道德行为负责。

(2) 具有选择性。随着社会的转型,社会道德也必然随之转型,社会道德的多元化对教师的道德选择能力提出了严峻的挑战。教师职业道德培训必须培养教师学会在面对多元化、复杂化的道德体系时进行正确判断、分析选择的能力。

(3) 具有创造性。作为师德主体的教师不仅是现行教师职业道德体系的遵守者,同时也是新师德形象的创造者。为了学生的发展,为了中华民族伟大复兴,他们应该有勇气突破旧师德的束缚,为新教师职业道德体系的建立贡献自己的力量。

2. 拓展更新师德培训内容

教师职业道德培训必须以内容为载体,内容的质量往往决定着培训的质量。为了提高教师职业道德培训的质量,必须拓展和更新培训内容。拓展和更新师德培训内容要遵循以下四个原则:

(1) "必需性"原则。这是借鉴我国职业教育课程"必需、够用"原则而提出的。按《现代汉语规范词典》的解释,"必需"表示一定得有,不可缺少。从词义上看,"必需"的核心是"需"。教师职业道德培训内容选择的"必需性"原则有两层含义:一是教师必须遵循的师德规范"必需"要纳入教师职业道德培训体系并且要严格地进行考核。如《中小学教师职业道德规范》《中小学教师违反职业道德行为处理办法》等内容,不但要纳入教师职业道德培训体系,而且要进行严格的考核,要求教师记住、理解,同时运用到自己的教学活动中。二是指那些"必需"内容的教育要在教师需要的时候进行。如不是所有的培训都需要对《中小学教师职业道德规范》进行解读,也不是所有的会议都要谈论《中小学教师违反职业道德行为处理办法》,过度的重复应该用"奥卡姆剃刀"予以剔除,以使师德培训主题更加简明、集中。

(2) "适用性"原则。所谓适用性原则,就是必须从学以致用的角度来选择教师

---

① 陶军.道德主体的构建与学校德育模式的改革[J].广西教育学院学报,1998(7):48—51.

职业道德培训内容。淡化理论,适用为度,突出实践。教师职业道德培训的目的不是把受训教师培养成道德教育家,而是提高教师的德性修为。内容的选择要紧密联系受训教师的道德生活实际,针对其道德行为过程表现出的问题进行讲解、讨论和反思。

(3)"激发性"原则。激发性原则就是要保持教师职业道德培训内容的新鲜度,给受训教师以强烈刺激,形成他们教师职业道德修行中的"遭遇",从而使他们的师德修行转入新方向,拓展他们师德的修行域,升华其师德境界。为此,教师职业道德培训机构应该对师德培训内容进行全方位、多层次的深入研究,开拓教师职业道德培训内容的新领域。

(4)"发展性"原则。所谓发展性原则,是指当下的培训活动要能够帮助受训教师在未来继续进行师德修炼。从一定意义上讲,师德的修行就是自我修炼。教师职业道德培训要教会受训教师自我修炼的方式,特别是那些融德性升华、专业发展、人格提升、修身养性于一体的方法,引导教师把师德修炼与自我专业发展、人生幸福融为一体,全面提升自己的教学境界。

3. 创新师德培训模式

目前,师德培训的效果远远不能令人满意,从内部审视,师德培养模式陈旧是一个重要的原因。要提升师德培训效果,必须创新师德培训模式。目前我国师德培训模式主要包括道德戒律宣讲式和道德榜样感召式两种。这两种师德培训方式在社会价值一元化的背景下曾为我国的师德建设作出过重要贡献,但面对已经呈现多元化价值取向的教师群体,道德戒律宣讲和道德榜样感召的师德培训模式已经不能满足师德培训的需求,创新师德培训模式已是时代所需。面对新的教师主体,可以借鉴商业培训的经验,把案例教学和工作坊模式引入师德培训中,形成案例式师德培训模式和体验式师德培训模式。

(1)案例式师德培训模式

案例式师德培训模式是指在对师德案例进行充分研究的基础上,根据培训的目标和受训教师的需求,选择典型案例作为基本素材,在特定的教学情境中,通过对典型案例的引入、分析讨论、交流总结,强化教师的道德情感,提升教师的师德能力。如果说道德戒律宣讲式师德培训模式关注教师师德知识的掌握,道德榜样感召式师德培训模式注重教师师德态度的培养,那么案例式师德培训模式则着力于教师师德能力的培养。案例教学之所以能够达到提高教师师德能力的目标,是由案例式教学的性质决定的。案例教学的基本素材是案例,"案例是包含有问题或者说疑难情境在内的真实发生的典型性事件。一个案例就是一个实际情境的描述,在这个情境中,包含一个或多个疑难问题,同时也可能包含有解决这些问题的方法"①。理论具有抽象性和内隐性,实践具有形象性和外显性,案例兼有两者的特点,是理论与实践的综合体现。案例式师德培训是一种"做中学"的师德培训。在培训者的引导下,受训教师分析、讨论、分享、交流,运用已有的师德理论来认识案例,或从案例中总结理论,或理论到实践、实践到理论双向进行。在案例的分析过程中,既获得了师德知识,又提高了分析师德行为的能力;既加深了对师德的理性认识,也获得了控制自己师德行为的能力;既进行过往师德行为的反思,又找到未来行动的方向。案例式师德培训虽然不能像道德戒律宣讲式培训那样"迅速"地向教师传授师德知识,也不能像道德榜样感召式那样令人"感动",同时它还存在着案例写作成本较高、对主讲教师要求较高、教学过程较长的缺点,但它对教师师德能力的提升却是实实在在的,它的运用可以克服师德培训"水过地皮湿"的现象,使培训更深入、更长效。

(2)体验式师德培训模式

体验式培训起源于1941年建立的海上训练学校。1941年,流亡到苏格兰的德国犹太人科翰和英国人劳化斯·豪尔特在陆地上建立了一所海上训练学校(Gordonstoun School),培训年轻海员在海上的生存能力和船触礁后的生存技巧,明显提高了海员的生存率。"二战"结束后,体验式培训的理论被进一步发扬光大,训练对象由海员扩大到学生、军人、工商业人员和管理者。训练目标也由单纯的体能、生存训练扩展到人格训练、团队合作精神培养、心理训练等多个方面,训练的方法和流程也进一步多样化和精细化,形成了现代意义上的体验式培训。体验式培训以应用为目的,以学员为中心,以具体活动为背景,以学员亲身体验为手段,强调回顾与反思。培训的具体过程为:"学习者通过参与真实或模拟环境中的具体活动,获得亲身体验和感受,并通过与团队成员之间的充分交流和相互启发来实现信息的共享,然后通过反思、总结提升为理论或成果,最后提高知识、技能,改变态度和行为。"②

体验式师德培训就是根据一定的师德培训目标,创设相应的情境,设置相应的活动,在培训者的引导下,进入情境,参与活动,产生情感体验,通过分享和交流,掌握实践性道德知识,提升道德境界。那么,为什么要进行体验式师德培训?它的机制是什么呢?道德是"人们为了自身的生存和社会发展而形成的和谐身心的生活准则和协调人际关系的社会规范。它的基础是人类生存发展的需要;目标追求是社会安定和

---

① 郑金洲.案例教学:教师专业发展的新途径[J].教育理论与实践,2002(7):36—41.
② 姜子习.体验式培训的内涵分析[J].青年记者,2007(12):142—143

生活幸福；其内容是：对自己是调节身心和谐的准则，对自然和社会是规范"[①]。从知识学的角度看，道德知识可以分为三种，即理性道德知识、规范性道德知识和实践性道德知识。体验式培训对实践性道德知识的形成，即道德能力的形成比较有利。体验式师德培训的基本流程就是把师德培训的内容分解为一个一个的体验主题，然后围绕着这些主题开展体验式教学。主题之间相互连接形成一个个专题，专题与专题相连则形成一系列师德体验课程。体验式师德培训以体验主题为教学单元，每个单元基本由创设情境、参与体验、分享交流、总结升华四个阶段构成。其中创设情境和参与体验是体验式的独有阶段，也是最能体现体验式师德培训独特功能的阶段。情境的作用主要是感染情绪，参与体验的作用主要是体验感悟从而产生情感体验，而这些情感体验对在职教师的师德形成作用巨大。因为"道德的知识原本就不是靠道德推理获取和生成，而是靠人们的道德生活体验和体认，也就是通过亲切可心的情感和心灵感应来传递和生成"[②]。

思考与练习

1. 简述我国教师职业道德教育模式的发展历程。
2. 如何对我国教师职业道德教育进行有效的规划与实施？
3. 我国教师职业道德培训存在哪些问题？如何解决？

---

① 朱小蔓,梅仲荪.道德情感教育初论[J].思想·理论·教育,2001(10)：28—32.
② 万俊人.重叙美德的故事[J].读书,2001(6)：22—27.

第五章 教师职业道德修养

学习目标

1. 了解教师职业道德修养的含义。
2. 理解教师职业道德修养的内容。
3. 掌握提升教师职业道德修养的途径和方法。

教师职业道德的形成和发展一方面是通过制度化的职业道德教育实现,另一方面则源于教师的自我修养。"教育"和"修养"是促进教师职业道德形成和发展不可缺少的两种途径,制度化教育是养成基本教师职业道德水平的必要条件,而自我修养则是丰富、完善和提升教师职业道德境界的内在保障。基于内在道德发展需要的修养相较于制度化的教育有着更高的要求,因为制度化的教师职业道德教育,不管是职前教育还是职后培训,发生影响的时间和空间总是有限的,只有教师的自我修养才能全面和长久地渗入教师的生活之中。正是从这个意义上,我们可以说,教师职业道德教育能否真正影响教师,主要在于它最终能否转化为教师自觉的道德修养。

第一节 教师职业道德修养概述

一、教师职业道德修养的含义

"修"是修身的意思,指凭借自己的意志力去支配自己的整个身心,不因自己的各种欲念而心烦意乱,以心为主,去确定自己身体的动作和志向,井然有序地前进;"养"是养心之意,人如果没有善的引领,就容易迷失方向,就容易被恶诱惑和影响。"修养"一词本身的意义包括反省自新、修身养性、涵养道德、陶冶性情。从广义上来说,"修养"是指人在道德、学术、政治和艺术等方面的涵养和学习行为,以及经过长期的锻炼和丰富的阅历而达到的一种思想境界、能力水平。从狭义上来说,"修养"通常是指思想品德修养。

中国先秦时期的儒家十分重视道德修养,《大学》开篇就提出:"古之欲明明德于天下者,先治其国;欲治其国者,先齐其家;欲齐其家者,先修其身;欲修其身者,先正其心;欲正其心者,先诚其意;欲诚其意者,先致其知,致知在格物。"根据修身、齐家、治国的排序来看,修身是根本,修身的基础是正心、诚意、致知、格物,而修身的目的是齐家、治国、平天下。正心、诚意、致知、格物和修身都是修养的范畴。在西方,从古希腊的赫拉克利特开始,就十分强调道德上的自我教育。赫拉克利特认为"与心作斗争是很难的",并说"教养是有教养的人的第二个太阳"。德谟克利特进一步提出,一个人能在与自己思想的斗争中取得胜利,即意味着他在道德上的进步。亚里士多德更是把教育和修养看作人们能否具有美德的重要条件。中世纪的基督教神学家们,则把道德修养理解为在上帝面前对自己的罪行所作的忏悔。由此可见,道德修养是修养的重要内容,是指人的道德情操、为人处世的正确态度,以及在各个领域的水平造诣,是个体自觉地按照一定社会或阶级的道德要求所进行的自我审度、自我教育、自我锻炼、自我改造和自我完善的活动,是一个人在长期的道德锻炼中形成的综合素质和能力的表现,也是其个人魅力的基础。

教师职业道德修养,是指教师依据社会主义道德原则及教师职业道德原则和规范进行自我锻炼、自我教育、自我陶冶,由此形成的教师道德品质和达到的精神境界。从内涵上来看,教师职业道德修养包括两个方面[①]:一是教师在仪表、谈吐、礼仪、气质等方面的学习、体验和反省等心理活动和实践活动,这是外在意义上的修养;二是教师经过长期的努力之后,在思想、品德、情操、知识、技能等方面所达到的教师职业道德水平和教师职业道德境界,这是内在意义上的修养。

二、教师职业道德修养的内容

一个人的道德修养,具体体现在他的日常学习、工作、生活和人际关系中,与他的人生观、世界观、道德观、文化修养、心理素质等密不可分,是诸多因素的综合反映。道德修养的内容很丰富,当前教师主要应从以下五个方面加强职业道德修养。

(一)提高教师职业道德认识

教师职业道德认识是指教师对教育劳动中客观存在的道德关系以及处理这些关系的原则、规范的认识。古人云:"知之深,爱之切,行之坚。"具有正确的认识,是进行道德意志锻炼的内在动力,是决定行为倾向的思想基础。只有具备深刻的

---

① 钱焕琦.教师职业道德[M].上海:华东师范大学出版社,2020:18.

职业道德认识,才能产生强烈的职业道德情感,形成良好的职业道德行为,增强履行职业道德的自觉性。因此,提高教师职业道德认识是加强教师职业道德修养的首要环节。

在教师职业道德修养的过程中,首先,要提高对教师职业道德价值的认识。教师的职业道德高低不仅关系到教育教学工作的成败,还关系到学生是否能全面发展,更关系到民族和国家的未来。一个教师只有充分认识到提高自身职业道德的重要性,才有可能将外在的教师道德要求转变为自己内在的需要和自觉的道德行为。教师职业道德修养的关键在于具有自觉性,对教师职业道德价值形成正确的认识是教师自觉加强师德修养的前提。其次,要提高对教师职业道德规范原理的认识。教师职业道德修养不是一个盲目的、自发的过程,而是一个有目的的、自觉的过程。加强教师职业道德修养,必须引导教师学习和理解教师职业道德的内涵和基本原则,熟悉和掌握教师的基本道德规范,了解教师在工作中要面临的各种基本关系以及处理这些关系时可能产生的基本问题和基本矛盾。最后,要提高对教师职业道德的判断能力。对教师职业道德的判断能力,是指教师运用师德规范对自己和其他教师的行为进行是非、对错、善恶判断的能力。教师提高对职业道德的判断能力,有利于教师在复杂多变的环境下作出符合师德规范要求的正确道德判断和行为选择,有利于增强教师道德自律和自我提高的意识和能力。

(二)陶冶教师职业道德情感

教师职业道德情感是指教师在教育活动中,对于自己和他人的行为举止是否符合教师职业道德要求所产生的内在体验。这种职业道德情感同教师的职业劳动紧紧联系在一起:一方面,它建立在对教师职业道德规范认识的基础上,教师只有对自己职业的社会道德价值有了正确认识,才能产生高尚的职业道德情感,认识和理解愈深,对本职工作的自豪感和责任感也就愈加强烈;另一方面,教师职业道德情感是教育实践的产物,是在长期的教育活动中逐步形成的,这种情感形成之后,便成为推动教师献身教育事业的一股强大动力,促使教师兢兢业业,诲人不倦。

(三)坚定教师职业道德信念

道德信念,是人们对于某种人生观、道德理想和行为准则的正确性和正义性的有根据的笃信,以及由此产生的对于践行某种道德义务的强烈责任感,它是深刻的道德认识和炽热的道德情感的有机统一,具有稳定性、持久性和一贯性的特点。有了坚定的道德信念,也就有了精神支柱,人们不仅能够按照自己所信仰的道德要求去评价他人行为和自己行为的是非善恶,还能够坚定不移地按照自己所信仰的道德要求去自觉履行各种道德义务,完成各种道德使命。

教师职业道德信念是教师对职业规范和要求的正当性、合理性等发自内心的坚定信心。教师作为一种独立的社会职业,是人类不断走向更高层次文明的重要桥梁,教师职业无论对于同时代人的进步,还是对于教师个人的完善,都是重要而光荣的职业。作为一名教师,只有认识到、体验到自己所从事的工作的崇高价值,意识到自己肩上担负着祖国和民族的未来,才能树立献身教育事业的坚定信念,从而做到不论遇到多么大的困难,都能始终不渝,为培养一代新人而默默奉献自己的一生。

(四)磨炼教师职业道德意志

教师职业道德意志是教师在履行职业道德义务的过程中,自觉地克服困难并作出行为抉择时所表现出的顽强毅力和意志精神。教师的职业道德意志是在职业道德认识、职业道德情感和职业道德正确的基础上产生并发展起来的,是职业道德信念的体现。它使教师能够时刻对自己提出严格的要求,作出正确的抉择,并最终完成职业道德行为。教师的职业道德意志是作用于道德行为的一种坚强的精神力量,是克服教师职业行为中各种困难的内部动力。职业道德意志可使教师果断地确定职业道德行为的方向和方式,并排除来自外部和内部的障碍和干扰,对于教师钻研业务、克服困难等具有重要的调节作用。

(五)养成良好的教师职业道德行为习惯

教师职业道德行为,是指教师在职业道德认识、情感、信念的支配下,在教育活动中对他人、集体、社会做出的可以观察到的客观反应以及所采取的实际行动,即教师在职业道德意识支配下表现出来的有利或有害于教育事业及他人、集体和社会方面的行为。一个人的道德品质是否高尚,不在于他的言论是否动听,而在于他的行为是否得体。如果知而不行,只有意愿和情感的体验而无实际行动,那么教师职业道德就只是一种道德说教,甚至会变成虚伪的道德。只有在实践中贯彻道德原则和规范,并且始终坚持下去,经过长期的锤炼,使其成为个人的行为习惯,道德品质才算达到了比较完善的程度。

总之,在教师职业道德修养过程中,教师职业道德认识、情感、信念、意志、行为等基本要素并非孤立存在和发展,而是相互联系、相互渗透、相互制约、相互促进,构成整体协同发展。

第二节 提升教师职业道德修养的途径和方法

一、提升教师职业道德修养的途径

教师职业修养的提升"是理论问题,更是一个实践问题,它需要我们在创新与固守之间,寻找新的定位和表现形态"①。如何立足于当代中国的发展实际,探索适应社会发展需要的教师职业道德修养的新路径,已经成为目前亟待解决的问题。

(一)学习科学理论,明确修养方向

缺少理论指导的修养是盲目的,盲目的修养缺乏自觉性,也无法达到较高的道德境界。因此,要提升教师职业道德修养水平,必须认真开展理论学习,以科学理论作为指导。马克思列宁主义、毛泽东思想、邓小平理论、习近平新时代中国特色社会主义思想以及道德科学的理论、教育科学的理论,是教师理论学习的重要内容。教师必须认真学习这些理论,才能树立正确的世界观和人生观,才能深刻理解教师道德规范和要求,明辨道德是非,提高遵守师德规范和要求的自觉性。教师违背师德要求有时并非有意为之,而是对遵守师德规范和要求的必要性、重要性缺乏了解和认识。因而,教师学习和掌握师德的基本知识是非常重要的,只有认真学习教育科学理论和科学文化知识,掌握教书育人的本领,才能按教育规律办事,更好地完成教书育人的职责。同时,教师还要学习和借鉴国外教育改革的经验,不断更新自己的教育观念,以适应教育改革的要求。

(二)投身道德实践,坚持知行统一

投身于实践,能够使教师加深对自身职业道德修养理论的认识,在长期、持久的道德修养过程中,教师必须在教育教学的实践活动中寻找道德修养的根本动力。因此,教师要投身于教育教学实践,用道德调节实践中发生的教师与学生、教师与同事、教师与家长、教师与领导等各种关系,在道德实践中积累情感体验,提高自身的道德认识水平,并形成相应的道德行为和习惯。投身于教育教学实践,是坚持知行统一的根本途径。教师的道德修养应特别注意知与行的统一,既要避免把道德修养理解成脱离实践的"闭门思过"或"修身养性",更要反对"内外不一"或"知行脱节"的现象。

---

① 朱小蔓.教育职场:教师的道德成长[M].北京:教育科学出版社,2005:1.

教师只有将教师道德的原则规范运用到教育教学实践中,运用到教书育人的过程中,才能逐渐将其内化为自己的思想和行为。因此,教师只有在教育教学实践中坚持身体力行,用道德理论指导教育教学实践,才能真正做到知行统一。

(三)自觉坚持"慎独",加强道德自律

道德自律是指道德主体在自主认同社会规范的同时,将道德规范自觉内化为道德法则并自愿约束自己的行为,使之符合社会道德规范的要求。道德自律是主体的自我立法和约束。强化道德自律,是教师职业道德修养的又一要求。惧怕受到惩罚或是期待获得奖励,渴望得到他人的赞誉或者羞于受到他人的指责,这些是属于"他律"的道德水平。道德自律则是靠良心调节自己的行为,个体的道德选择和决定不再被动地受制于外在的道德评价,而能够自觉内化外在的道德规范,并自觉主动地评判和选择道德行为,从而达到人的外部道德行为和内部道德法则相互统一的理想境界。因此,教师应该加强道德自律,追求这种最高尚、最理想的道德境界。

"慎独"是加强道德自律的重要途径。"慎独"一词源自《礼记·中庸》:"天命之谓性,率性之谓道,修道之谓教。道也者,不可须臾离也;可离,非道也。是故君子戒慎乎其所不睹,恐惧乎其所不闻。莫见乎隐,莫显乎微,故君子慎其独也。"意思是说,一个人独处,在无人看见的地方要警惕谨慎,在无人听到的时候要格外恐惧,因为不正当的情欲容易在隐晦之处表现出来,不好的意念容易在细微之处显露出来,所以君子更应严格要求自己,防微杜渐,把不正当的欲望、意念遏制在萌芽状态。因此,"慎独"对于教师加强道德自律,提升自身的道德修养水平具有特殊的意义。

(四)虚心向他人学习,完善师德品质

虚心向他人学习,首先要注意从老一辈教育家那里汲取思想营养。如徐特立、陶行知、吴玉章等人,他们为人民教师留下了宝贵的精神财富,通过了解他们的事迹,学习他们的优秀品质,能够升华教师的师德境界。

虚心向他人学习,还要向优秀的教师同行学习。如于漪、魏书生等,他们的教育实践和先进事迹,生动地体现了新时代教师道德的特点,是教师职业道德理论的具体化,具有重要的思想价值和借鉴意义。学习他们的先进思想,了解他们的感人事迹,既能帮助教师提高师德认识,又能激发师德情感。

虚心向他人学习,还包括向教育对象——学生学习。古人云:"弟子不必不如师,师不必贤于弟子。"教师要善于发现学生身上的闪光点,诚心诚意地向学生学习,在师生互勉中汲取精神营养。

阅读资料

只是一名教师①

你握住的不仅仅是学生的手,你握住的是他的未来,

在他的脑海里,你并不仅仅是一名教师,你还触碰了他的心灵,

你不仅仅拭干他的泪水,抚慰他的心灵,

你,已经成为他的一部分了。

你并不是与学生分享短暂的一刻,而是成为一种记忆,

当你不在的时候,你已经深入了他们的内心,

你并不知道你的力量有多么强大,

你影响了一代人,而他们又将影响下一代人。

所以,"做一名教师"并不是简单的事情,

除了语言,你还有很多要做的,

你要在那一刻感到自己是了解学生的,

或者他今天也同样对你微笑了。

你握住的不仅仅是学生的手,你牵起的是他的未来,

你并不仅仅是教给他知识,更深入了他的内心,

你并不仅仅拭干他的泪水,更抚慰了他的心灵,

你已经成为他的一部分了。

二、提升教师职业道德修养的方法

(一) 读书

读书对教师的成长至关重要。通过读书,教师可以不受时间和空间的限制,以最小的生活成本获取宝贵的生活经验。苏霍姆林斯基曾经说过:"真正的教师必是读书爱好者,这是我校集体生活的一条金科玉律,而且已成为传统。一种热爱书、尊重书、崇拜书的气氛,乃是学校和教育工作的实质所在。"②作为人类文明薪火相传的接

---

① 布鲁肖,威特克尔.改善学生课堂表现的50个方法[M].于涵,译.北京:中国青年出版社,2010:174—175.
② 苏霍姆林斯基.帕夫雷什中学[M].赵玮,等,译.北京:教育科学出版社,2022:38.

力手,教师应终生与书为伴,成为书籍的天然爱好者和自觉阅读者。要成为具有一定深度、广度和高度的教师,除了要有悟性、要勤于思考和勤于实践,还要借助前人、他人的熏陶和护持,只有站在巨人的肩膀上,才能有更开阔的视野。所以,无论是什么学科、什么专业的老师,都需要人类精神的滋养、人性光芒的普照,都需要和古今中外的智者对话、沟通,以获得灵气、锐气、志气、勇气和正气,获取灵感和理智之光。这种文化底蕴和精神气质主要靠读书来培养。诚如古人所言,"腹有诗书气自华",没有书香之气的教师,其形象就会黯然失色,就是一个低级乏味的"教书匠"。"教书匠"只能机械地教人以程序性、技术性的知识和技能,难以引领学生攀登真正的象牙之塔,探索神圣的人性和理性的殿堂。没有书香的熏陶,教师就如断了翅膀的鸟儿,永远无法翱翔于人类文明的蓝天。许多优秀教师的成长正是得益于书香之气的熏染,如我国著名语文教育改革家魏书生老师只念过初中,却知识丰富,思维敏锐,见解超群,他能成为一个有智慧的教师,靠的就是潜心读书。所以说,读书是教师专业生命活力的天然滋养品,是教师专业发展的源头活水。

 阅读资料

读书,教师专业成长的助推器[①]

导读:

学校的发展在教师,教师的发展在阅读。在全民阅读时代,教师的阅读更为关键。如何找准抓手,让读书成为教师专业成长的助推器?如何以读书为载体,推动新时代教师教育实现高质量发展?这些问题需要我们深入探讨。

在第 28 个"世界读书日"即将到来之际,我们约请各位嘉宾就"读书,教师专业成长的助推器"这一话题进行座谈,以期与大家碰撞出思想的火花,让"好读书、读好书、读书好"成为文明新风尚。

主持人:一个民族的精神境界取决于这个民族的阅读水平。改变世界,要从改变自己开始;改变自己,要从读书开始。灵宝是老子著书立说之处,自古以来便具有浓厚的文化氛围,如今更是形成了全民阅读的良好风尚。请任科长谈谈灵宝市采取了哪些举措倡导教师读书,助推区域教师专业成长。

[①] 任尚锋,杜钢辉,李琳华,薛太瑞,韦慧鸽,杨君,赵鑫.读书,教师专业成长的助推器[J].河南教育(教师教育),2023(04):10—11.

任尚锋：近年来，灵宝市教体局积极响应"书香河南·全民阅读"倡议，在全市教育系统开展"书香机关""书香校园""书香班级""书香家庭"创建工作，组织"荐好书、读好书、教好书"系列主题活动。我们坚持把读书作为教师专业成长的重要途径，倡导教师成为职业读书人，爱读书、会读书。

为此，我们在"为什么要读书""怎样读书""读什么书"三个问题上，积极为教师做好引导。我们通过新媒体先后向教师推荐了《教师应该是真正的"读书人"》《怎样提高阅读效率》等文章；开展"局长荐书"活动，免费向学校发放有关校长管理工作、校园廉政建设和班级管理等方面的图书。由于灵宝是《道德经》的发源地，我们向教师发放了《老子今注今译》一书，其中蕴含的"尊道贵德""善行无迹""贵师爱资""为学日益"等教育思想使教师受益匪浅。我们还长期开展"书香园丁·岁月留痕"教师读书新媒体分享活动和"校园最美读书人"展播活动。由我市教师组织、参与"青蓝工程"，将工作室成员定期共读一本书确立为"六个一"任务之一。

主持人："双减"政策的推进，"新方案新课标"的实施，对教师的专业素养提出了更高要求。请各位校长谈谈如何用制度的力量使读书成为教师的行为自觉，引领教师专业阅读、深度阅读，不断提升专业素养。

杜钢辉：我校从"订好计划、购好图书、办好阅览室、建好制度、搭好平台、树好典型"六个方面力促教师进行专业阅读、深度阅读。比如，每学年之初，学校都会制订教师成长读书活动方案，安排专项资金为教师购买专业类书籍；教师则结合自身实际制订个人读书计划。同时，学校规定教师每月至少写4篇读书笔记，每月检查教师读书笔记撰写情况，督促教师深度阅读。此外，学校还会定期举行教师读书比赛，组织教师交流、分享读书心得，对多读多思、以读促教、卓有成效的教师予以表彰。

李琳华：我校从"物力、制度、阵地、时间"四个方面入手，全力支持教师全员阅读。"物力支持"，指多种渠道提供充足图书，让教师有书可读。图书室全天开放，教师可随时借阅。《河南教育》《小学教学》等专业报刊、统编教材指定的共读书目、市教研室的推荐书目都会发放到教研组。暑假期间若教师个人自购专业图书，学校可全额报销。"制度支持"，指将读书活动纳入量化考核，督促人人开展阅读行动。学校要求每位教师每学期、每月必须完成规定的读写任务，推动全员阅读。"阵地支持"，指为教师阅读搭建交流平台，引领阅读更好地开展。学校微信公众号、工作室微信公众号，都是教师进行阅读交流、阅读成果展示的平台。"时间支持",指为教师阅读留出时间,保障教师静心阅读。各工作室每周安排1小时的团队学习交流,进行专业理论、教学案例等方面的学习研讨。我们的课表每周安排1节阅读课,开展师生共读活动。

薛太瑞:为了助力教师专业成长,我校启动了两个"1234"教师阅读工程。学校每学年举办一届"读书节",要求教师每学期用好一个阅读记录本;教师每周上好两节课外阅读课、两节经典晨诵课;每节课诵读经典内容不少于3遍,师生每天课后阅读时间不少于30分钟;学校建好4个图书供给点(学校图书室、班级图书角、家庭小书架、校外读书点),用好4个读书激励机制(读书称号考级活动、书香教研组、教师书香家庭、书香教师评比)。同时,我校将阅读工程和教师评优、评模、晋级挂钩,将教师每次的阅读交流发言纳入积分管理。对于教师购买的书籍,学校报销50%;教师每读完一本书,只要有批注、读后感,学校就奖励教师一本书。

主持人:坚持专业阅读,提升阅读品质,是教师专业成长的主要途径。请各位谈谈,如何结合实际推进教师专业阅读。

杜钢辉:教师获得教育素养的主要途径就是读书、读书、再读书。我们学校以工作室助推教师读书,用写作反推教师读书,通过课题实验促进教师读书,定期组织读书沙龙分享教师阅读体验。比如每年的寒暑假,给全校师生发放图书是学校一直坚持的一项福利。学校借助灵宝市的"名师工作室"和"青蓝工程"工作室,促进教师共读共享,让生活因读书而充实,让生命因读书而精彩。

李琳华:我校始建于1908年的"红亭书院"。我们打造以"红亭"为旗帜引领的校园文化品牌。"红亭讲堂"持续开讲,为师生搭建了阅读交流的平台。《红亭校园》校报定期编印,向师生免费赠阅,开辟了阅读交流的文化新阵地。同时,我们的课前"古诗词诵读"活动已成常态,产生了很好的社会效益。我校组织学生参加"2021年河南省诗词大赛",其中时奕扬同学成为河南赛区成功入选中央电视台《2022中国诗词大会》的4名选手之一。2022年下半年,我校又有110名学生通过"2022年河南省诗词大赛"线上初赛,进入复赛。

薛太瑞:我校长期实施教师阅读工程,提升教师的专业素养。教师将课内阅读课程化，为孩子们的自主阅读奠定坚实基础。比如，以校本教材《跟着诗词去旅行》为内容，开设"诗词文化"课程，以诗词诵读、诗词故事、诗词表演等形式，进行诗词教学课型研究，形成诗词诵读课、诗词故事课、诗词表演课等。

韦慧鸽：我想就阅读一本书的全过程谈谈我们的具体做法。首先是选书。我们会选一些促进专业成长的专业类书籍和一些"磨脑子"的中华经典。其次是规划。在阅读一本书前，我们会从阅读时间、具体阅读内容、页数、批注、打卡等方面对整本书阅读进行详细规划。这样一来，教师边读边思，随时记录读书收获，让阅读真正服务课堂教学。再次是分享。当一本书读到一定阶段后，我们会共同交流阅读时的收获，分享自己如何将阅读感悟付诸课堂实践，以及实践所取得的实际成效。最后是总结。当读完一本书后，我们绘制这本书的思维导图，引导教师把书读薄。这就如同打通了教师的任督二脉，使教师的专业阅读不只停留在"读过"，而是深入到"读懂"。

杨君：结合自身、同事及带领青年教师读书的经历，我从修德、修能、修心三方面谈谈教师阅读。关于修德，我们积极开展主题阅读。比如，我们围绕"立志做时代的'大先生'"进行专题阅读，让教师行可为之事，做有为之师，引导教师以"大先生"的格局和智慧做好教育上的"小事情"。关于修能，我们引领教师读专业书。比如，"双减"政策出台后，我们通过阅读《重构作业》《学科作业体系设计指引》等书目，引领教师重新认识作业的功能、价值，"重构作业"。关于修心，我们读经典、读美文，滋养心灵。同时，我们从读前计划、读中打卡、读后交流、读完盘点四个方面让阅读落地。

主持人：读书是教师最好的修行，也是教师的一种责任。让我们把读书作为一件大事来抓，以阅读充盈生命，以阅读拓展视野，以阅读提升境界，搭建起师生进步的阶梯。

教师所读之书既可以是与自己教学内容直接相关的专业书，也可以是修身养性的书。但读书要有一定的方法，否则只会死抱书本，为书所困，成为面目可怜的书呆子。

1. 虔诚静心、潜心思考

首先,要能沉下来,静下心,安心读书,淡泊名利,心无旁骛,才能收读书之效;不然的话,是很难进入佳境的。诸葛亮说:"非淡泊无以明志,非宁静无以致远。夫学须静也,才须学也。"①《大学》也说:"静而后能安,安而后能虑,虑而后能得。"其次,要虔诚,对所读之书要有敬畏之心。我国古代思想家朱熹主张读书要"居敬持志",曾国藩主张读书要"主敬",都是主张以纯粹谨敬之心读书。再次,要去浮躁。心浮气躁,心猿意马,急功近利,东一榔头西一棒槌,见异思迁,肯定难有所得。所以,读书一定要有淡定从容的心态,细心琢磨,反复品味。读书要与思考同步。不理解的东西,哪怕记忆得再多,也不属于你所有。古人说:"学而不思则罔,思而不学则殆。"②读书不思考,就是两脚书橱,非徒无益,反而有害,读得越多,贻害越大,这叫作"食书不化"。宋朝大儒周敦颐说过:"思则睿,睿则圣。"读书时会不会思考,是区别平庸教师与优秀教师的分水岭,平庸教师其实就是不愿、不敢、不会思考的教师。思考时需要去除杂念,方能有所得。暂时不理解的也不要紧,可以放过去,待到你的阅历与积累多了,思考多了,自然能从初步理解到深入理解,进而能举一反三、触类旁通乃至融会贯通了。虽然读书不能靠死记硬背、机械记忆,但也要趁年轻记忆力好时多记忆一些经典、有用的东西,这就像牛吃草一样,先吃进肚里,然后慢慢"反刍"。这种"反刍"犹如吃饭,有一个嚼碎、消化、吸收、转化的过程。

2. 精读与略读、反复读与浏览相结合

所谓精读,就是细读、深思、深挖、慎取,把书"吃"进去,融汇到思想精神中去,以达到融会贯通的境界;略读就是观其大略,记其旨要与梗概。精读是以掌握阅读方法、发展阅读能力、理解文章内容、积累知识为目的的读书方法,即精细深入的阅读。精读要求"字求其训,句索其旨。未得乎前,则不敢求乎后;未通乎此,则不敢志乎彼"。把字字句句读明白,达到"使其言皆若出于吾之口""使其意皆若出于吾之心"的融会贯通的理解水平。略读又称跳读或浏览,是一种非常实用的快速阅读技能。所谓略读,指快速阅读文章以了解其内容大意的阅读方法。有些书要反复阅读,以便深入理解;有些书可以浏览,以博闻强识。需要反复阅读的书,一是因为"好书不厌百回读",二是有些书需要反复阅读甚至终身咀嚼,才能得其奥妙。作家贾平凹认为,一本书最好读三遍以上:第一遍可以囫囵吞枣地读,这叫享受;第二遍静心坐下来读,这

---

① (三国)诸葛亮.诸葛亮集[M].北京:中华书局,1975:57.
② 杨伯峻.论语译注[M].北京:中华书局,1980:18.

叫吟味；第三遍要一句一句想着读,这叫深究。在信息爆炸的时代,知识日新月异,教师更应该静下心来,通过精读、略读、反复读等方式培养自己的人文素养,提高综合能力。

3. 能够"钻得进、记得下、走得出"

"钻得进",即钻进知识、理论中,专心致志,结合实践经验潜心体悟书中的道理,实现主客体的融合,进而达到"精骛八极,心游万仞"。"记得下"即不动笔墨不读书。记什么呢？一是对书中的主要观点、核心思想和主要内容,要善于"提要钩玄",概括总览,这样就可以博观约取,囊全卷于数语之中；二是书中的重要材料和重要文献书目出处等要随手记下来备用和备查；三是在读书过程中,自己有什么想法,要立即记录下来,尤其是对不同于作者的新看法、新事实、新材料等立即加以记录。人的灵感、直觉往往产生于情境和"书境"的诱导、触发和碰撞之中。这种碰撞、摩擦所产生的火花,是创造性思维的火花,往往是倏忽而来、飘忽而去,稍纵即逝,"情境一失永难摹"。读书的即时感觉和理解,也往往是最真实和可贵的,所以必须立即记下来。若是自己的书,就立即记在书上；不是自己的书,也要记在相应的地方。积累多了,自然就会形成自己的思想链或知识库。"走得出"是指最终必须从书本理论中、从别人的经验中、从自己原有的知识与认识水平中超脱出来,审时度势,反观自照,通过理性思考、经验体悟来判断、选择和扬弃。

读书无定法,可依各人的习惯、特长和经验而采取不同的阅读方式。古往今来,许多大家的读书心得值得我们借鉴。文学家茅盾认为,读一本书至少读三遍：第一遍鸟瞰,即通读；第二遍精读,即细嚼；第三遍消化,即弄通。毛泽东提出,读书要四多：多读,多写,多想,多问。宋代思想家朱熹有读书"三到"之说(心到、眼到、口到),胡适进一步加上"手到",鲁迅再加上"脑到",是为"五到"。北宋苏轼自称读书采用"八面受敌"法：一本书分做几次读,每一次探究一个方面,深挖下去,获得独到体会,才算是收到读书之效。把一本书的方方面面都掌握了,就等于把书变成了自己的东西,说话、写文章就能多角度运用和联想发挥。

(二) 写教育日记

教师的自我修养与一般人的自我修养的不同之处在于,教师不只是为了自己,他还要为了他的教育工作,为了对学生的教育而修养自己,所以,与学生交往,通过对教育实践的反思来进行道德修养显得格外重要。写教育日记是教师反思教育实践、促进自我专业成长的重要方式。教师专业成长离不开学习、积累和反思,教育日记在这三个方面都可以起到作用：

（1）帮助教师进行专业学习。教育日记中记载的教育理论、读书心得、名家经验、名言警句等都能作为教师学习的工具。

（2）帮助教师积累资料。俗话说：好记性不如烂笔头。我们每天都要做很多的事情，也都有值得记忆的东西。只有勤于动笔，我们才能战胜遗忘，才能为自己留下更多的有价值的回忆。有的人之所以提笔无话，就是因为平时没有积累。

（3）帮助教师自我反思。一个人对教育的理解水平决定了他的教育工作的质量，而一个人理解一件事物需要思考，思考可以帮助一个人形成思想。写教育日记，就是给自己一个思考的机会。一个人在工作中有成功也有失败，有时失败和挫折经过反思更能变成财富。"问渠哪得清如许，为有源头活水来"，我们每天看似平凡、单调、重复的工作中就蕴藏着某些重要的教育现象或教育规律，如果善于积累和反思，那就可以成为我们工作创新之源泉，成为推动工作的加速器。此外，我们也可以在教育日记中倾诉自己的苦闷和彷徨，缓解工作中的压力，以更轻松的心态开始新的一天。

苏霍姆林斯基早年就建议教师写教育日记，并且亲身实践，坚持记了几十年的日记。全国十杰教师、南京市浦口区行知小学校长杨瑞清给自己设计了20字的个人成长要诀：躬于实践，勤于读书，善于交友，精于思考，乐于动笔。从来到行知小学那天起，杨瑞清就开始写教育日记，把所做、所读和所得都记录下来。20年来，他写下了120多本共计500多万字的日记。近年来，在朱永新教授的推动下，越来越多的中小学教师热情参与到写教育日记的队伍中来。

阅读资料

朱永新：新教育实验的"长征"，把论文写在祖国的大地上①

作为新教育实验的发起人，回望20年的实践过程，朱永新如是总结新教育实验的宗旨和目标："过一种完整幸福的教育生活。"

二十年"长征"发端

朱永新回忆，1999年，在面向江苏省的一个创新教育的论坛上，他做了一个讲演，谈他心目中的理想老师。江苏武进湖塘桥中心小学的校长奚亚英，被朱永新的讲演实实在在地打动了。于是，她邀请朱永新到自己的学校去

---

① 陈香.朱永新：新教育实验的"长征"，把论文写在祖国的大地上[N].中华读书报，2022-1-14(006).

做讲演,在那边带徒弟。晨诵的做法,教师的专业发展,教师的阅读和写作,都是从这所学校开始的。可以说,新教育实验从起步之初,就定下了自己的"主基调",那就是,扎根基层,扎根实践,把教育改革发展的论文写在了中国大地上。

2002年9月,苏州昆山玉峰实验学校成为第一所获得授牌的新教育实验学校。而苏州昆山玉峰实验学校,也是一所蓬勃有朝气,希望有号召力、影响力的学校,所以和朱永新的"新教育"理念一拍即合。朱永新也没想到,在学校开学典礼上他的一个有关未来教育探索的发言,会被昆山教育局的储昌楼老师——后来也是新教育团队中非常重要的一位骨干——发到互联网上去。此后,这个发言在全国中小学的老师和校长中不断传播,并最终促成了2003年新教育实验首届研讨会上的十所新教育实验校的诞生。

在这个发言中,朱永新谈到了"五大行动":一是"营造书香校园",推动学生阅读;二是"师生共写随笔",推动师生共同写作;三是"聆听窗外声音",即学校不能关起门来办学,应该关注社会和人类命运,应该利用社会的教育资源;四是"培养卓越口才"。当时,朱永新观察到,我国的学校教育不重视培养学生的表达沟通能力,但在国外,讲演是非常重要的能力,是构成领导力的要素之一。五是"构建数码社区",当时互联网才刚刚兴起,但朱永新提出,教师和学生应该具有信息意识,懂得利用网络去获取知识,发现更大的世界。如今,朱永新的"五大行为"理念已经与时俱进,完善成为"新教育"的"十大行为"。从朱永新的发言中,我们也能感受到新教育实验的"务实"特质,那就是一问题导向,针对束缚当时教育发展的主要问题、提出应对策略。

在新教育实验发端之初,朱永新就定下了一个"坚持":"因为中国很大,区域差别很大,城乡之间差别很大,所以,我们一开始就定位,不走高端路线,新教育的行动、理念、课程,要不断往广大农村地方去走。"所以,到目前为止,新教育实验的8000多所实验校中,有一半以上都在乡村。促进"教育公平",希望能为弥合因为种种原因造成的教育不均等的鸿沟做出一点贡献,已经成为所有"新教育"人的信念。

行动和建设

在开始新教育实验改革实践之际,朱永新和他的追随者给自己的定位就是,"为中国教育探路"。对现有教育的模式、课堂,是改善和完善,而不是颠覆。另一个重要的要求是,新教育实验要经得起考试的检验。任何教育改革的风险就是,时间精力的分散,最后导致孩子们在硬性的考试中成绩下降,使得改革遭遇重重阻力,很难推行下去。所以,朱永新提出,"新教育不追求分数,但是不害怕考试"。从一开始,新教育实验就以提升教育品质为前提。

经过20年的实践检验,我们可以得出一个结论,那就是,从某种程度上来看,新教育实验是在引领中国教育。

20年前,当"新教育"提出"书香校园"的主张,推广亲子阅读、家庭阅读的时候,这还是一项有点"孤独"的事业。父母不理解阅读的价值,往往只让孩子做作业、看课本,甚至有些父母会把孩子的课外书撕掉。包括老师,也并没有意识到阅读对学习的促进作用。不让看课外书,只让做教辅、做习题卷,这是当时学习的主导方式。但如今,"全民阅读"已经成为国家战略。无论是在高考还是中考的改革中,阅读题的比重都越来越高。应该说,这和朱永新以及新教育团队20年来孜孜不倦的呼吁与践行有着密切的关系。

再比如,关于"写作"的问题。过去,学校都是把写作当作语文能力的一种练习;但是,新教育实验提出的写作,是作为一种生活方式,是全学科推进的一种能力。朱永新认为,思考,是从写作开始的。比如数学的写作,可以写小论文,可以写数学故事;写作,是培养思维的训练方式,是学生对某一学科的认知的表达。阅读,不一定能够形成反思的能力;但写作,一定是训练思维的。"相信不出几年,它会成为中国学校新的教育改革的一股清风。"

2003年,新教育实验开始关注家校共育的时候,《家庭教育促进法》还没有出台。当时,他们发现,中国很大一部分父母,有时候不仅不是教育的正能量,反而成为一种反教育的力量;有些父母不懂得什么是美好的教育,不懂怎么去培养孩子。所以,新教育实验认为,没有父母的成长,就没有孩子的成长;所以,必须让父母参与到孩子的成长过程中。而当下,"家校共育"已经成为了一种共识。

所以,改革首先是判断,判断什么是束缚当前发展的关键问题;然后对症下药,去探寻解决的方案。实践也证明,"新教育"的诸多理念、探索,在经过充分的实践和探究之后,成为了一种教育主流性的探索和改革。

把论文写在大地上

新世纪以来,"素质教育"的理念深入人心,但什么是素质教育、如何去做素质教育、如何真正能够达到素质教育的效果,需要经历身体力行、效果反馈、路径总结的一系列过程。而新教育实验走过的20年,正是为构建中国大地上"素质教育"的理论和实践体系不断努力的20年。

朱永新如是表述新教育实验的两个愿景,其一是成为中国素质教育的一面旗帜;其二是成为扎根中国大地的新教育学派。前者是从实践角度,后者是从理论角度。在最初的阶段,新教育实验的主要目标是传播新教育理念,让更多人了解它;到第二个阶段,主要是要构建新教育实验的理论体系;到第三个阶段,就是发展新教育实验的课程体系。

教育无外乎就是要解决两个问题,一是品质,二是公平。新教育实验的核心,也是面向这两个问题。所以,新教育实验一直坚持事业的公益性,不向学校收一分钱。同时,新教育实验从实践的角度探索出了一些方法和路径,比如晨诵、午读、暮省、写作、阅读、完美教室等,而最后,都统合到了新教育实验的理论基础和由此延展的课程体系上。

"新教育实验的理论基础有三大体系,包括哲学基础、心理学基础、伦理学基础;在这三大基础之上,我们构建了新教育实验的目的论、课程论。最关键的体系是新教育实验的课程论。"目前,新教育实验已经基本形成了自己的课程体系。这个体系以生命教育作为基点,生命课程之上即为"真善美":"真",就是大科学、大人文;"善",就是大德育;"美",就是大艺术。在此之上,还有个性化的课程;而针对每个人的个性化课程,将通过项目研究来实现。"课程的综合化是未来课程的方向。"朱永新如是表示。

同时,朱永新提出,现在的中小学对科学教育的课程设置是分裂的。在小学有综合的科学课程;到了中学,科学课程会分成物理、化学、生物。"其实科学课的逻辑是宇宙科学、生命科学、物质科学。我们完全可以按照这样的一个体系,把中小学通畅的科学教育体系设计好。"另外,到了高中,也许文科生就不学理科了,理科生不学文科了,朱永新建议,还是可以学习"大人文""大科学"。

"人生最重要的价值和意义,就是改变和创造。用你的创造去改变和影响更多的人。"朱永新如是说。

> 习近平总书记指出,"要把论文写在祖国的大地上"。朱永新和他的同人们,20年来,是这么想,也是这么做的。"吾生也有涯,而知也无涯。"对于朱永新和他的跟随者而言,理想长明,行动不止。

写教育日记并没有固定的格式,其内容主要源于对日常教育实践的记录和反思。关于教育日记的写作方法,需要注意以下几个方面[①]:

1. 格式:叙议结合

教育日记是自由文体与个性表达的完美结合,具有"短(短小精悍)、平(随意平和)、快(及时反映)"的特点。一般以借事抒情、夹叙夹议、意蕴隽永为特色。其核心是"随",也就是自由地抒写心灵、描摹生活、表达情感,只求真实记录自己的所见所闻、所思所想。

教育日记主要用来表达作者对某一教育事件的各种思考(本人是"当事者",而非"观察者"),所涉及的往往是一些正在发生的或大家比较关心的事情,包括自己在这件事上的所言所行,事后是以怎样的态度来审视的,从这件事中获得怎样的触动、震撼、启示等。所以,"事件+思考"是教育日记的基本构成要素。对事件的表述里带着自己的真实体验;由事件而引发的个性化思考体现着个人的感悟。对这些事件可从大处着手、旁征博引,对一些理念进行生动的阐述;也可从细小处寻找突破口,通过对自己认为在教育教学中有价值的细枝末节娓娓道来,引人入胜,给人以启迪。

如管目荣老师的教育日记《"锅"要趁热"刷"》:

"锅"要趁热"刷",意思是刷锅的时候一定要趁着锅还热的时候刷,即把炒好的菜倒到盘子里后就快刷。刷锅、洗碗是每天必须干的家务活。每次刷锅的时候,我发现刚炒完菜,把水倒入锅中轻轻一摇晃,油腻污渍便荡然无存。如果吃完饭后再去刷,需要用炊帚来回擦好几遍才能刷干净。

由此我联想到对孩子的表扬。表扬一定要及时,就像刷锅一样,趁热刷效果明显:当孩子表现出了教师所期待的行为时,就要马上表扬,及时地表扬才能使激励更有效,越小的孩子越应如此。孩子的每一个闪光点、孩子点点滴滴的进步都应该成为表扬的理由。不要吝啬自己的一句话,哪怕是一个鼓励的眼神,对孩子来说,都会带

---

① 张智青.教育随笔:让思考成为习惯[J].上海教育科研,2008(12):54—55.

来春风般的温暖。不要等着学生的微小进步转化成大大的成绩时再进行表扬,因为到那时怕是锅已凉了,无论你怎么真诚都不能打动学生了。

同样,批评学生也是这个道理。即使学生只犯了一点小小的错误,教师也要立即进行批评教育,指出错误的原因,让他吃一堑,长一智。否则等酿成大错,悔之晚矣。

教育日记一般取材广泛,一切和教育有关的话题都可作为素材,形式活泼,有一种"我手写我心"的随意性。相对于论文而言,日记更富有思想,可以有更多"大胆猜测"的内容。虽然日记与案例都有"叙"(讲述真实的事件)和"议"(有感而发)的类似结构,但是日记的议论成分更多一些,并且所展示的事件可以是不完整的,有时甚至可以是一个很小的故事的情景片段。

2. 内容:反躬自问

每一位教师都能从教育生活中获得丰富的感受,有时是一点感动、一丝酸楚、一阵狂喜,有时是一片失落,若及时地提炼,这些都有可能变成宝贵的教育资源和精神财富。面对纷纭的教育现象,即使别人习以为常,也要问问自己:为什么会这样?我和别人有什么不一样的看法?我的观点是否轻易地被别人左右了?在这个问题或现象的背后还隐藏着什么?要让思考伴随着教育的整个过程,在思考的过程中发现问题。教师在听课或赏析课例时不能失去自我,应带着自己的理念、观点、思想去扬弃别人的教育教学理念、方式,做到扬长补短。

教育日记的撰写在很大程度上反映了教师对某个活动的整个过程的总体性反思,或对其中的一个环节、一个问题的局部性反思。可以是总结成功的经验,有利于自己"百尺竿头,更进一步",也可以是查找存在的不足或失误,这是一种促进教师自我发展的宝贵资源。总之,及时地撰写记录能促进教师不断走向成熟。

例如,沈志媚老师在《我这样记教学随笔》中所写的"教学古诗《秋夜将晓出篱门迎凉有感》后的随笔":

在学习"南望王师又一年"时,学生甲说:"沦陷区的老百姓眼巴巴地向南张望……"学生乙说:"沦陷区的老百姓天天盼望……"学生丙说"这里的望是'绝望'! 因为陷在水深火热中的老百姓盼了无数年,却始终没有盼到。"虽然已经下课了,但沦陷区老百姓由"张望"到"盼望"及至"绝望"的形象依然在我脑中浮现,孩子们一张张悲愤交加的脸庞依然如此清晰。虽然我明知道参考书上对于"望"字的解释是"盼望",但是学生甲分明用"眼巴巴地张望",为我们描绘了沦陷区百姓焦灼不安的神情;而学生丙则用"绝望"一词,刻画了沦陷区百姓由"急切盼望"到"彻底绝望"的心路历程。对于学生的"别解",我除了震撼还有由衷的赞赏!

除了有成功的喜悦、失败的痛苦,我们还有对许多问题的困惑。在发现的问题中加入自己的思考与研究,就问题的出现谈自己的感想或提出相应的解决措施,就是一篇很实用的日记。

在平时的教育教学实践中,教师与学生之间会发生许多令人难忘的故事。只要肯积累,选取典型事例记录下来,如成功的主题班队会、典型的教育片段、对独生子女的学习指导和农村留守儿童的心理健康教育、单亲家庭中孩子的健康成长等,挖掘其中的价值,加入自己画龙点睛的思考与评点,就是一篇鲜活的教育日记。

3. 习作:业精于勤

(1) 写不出,怎么办?

随时随地写下灵感笔记。灵感像一阵风,稍纵即逝。时过境迁再提起笔,往往只是一个美好的回忆。当灵感来临时,哪怕用一张废纸,也要及时地把它记下来。如我们对课题研究文本中常见术语"结果、讨论、结论"的通俗化理解,就是在与教师的不断沟通交流与观念碰撞中逐步形成的。如把"果树生长"比作教育科研过程,则"长出的果实"是研究"结果"(客观事实,是直接得到的),而对"这种果实的各种成分及其作用"的问题交换意见或进行辩论就是"讨论"(一种理性的分析与认识)。基于"讨论"基础上形成的"这种果实的价值"则是"结论"(总体判断或总结性见解)。

不妨来一点"抄写"。但凡写作之人,都有借鉴、模仿、独立创作的过程。教师应经常浏览教育报刊,多读儿童读物、教育经典著作,对好文章要细心揣摩作者的写作意图。摘抄一点理性化的内容,结合自己的实践谈一点感想。这样的"摘抄",不仅对自己的日记写作有所帮助,而且有利于更好地指导自己的教学,深化自己对理论的认识。

(2) 写不好,怎么办?

想到什么,就写什么。置身于鲜活的教育、教学第一线,每一个偶发的事例都可能触动教师的心弦。步步留心,时时在意,把"思考"作为一种好习惯,可以使大脑长时间处于研究状态。读、思、写三项功课循序渐进,先不要贪多求大,起初可从几句话写起,只要把观点阐释清楚即可;之后一二百字,慢慢地积少成多,最终会形成自己的风格,而且可以多一份"随"意,先把想到的写出来。在量的积累和保障下,质的提升只是时间问题。除了传统的纸笔,还可借助于电子文档、博客平台等媒介来表达自己的心声。

文章不厌百回改。初步记录下来的文字还是一块很粗糙的玉石,需要再三品味、推敲,发现其中的亮点,只有这样,才能使之更有价值。修改本身就是一个加工、提炼、提升的过程,要先从大的方向着手,删繁就简,让文字能真实地表达自己的意图。随笔写好后,可以请身边的同事指点一二,此法最为直接,也非常行之有效。哪怕是改动一个字、更换一个小标题,也是一个不小的收获,经常探讨,收获会更多。

学习借鉴,不断充实自己。教师首先要了解国家的教育方针政策。只有教育大方向找准了,写起日记来才能深入浅出、不离左右。其次要学习教育学、心理学的基本理论。只有理论素养宽厚扎实,才能在分析教育现象时见微知著,解决教学难题时得心应手,从而使文章平实中闪现出智慧的火花。另外,还要了解课程改革的新动向,学习古今中外教育家的思想精髓等。

思考与练习

1. 试述教师职业道德修养的内容。
2. 简述教师职业道德修养的途径和方法。

第六章　教师职业道德评价

学习目标

1. 了解教师职业道德评价的含义与意义。
2. 理解教师职业道德评价的功能。
3. 掌握教师职业道德评价的方法。

随着时代的发展和社会的进步,人们越来越清楚地认识到加强教师职业道德素养的必要性,教师职业道德的好坏直接关系着人才培育质量的高低,直接影响着人才强国和科技兴国战略的实施效果。党的十八大以来,以习近平同志为核心的党中央大力推进高素质教师队伍建设和教育强国建设,围绕师德师风建设作出一系列重大决策部署,为新时代进一步加强和改进师德师风建设指明了发展方向,提供了根本遵循。党的二十大报告强调:"加强师德师风建设,培养高素质教师队伍,弘扬尊师重教社会风尚。"师德师风是教师队伍素质的第一标准,高素质教师是高质量教育的根本前提。在师德师风建设中,教师职业道德评价发挥着至关重要的作用,正确的师德评价是推动教师道德规范和原则向道德意识和活动转化的重要力量,对协调人际关系,形成良好的社会道德风尚都具有重要的作用。

第一节　教师职业道德评价概述

一、教师职业道德评价的含义与内容

教师职业道德评价是指人们在社会生活中,根据一定社会或阶级的教师道德原则和规范,运用社会舆论、传统习惯、内心信念等方式,对教师的职业道德认知、道德情感、道德意志和道德行为所作的考查和判断。教师职业道德评价的目的是在对教师的道德进行全面考查、判断和论证的基础上,探索教师职业道德形成和发展的客观规律,以便更加有效地指导广大教师提高自身的职业道德素质,完善自身的职业道德品质。

一般而言,教师职业道德评价的内容主要涉及以下几个方面①:

其一是理想信念。教师要始终同党和人民站在一起,自觉做中国特色社会主义的坚定信仰者和忠实实践者,忠诚于党和人民的教育事业,自觉把党的教育方针贯彻到教学管理工作的全过程,严肃认真地对待自己的职责。要注重加强中国特色社会主义理论体系的学习,加深对中国特色社会主义的思想认同、理论认同、情感认同,不断增强道路自信、理论自信、制度自信、文化自信,积极引导学生热爱祖国、热爱人民、热爱中国共产党。教师应该做中国特色社会主义共同理想和中华民族伟大复兴中国梦的积极传播者,帮助学生筑梦、追梦、圆梦,让一代又一代青年人都成为实现民族梦想的正能量。

教师的理想信念水平可以通过政治学习等思想表现以及日常政治言论的内容和水平来评价。

其二是道德情操。教师的人格力量和人格魅力是成功教育的重要条件。"师也者,教之以事而喻诸德者也。"教师对学生的影响,离不开教师的学识和能力,更离不开教师为人处世、于国于民、于公于私所持的价值观。一名教师如果在是非、曲直、善恶、义利、得失等方面总出问题,怎么能担起立德树人的责任?广大教师必须率先垂范、以身作则,引导和帮助学生把握好人生方向,特别是引导和帮助青少年学生扣好人生的第一粒扣子。

其三是扎实学识。教师自古就被称为"智者"。俗话说,"前人强不如后人强",家庭如此,国家、民族更是如此。只有我们的孩子们掌握知识、学好本领,我们的国家、民族才能更强。扎实的知识功底、过硬的教学能力、勤勉的教学态度、科学的教学方法是教师的基本素质,其中知识是根本基础。

教师的学识水平可以通过教育过程中所遵循的教育理念、教授的理论知识、使用的教育方式方法等来评价。

其四是仁爱之心。教育是一门"仁而爱人"的事业,爱是教育的灵魂,没有爱就没有教育。好教师应该是仁师,没有爱心的人不可能成为好教师。高尔基说:"谁爱孩子,孩子就爱谁。只有爱孩子的人,他才可以教育孩子。"教育风格可以各显身手,但爱是永恒的主题。爱心是学生打开知识之门、启迪心智的开始,爱心能够滋润学生的心田,浇开学生美丽的心灵之花。教师的爱,既包括爱岗位、爱学生,也包括爱一切美好的事物。

---

① 习近平.做党和人民满意的好老师——同北京师范大学师生代表座谈时的讲话[N].人民日报,2014-09-10(02).

教师的仁爱之心可以用关心学生身心健康；努力进行思想教育；热爱学生；培养其优良品德和创新能力的程度为标准进行衡量。

二、教师职业道德评价的功能

教师职业道德评价目的的实现需要相应的功能来保证。"功能"与"作用"既有联系又有区别：作用是事物或方法的功能在具体展开或操作过程中的发挥与表现，它要受到事物发展和方法运用实践中各种具体因素的影响；而功能则是指事物或方法本身固有的效用，是一种相对独立的和潜在的东西。功能是作用的内部根据，而环境因素是作用产生的外部条件；作用是功能与环境因素相结合而产生的实际效用。[①]教师职业道德评价具有以下几个方面的功能：

（一）诊断与反馈功能

无论是在搜集教师职业道德表现信息的过程中，还是在进行教师职业道德评价的时候，都要涉及教师职业道德活动的方方面面。经过评价，评价者会对教师的职业道德品质及表现有一个全面而细致的了解，能有效地发现问题，从而进行教育诊断和实践反思。同时，教师职业道德评价还可以给教师职业道德建设提供有效的反馈信息，从而有利于教师职业道德的提升和完善。

（二）评定与管理功能

首先，通过教师职业道德评价，将教师个体的职业道德表现与某种标准进行比较，从而评定其职业道德水平的高低。其次，教师职业道德评价中对教师的鉴定或评分，可以使管理部门更好地了解各环节工作的情况和质量，作为对相关人员工作业绩衡量的重要依据，促进教师管理水平不断提高。

三、教师职业道德评价的意义

教师职业道德评价是一种无形的精神力量，它不仅对提升教师自身的道德修养起重大作用，而且对形成学校和社会的良好道德风尚，促进精神文明建设，促进学校的可持续发展具有重大意义。因此，一个教师不仅要经常对自己，而且还要要求别人对其进行师德评价，这就要求教师要进一步领会职业道德评价的作用和意义。

---

① 杨燕钧.教师伦理学[M].上海：华东师范大学出版社,1997：152—153.

(一) 教师职业道德评价是维护教师职业道德原则和规范的重要保障

如果说教师职业道德是职业道德规范准则的外在表现的话,那么教师职业道德评价便是对这一外在表现的一种社会监督。教师职业道德,作为调整教育过程中教师行为的准则或规范,不像有关法律法令和教育行政手段那样具有强制性。其作用的发挥,是依靠人们以一定的教师职业道德标准进行道德评价来实现的。教师职业道德的基本原则和规范被教师所接受的程度、所发挥作用的大小,都直接取决于人们的道德评价能力和评价活动的广度和深度。没有评价,教师职业道德规范就不起作用。原因是:第一,教师职业道德是得到认同还是遭到践踏,在很大程度上标志着教师职业道德的传播水平的高低,展现着教师职业道德是得到了弘扬还是走向了沉沦。道德评价不断指出教师行为在道德上的功过,从而激励教师再接再厉选择良好的行为,消除不健康的、违反教师职业道德的行为倾向。第二,道德评价,是改善道德氛围的有力武器。通过评价-反馈系统,教师个体的职业道德行为不断得到调整,同时周围的职业道德氛围也得到改变,从而促进形成积极向上的职业道德氛围。

(二) 教师职业道德评价是使教师职业道德原则和规范转化为教师内心信念并体现于行动的重要机制

教师职业道德,只是向教师提供了行为的外在准则,要把这种客观准则转化为教师的内心信念,并见之于行动,必须通过道德评价。道德评价,不仅可以使教师深刻地理解职业道德准则和规范,而且还能使教师职业准则和规范深入教师的内心世界,作用于教师的道德情感和职业良心。不道德的事情一旦受到谴责,就会使行为者在舆论的压力下,变得不安、羞愧,以至于长时间地痛苦;高尚的行为一旦受到褒奖,就会使行为者在舆论的支持下,内心感到安慰、喜悦,并一如既往地把高尚行为坚持下去。这种谴责和褒奖,可以极大地激发教师的职业责任心和道德荣誉感,有效地提高教师的道德觉悟,唤起教师践行职业道德规范的主动性和积极性,使道德意识和道德行为统一起来。

(三) 教师职业道德评价是促使教师个人职业道德品质形成和发展的重要途径

教师职业道德品质和其他品质一样,要在长期的职业生涯的学习和训练中逐步形成并以习惯的形式稳定下来。在这个过程中,教师职业道德评价所发挥的影响是十分重要的。其一,教师职业道德评价具有广泛性。教师的言论和行动不仅处于自己和学生的评价范围之内,而且会扩展到学校、学生家庭和社会有关方面。这种广泛的评价网络,使教师时时处处都要受到各方面的监督,使教师时时处处都要注意自己的言行。其二,教师职业道德评价的效应是直接的。这种直接效应,主要表现在学生对教师的职业道德评价之中。在教育过程中,教师直接面对的对象是学生,教师的一言一行,会直接引起学生的评价和议论。教师不得体的言行,会招致学生的直接反感从而波及学习情绪,甚至会中断教育过程。其三,教师职业道德评价的影响是持久的。一方面,对某个教师的某种评价一经形成,便不会在短期内消失;另一方面,教师与大多数学生的关系不是一事一时的关系,而是一种比较长期的、稳定的关系。这就会使学生及有关方面对教师的评价不会局限于一事一时,而会持续存在于较长的教学和来往过程中,甚至会终生保持下去。正是教师职业道德评价的这种广泛性、直接效应性和持久性,使教师要时时处处注意自己言行的正确性或正当性。

(四) 教师职业道德评价是改善校风校纪、调节教育内外人际关系的有效手段

教师职业道德评价,不仅关系着某一个教师的品质和名声,同时也影响着整个学校校风校纪的建设。一所学校,如果重视教师职业道德评价,对评价中的价值导向经常作正确的引导,并通过各种渠道建立良性的评价-反馈机制,使好的行为及时得到表扬和鼓励,坏的行为及时得到批评和纠正,就可以使正气压住邪气,在教师队伍中建立起良好的职业风尚,形成一种有纪必遵、有规必循、心情舒畅、积极工作的局面,并由此影响、带动学生养成有德遵纪的好习惯,从而在全校范围内形成一种井然有序、积极向上的校风校纪。

另外,教育本身是一个开放系统,在教育活动之外,教师还要处理好与学生家长的关系、与社会其他成员的关系;作为一个社会主体,教师还要处理好家庭关系、亲友关系。在这一系列复杂的人际关系中,道德评价发挥着很大的影响。

四、教师职业道德评价的原则

教师职业道德评价的原则是评价的理论依据,也是教师职业道德评价的指导思想。在教师职业道德评价过程中,建立和贯彻科学的评价原则,不仅有利于端正主评、被评人员的态度,克服主观性、片面性、随意性,提高评价的信度和效度,而且有利于评价过程的规范化、科学化和有序化,确保评价结果的客观性和准确性。一般来讲,教师职业道德评价应该遵循以下原则[①]:

(一) 评价指标的包容性与独立性相统一

教师职业道德评价指标应该具有全面性,不仅要有思想、政治等方面的要求,而

---

① 吉贻祥.高校师德评价的理论探讨[J].西南民族大学学报(人文社科版),2006(11):222—225.

且要有世界观、人生观、价值观、职业观等方面的考核。同时,还要注意同一层次之间不同评价指标的相互独立性,要求每项指标内涵明确,外延清晰,各项指标之间尽可能不重复,逻辑上并列,避免交叉或因果关系,以期全面、整体地反映师德状况。

(二)评价标准的继承性与创新性相结合

儒家师德体系中的不耻下问、知过即改、学而不厌、诲人不倦、以身作则、言传身教、热爱学生、有教无类、因材施教、循循善诱、师生互动、教学相长等,经过中国历代思想家、教育家的继承与发展,逐渐形成了比较系统的师德评价标准,直到今天仍有重要价值。新时期,教师职业道德评价标准既要适应时代发展的需要,与社会主义市场经济体制相结合,与落实科学发展观、实施科教兴国战略相匹配,与时俱进,也要注意挖掘古代传统道德教育资源,借鉴、吸收相关学科如伦理学、教育学、心理学、哲学、系统科学等方面的最新研究成果,同时接纳国外教师职业道德评价标准中先进合理的内容,力求在继承与创新上找到最佳结合点。

(三)评价方式上他评与自评兼顾

他评与自评是反映教师职业道德他律与自律的两个基本特征,他律与自律是社会规范约束主体行为的两种基本方式,二者的区别在于前者凭借外部力量,后者依靠主体自身的力量。任何事物的外因都要通过内因才能起作用,教师职业道德也是一个由外部他律逐渐转化为内在自律的过程。教师只有严格坚持自律,才能使道德信念、道德思想内化为本色与角色相统一的主体性精神财富。因此,教师职业道德评价不仅要充分发挥社会舆论、传统习俗,以及教师职业道德规范制度的作用,同时也要注重挖掘教师个人的评价力量。在具体实施评价时,既要采取专家评价、同行评价、学生评价、领导评价,也要充分发挥教师的自主性、主观能动性、创造性,积极实施教师自我评价。

(四)评价目的应以教师发展为旨归

高校师德评价工作最终应以促进教师的发展为目的,实现由侧重评价的甄别和选拔功能向侧重促进教师的发展功能转变。因此,开展师德评价时,不应过分关注评价结果,而要更多地关注评价过程;不应过分强调将师德评价结果与教师奖惩挂钩,而要体现以人为本的师德评价取向;不仅要关注教师当前的行为和工作表现,更要注重教师长远的发展。通过实施师德评价,全面了解教师现有的师德表现,分析教师师德失范的现象和原因,有针对性地对教师进行指导和帮助,规范教师的言行,提高教师的师德修养,增强教师履行本职工作的能力,完善教师的个人发展,促进学校的未来发展,实现教师的个人发展与学校整体发展的融合。

第二节 教师职业道德评价的标准、形式与方法

一、教师职业道德评价的标准

古人云:"故绳墨诚陈矣,则不可欺以曲直;衡诚县矣,则不可欺以轻重;规矩诚设矣,则不可欺以方圆;君子审於礼,则不可欺以诈伪。故绳者,直之至;衡者,平之至;规矩者,方圆之至。"①同样,对人的行为进行判断和评价,若没有一定的标准,也是无法进行的。在现实生活中,人们对人的行为和事件进行道德评价时所使用的最一般概念就是"善"和"恶"。

教师在接受道德评价的过程中,往往会遇到一些不可避免的矛盾,解决这些实际矛盾的唯一途径,就是要准确地认识和稳定地坚持科学的教师职业道德评价规范和标准。教师职业道德评价标准是衡量、判断教师在教育教学实践中道德行为善恶的准绳和标尺。从伦理学意义上来讲,评价教师职业道德行为与品质的最一般标准应该是善和恶。善与恶是人类历史上形成的最具有一般意义的普遍的道德法则。但这并不意味着教师职业道德评价的评价标准是永恒的、抽象的;相反,它是具体的,并随着时代和历史的变化而不断变化。教师职业道德的善恶标准也具有历史性和社会性、相对性和绝对性,但是,教师职业道德毕竟不同于社会的道德,在评价标准问题上,也不会简单地等同于一般社会的标准。它在体现社会性的同时,还有明显的职业性,即要结合教师职业特点,把社会性的道德要求,具体落实在教师的职业行为当中。因此,教师教育行为善恶评价的标准,可以具体地分为两个方面:一是教师道德评价的社会行为标准,即社会标准;二是教师所从事的教育职业的要求,即职业道德标准。

教师道德评价的社会行为标准强调善恶标准的社会性,教师道德只是整个社会道德的一部分,它必须充分反映社会对教师的道德要求。任何一个社会的上层建筑都是切合并服务于其经济基础的,这是马克思主义学说的一个基本观点。毫无疑问,在一定社会中,教师总是要对一定的社会和事业负责,为所属的社会培养和提供人才,这是教育活动的社会目的。这种社会目的要求教师的行为必须符合一定社会的道德要求,要符合教育规律,最大限度地提高教育效果,极力促进教育事业的发展。凡是与一定社会的道德原则相符合的教育行为就是善的,反之则是恶的。总之,在评

---

① [清]王先谦.荀子集解[M].沈啸寰,王星贤,点校.北京:中华书局,1988:356.

价教师职业行为善恶时,既要以教育道德原则和规范为道德行为标准,又要以从社会利益中引申出来的社会道德原则和规范为道德行为准则。

教师职业道德评价标准仅仅考虑一般的社会标准是不够的,还必须考虑教育活动自身的特点和要求,要体现教育活动的特殊性,即教师的职业道德行为应符合自身的职业道德规范和原则。教育伦理中的"至善",即人的全面和自由的发展,也是教师职业道德评价的最高标准。这一师德评价的根本标准要求教师的道德行为和品质应有利于促进学生的身心全面和谐发展。教师道德评价的最高标准具有抽象性、概括性,而教师在教育过程中的行为又总是具体的,因此,在最高标准的基础上必须有与具体行为相适应的具体标准。其一,教师职业道德评价的善恶标准要求教师行为应符合学生的个性心理特征,并有利于学生的心理健康发展和良好心理品质的形成。其二,师德评价的善恶标准要求教师的道德行为应促进学生的德、智、体、美、劳等方面全面发展。其三,教师道德评价的善恶标准要求教师的职业行为应有助于教育事业的发展,有利于在全社会形成良好的道德氛围。教师道德善恶评价的最高标准和具体标准,既有所区别又紧密联系,二者构成了衡量教育行为善恶的内在尺度。在具体的教师道德评价实践中需要把教师职业道德标准与教师职业道德评价的外在尺度,即社会性标准密切结合起来,只有这样才能对教师的职业道德行为作出科学的评价和判断。

二、教师职业道德评价的形式

教师职业道德评价主要有两种形式:一是教师之外的个人或组织对其行为进行的评价,即社会评价;二是教师对自己的行为进行的评价,即自我评价。其中,社会评价以社会舆论、传统习惯为基本形式,自我评价主要依靠教师个人的内心信念。社会评价和自我评价从客观与主观、外在与内在的不同角度,共同对教师的道德行为起着制约和调节的作用,因此我们主张在教师道德评价中将这两种方式相结合,以充分有效地发挥师德评价的作用。

(一)教师职业道德的社会评价

教师职业道德的社会评价,主要是指社会有机体借助社会舆论和传统习惯等外部力量,对教师教育行为的善恶性质作出判断。社会评价作为一种相对持久的精神调节力量,对教师道德的内化所起的作用是其他手段无法比拟的,它可以唤起教师内心的道德信念,促使其道德人格升华。社会评价的典型形式是社会舆论和传统习惯。

1. 社会舆论

社会舆论是人与人之间、人与社会之间道德关系的反映,它不仅是影响人们的道德意识和行为的强大精神力量,而且其广泛性、强制性的特点也使之成为道德行为评价的重要手段。社会舆论是指"某一社会、阶级、阶层、社会集团或集体中的人们用语言或文字对人的行为和社会组织的活动发表的某种倾向性、具有约束力的较为一致的意见"①。简单讲,社会舆论就是众人的议论和评论,它通常分为两种形式:一是依托于国家、组织和新闻媒介,有领导、有目的地以网络、报纸、广播、电视等手段传播的正式社会舆论,这种舆论与统治阶级的社会舆论是一致的,因而它是社会舆论的主体,在道德评价中具有权威性;二是在小范围内的人们遵循生活实践经验和已有的道德观念而自发形成的,借助于口头等形式传播的非正式社会舆论,它往往是零散的、不成体系的,但其产生的直接影响力却不容小觑。

社会舆论是人们对教师进行道德评价时运用得最广泛、最普遍的一种形式。教师职业道德评价中所应用的社会舆论,主要是指"学校以及社会人员或组织,依据社会所提倡的师德规范和道德标准,对教师在教育教学活动中的道德行为所发表的带有某种倾向性的共同观点"②。有关师德评价的社会舆论不但可以因其产生的组织程度不同而分为正式与非正式两种,还可以据舆论主体的不同分为校内舆论和校外舆论。校内舆论是学校内部成员,如学生、教师集体、管理人员等对于教师在教育过程中的行为所持有的评价和态度;校外舆论则是学校外部的人员和组织,如学生家长、社会团体、新闻单位等对教育者的道德行为所发表的共同意见。现实社会中的校内外舆论各自并不会全然一致,人们对于同一教育行为往往会表现出不同的看法,其中既有正确的,也有错误的,特别是自发形成的非正式舆论,比较容易产生落后或是错误的观点。对于教育行为者来说,既要注意广泛听取针对自己行为的各种舆论,又要严格区分和正确对待社会舆论,做到顺应先进、正确的舆论,抵制落后、错误的舆论,只有这样才能使社会舆论发挥其矫正教师道德行为的作用。

2. 传统习惯

传统习惯是指"一定社会、一定民族在长期的共同生活中所形成并积累起来的比较稳定的、习以为常的行为倾向和行为规范"③。它作为一种重要的社会因素和精神

---

① 钱焕琦,刘云林.中国教育伦理学[M].徐州:中国矿业大学出版社,2000:293.
② 转引自蔡冬云.新形势下中学教师师德建设探讨[D].苏州大学,2009:21.
③ 钱焕琦,刘云林.中国教育伦理学[M].徐州:中国矿业大学出版社,2000:294.

力量,具有群众性、稳定性以及历史继承性等特点,在道德评价中具有特殊的作用。传统习惯的内容是广泛而又复杂的,遍布在社会生活的每个角落。对于从事教师职业的人们来说,除了要受社会中普遍的传统习惯的影响,还要受适用于本职业要求、本职业心理特征的教育传统习惯的影响。教育传统习惯是被人们普遍熟悉和承认的教育道德经验和道德行为模式,它是在长期的教育教学过程中逐渐形成的。这种传统习惯往往与教师的职业心理、职业观念、职业理想和职业行为方式交织在一起,是评价教师职业道德行为的一种稳定且简易有效的方式。我国现存的教育传统习惯,存在着新与旧、积极与落后的种种差别和对立。为了正确地发挥传统习惯在教师职业道德评价中的作用,我们必须从旧的教师职业传统和习惯中取其精华、去其糟粕,努力把精华纳入社会主义师德的轨道,同时要充分肯定和传播那些同社会主义师德的要求相一致、有利于社会主义教育事业发展、有利于学生健康成长的新传统、新习惯。

(二)教师职业道德的自我评价

教师道德行为的自我评价,是指教师依据一定的职业道德原则和规范对自身的教育行为所进行的一种道德上的自我认识、自我衡量和自我判断。[①] 以教育良心为核心的内在信念是教师能否做好自我道德评价的关键。内在信念是人们在道德生活中对自己的善恶行为进行评价的唯一力量,这种评价形式具有自我激励、自我导向、自主转换等功能,它可以随时帮助教师辨别师德的各种是非现象,判明自身教育活动的善恶价值,这种约束、指导和调节教师道德行为的作用是其他任何力量所不能代替的。教师的内在信念是师德评价中的直接准绳,在其支配下,教师往往会由于自己的外在行为与内在的道德认知标准相吻合而感到心安理得、问心无愧,得到道德上的满意感和愉悦感,形成一种力量和自信心,并勇于继续坚持这种行为;反之,教师对于自己所做的违背道德原则、规范的行为,则会从内心感到内疚、自责和羞愧不安,促使自己作出自我反省与自我批判,进而及时采取有效的纠正措施,以捍卫教师职业道德规范,逐步养成崇高的道德人格。

在教师行为的道德评价中,社会舆论、传统习惯和内在信念三种形式是互相关联、互相补充、互相影响的。一方面,良好的社会舆论和传统习惯相互促进,并且共同担当着培养和树立优秀内在信念的重任;另一方面,正确的教师内在信念是形成校内外舆论、教育传统习惯的思想基础,也是社会舆论、传统习惯对行为当事人施加影响的基本前提。只有综合运用社会舆论、传统习惯、内在信念这三种因素,形

---

① 钱焕琦.教师职业道德[M].上海:华东师范大学出版社,2020:289.

成内力和外力作用的良性循环,才能充分发挥社会评价、自我评价的优势,消除这两种评价形式的缺点,才会建立起有效的师德评价机制,使道德评价充分、有效地发挥作用,进而促使教师职业道德水平的提高,推动教师职业道德的发展。

三、教师职业道德评价的方法

教师职业道德评价方法是指在教师职业道德评价的过程中所采用的各种方式和手段的总称。教师职业道德评价方法是实现教师职业道德评价任务、保证教师职业道德评价顺利进行、取得教师道德评价良好效果的关键性因素。概括起来,教师职业道德评价的方法有自我评价法、学生评价法、社会评价法、加减评分法和模糊综合评判法。

(一)自我评价法

自我评价是指教师个人根据教师职业道德规范和教师职业道德评价的标准、原则等一系列评价体系,对自己的道德所进行的一种自我认识、自我判断、自我评价。简言之,自我评价是教师自己对自己的道德进行评价,在这个过程中教师既是评价的主体,又是被评价的客体。

教师职业道德的自我评价是提高教师职业水平不可缺少的重要环节。在运用自我评价法时,教师需要不断提高自我评价能力:一方面,教师要形成强烈的内在信念;另一方面,教师要端正态度,提高认识,认真对待评价工作。只有这样,教师才能有效地运用自我评价方法,随时判断自己行为的是与非、善与恶;才能持续地受到道德情感的冲击,培养丰富、积极的道德情感,形成坚定的道德意志,使自己的职业道德发展到更高水平。

(二)学生评价法

教师职业道德评价中的学生评价是指在教师和学生教与学的相互作用中,学生依据教师职业道德的原则和规范对教师的行为予以判断的一种道德评价方式。学生评价实际上也是一种社会评价,但它是一种特殊的社会评价,这是由教师与学生的特殊关系决定的。一方面,教师与学生是一种朝夕相处、长久共事的关系。学生最有条件对教师的职业道德进行评价。另一方面,社会主义社会的师生关系是一种相互尊重、相互关心、彼此平等的关系。正是这种平等、民主、互爱的师生关系使得学生能够对教师的职业道德进行评价。所以,学生评价法是教师职业道德评价中不可或缺的一种评价方法。

(三) 社会评价法

社会评价法是指行为当事人之外的个人或组织,如学校或其他社会方面的人员,根据教师职业道德规范,对教师的道德状况做出评价的一种方法。社会评价法主要是通过社会舆论对教师的道德进行评判。社会舆论是指众人的议论和评判。它是人们用语言或文字对其所关心的社会生活中的某种现象、事件或行为所发表的带有倾向性的意见。社会舆论评价的内容多样,如政治舆论、经济舆论、道德舆论等。运用社会舆论的方法对教师职业道德评价是必要的。一方面,我们每一个人都生活在一定的社会当中,每个人的思想和行为都受到社会舆论的监督,教师也不例外。另一方面,社会舆论的评价,可以使学校和教师及时获得来自各方面的信息,为学校和教师认清自己的优缺点提供可靠的依据。在运用社会舆论对教师职业道德进行评价的过程中,首先,要广泛收集来自各方面的舆论,充分占有大量的信息;其次,要正确地分析、处理和评价这些社会舆论;最后,要重视有组织地、自觉地运用社会舆论对教师职业道德进行评价。

(四) 加减评分法

加减评分法是根据国家对教师职业道德的日常行为要求,找出一系列评语式的测评项目,对每一测评项目作一些具体规定,指明达到什么程度加多少分或减多少分,最后计算分数以表明其等级。我们应当根据相关法律文件中对教师职业道德的要求,确定一些应予提倡的良好思想行为(如爱岗敬业、教书育人、为人师表、廉洁从教等)项目为加分项目,依据其表现程度,确定应该加分的分值;列出一些应予取缔的不良行为(如追求拜金主义、体罚学生、以罚代教、以权谋私等)项目为减分项目,依据其危害程度确定扣分的分值,然后计算总分数。这种方法的优点是:其一,把教师职业道德的质量评判转化为数量评判,对每一行为的评判都有统一的、具体的标准,评价结果比较客观、精确;其二,有利于教师树立明确的职业道德观念,使他们认识到自己的好坏、得失;其三,便于领导及时获得反馈信息,采取有效手段进行教学管理调控。这种方法的缺点是:考核量标和加减分值的确定难以做到科学、合理;对教师行为限制较多,不利于发挥教师的主动创造精神;偏重行为评价,容易忽视道德意识和思想动机等。科学地确定各项指标及其所占分值是运用这种方法的一个前提条件,也是这种方法能够取得成效的基础。因此,在具体评价工作中,首先,要根据《中小学教师职业道德规范》的要求,运用科学的手段确定各项指标及其分值。其次,要注意评价过程中的思想教育。最后,评价时要特别注意考查教师的行为动机,提高他们的道德认识。

(五)模糊综合评判法

模糊综合评判法是在教师职业道德评价中借鉴模糊数学综合评判的思想,全面合理地考虑到所有影响教师职业道德的因素,采取模糊计量法,通过计算的形式,得出评价结果。具体来讲,教师职业道德的模糊综合评判法是把整个教师职业道德评价看成一个集合,各个评价项目和评语等级都包含有许多因素,可以各看成一个模糊子集,这些模糊子集,可用其隶属度所构成的一个矩阵来表示。为了进行综合评判,还要确定各个项目的权重。这些权重因素与整个集合也存在一种模糊关系,可用一个模糊矩阵来表示。最后,将两个模糊矩阵相乘,将其乘积加以统计,就可得出教师职业道德的综合评判成绩。在教师职业道德评价中运用这种方法,首先,要求评价者要有一定的模糊数学的知识。其次,各个评价项目的确定必须合理,等级不能过多,权重的确定要有充分的科学根据。最后,要借助事先编制好程序的电子计算机进行计算,如果仅靠人的脑力进行计算,不仅比较烦琐,而且也容易出现错误,影响评价的精确性和科学性。

第三节 教师职业道德评价机制的建构

教师职业道德是教师素质的灵魂,也是促进教师专业发展的根本动力。教师职业道德的形成与发展受多种因素的制约和影响,其中,教师职业道德评价机制,是教师职业道德形成与发展的一个重要的外部保障机制,直接影响着教师职业道德的形成与发展。因此,在加强教师职业道德建设的今天,不能忽视对教师职业道德评价机制的研究。建构科学的教师职业道德评价机制,引导教师职业道德沿着正确的道路发展,激励教师不断提升自身的职业道德水平,对提高教师职业道德建设的实效性具有重要的意义。①

一、确立发展性教师职业道德评价观

教师职业道德评价观作为一种理性认识,是对教师职业道德评价实践的理性构建,它影响着教师职业道德评价的目的、方式与方法等,是开展教师职业道德评价活动的前提和基础。目前,教师职业道德评价机制之所以存在一些问题,主要是因为缺

---

① 王清风.试论教师职业道德评价机制的建构[J].青海师范大学学报(哲学社会科学版),2011(6):131—133.

乏正确的教师职业道德评价观的指导，建构科学的教师职业道德评价机制应确立发展性的教师职业道德评价观。

发展性的教师职业道德评价观认为，教师职业道德评价应以促进教师职业道德品质的不断提升与完善为主要目的。进行教师职业道德评价不仅是为了检验教师的职业道德行为，规约教师职业道德行为也不仅是为了奖惩教师，更重要的是为教师职业道德的提升与完善提供信息与帮助，激励教师不断提高自身的职业道德境界，使教师职业道德沿着正确的方向发展。教师职业道德评价，应为教师提供准确、真实的信息，使教师能够认识到自己的长处与不足，能正确地认识自我、分析自我，能正确确立自身发展的目标。教师职业道德评价既有导向、鉴定功能，又有激励和教育的功能。

发展性的教师职业道德评价观认为，教师职业道德评价不仅要关注评价的结果，更应关注评价的过程；不仅要关注教师当前的职业道德行为，更应关注教师未来职业道德品质的提升与引导。在教师职业道德评价的过程中，通过对教师职业道德行为的系统观察和理论分析，及时将真实的评价信息反馈给教师，使教师加深对职业道德规范的理解和认识，将外在的职业道德要求转化为自身的职业道德需求，从而不断地调整自己的职业道德行为，不断提升职业道德水平。

发展性的教师职业道德评价观，重视提高教师参与评价的意识，重视调动教师参与评价的积极性，重视评价者与被评价者之间的平等交流。在评价中通过评价双方不断地交流与磋商，帮助教师理清思路，建立正确的职业道德观念，使教师职业道德规范由外在的要求转化为内在的需求，激发教师内在的职业道德发展的力量，充分调动教师自我修养的积极性，激励教师不断提高自己的职业道德素养。

二、完善教师职业道德评价标准

教师职业道德评价标准是开展教师职业道德评价活动的依据，也是教师践行职业道德的重要参照。当前教师职业道德评价在实际操作过程中往往流于形式，教师在职业道德的践行中时有偏差，究其原因是缺乏科学的教师职业道德评价标准的指导所致。确定科学的教师职业道德评价标准，是建构教师职业道德评价机制的关键环节，也是加强教师职业道德建设的需要。

（一）教师职业道德评价标准日趋多维化

在教育实践中，不能以学生的分数或简单的教学行为代替教师职业道德行为的评价，而应从多维度建构科学的教师职业道德评价标准。不同的国家、不同的时代有着不同的教师职业道德评价标准。从我国的国情和时代的要求出发,基于教师职业道德建设的目标,应将动机与效果辩证统一起来,将教学与育人紧密结合起来。为此,教师职业道德评价标准应从对事业的执着追求、对业务的精益求精、对学生的全面关心、对同事的团结协作和对自身的严格要求等方面进行多维度建构。

(二)教师职业道德评价标准应具个性化

由于每个教师所处的职业生涯的发展阶段不同,教师职业道德的层次不同,其师德表现也必然不同。如处于不同职业发展阶段的教师,在教育境界、从教态度等方面会表现出不同的层次。因此,建构科学的职业道德评价标准,应在以上五个维度的共性评价标准的基础上,尊重和体现教师的个体差异,应针对不同发展阶段的教师,提出不同层次的职业道德要求,建立不同层次的评价标准,使教师职业道德评价标准具有个性化特征。在教师职业道德评价中,如果以整齐划一的、过于理想化的职业道德评价标准去评价所有的教师,将不利于教师个性的充分发展,教师参与职业道德评价的积极性也会受到挫伤。因此,只有从多维度、多层次建构教师职业道德评价标准,注意评价标准的个性化,才能为教师职业道德的发展提供真实可靠的依据,为教师职业道德的提升提供广阔的空间。

三、丰富教师职业道德评价方式

建立以教师自评为主,学校领导、同事、家长、学生共同参与的教师评价制度,使评价成为教师本人、教育管理者、教师同事、学生乃至家长等多主体共同参与的交互活动,已成为当前教师评价改革的发展趋势。教师职业道德评价也应顺应这一发展趋势,改变以往评价方式与评价主体较为单一的状况,建立教师的自我评价机制。

(一)评价主体与方式多元化

教师职业道德评价应是学校领导、教师本人、同事、学生乃至家长等多主体共同参与的活动,应以多元的评价方式展开。以往的教师职业道德评价,大多以学校领导组成的考核小组(一般由校长、教务主任等组成)为评价主体,多是自上而下的总结性评价。评价信息来源单一,评价方式单一,教师处于被评价和被管理的位置,甚至成为评价者的对立面,产生怨言和抵触情绪,不能积极参与评价,导致教师职业道德评价的信度与效度大大降低,教师职业道德评价流于形式。因此,开展有效的教师职业道德评价,需要学校领导、教师本人、同事、学生乃至家长等多主体共同参与,通过不同的评价主体,从不同的视角收集多方面评价信息。不能过度追求量化评价,以简单的数字评价丰富的教师职业道德,要注重开展质性评价,将总结性评价与形成性评价相结合,将自评与他评相结合。通过整合多方面的评价信息,深入准确地评价教师的职业道德行为,充分体现出教师职业道德评价的民主性与发展性,营造尊重、理解、宽松和谐的人文环境,促使教师职业道德走向更高的境界。

(二)建立教师的自我评价机制

自我评价过程是教师对职业道德的自我反思过程,也是一个自觉的职业道德的修养过程,因此自我评价是提升教师职业道德的重要的内在机制。在自我评价中,教师可以更深刻地理解教师职业道德规范,正确地认识自我,激发内在的职业道德动机,进而自觉主动地践行职业道德,体验德育愉悦。

(三)提高教师自我评价的实效性

一是规范与指导教师的自评,提高教师自我评价的技术和能力。在实践中,有些教师进行职业道德的自我评价,就是给自己打一个分数或老生常谈地抄写一个书面材料,然后交于学校了事;在写自评报告时,存在着"攀比""随大流""盲目拔高自己"等现象。为此,应加强对教师的理论培训,让教师了解开展自我评价的意义;学校应给教师提供科学的教师职业道德评价标准,并以此为参照指导教师进行系统化的职业道德的自我反思,指导教师公正客观地认识自我,注重培养教师职业道德的自我反思习惯与能力。

二是自我评价应制度化。把自评纳入教研活动,定期组织教师开展职业道德的自我评价,引导教师在真实的问题情景中展开讨论和交流,指导教师实事求是地撰写自评报告,并将自评报告存入教师个人档案。

四、建立反馈和激励机制

科学的教师职业道德评价机制应充分体现导向性与激励性,应能引导教师的职业道德沿着正确的方向发展,激励教师不断提高自身的职业道德水平。以往大部分学校在进行教师职业道德评价之后,便将评价的信息束之高阁,没有对评价信息进行分析与反馈,致使教师职业道德评价无法发挥实效,为评价而评价,失去了教师职业道德评价的真正意义。

(一)组织评价双方共同建构评价结果

要建构科学的教师职业道德评价机制,在职业道德评价过程中,对评价信息进行分析与反馈是非常重要的。评价参与者应在平等、信任的基础上共同认真分析评价信息,评价双方应共同商议教师职业道德的改进与提高措施,共同建构评价结果,要把评价双方的协商、研讨活动贯穿评价的全过程。此外,学校管理者还应积极创建宽松和谐的教师职业道德评价文化,使评价在真实、积极的氛围中开展。

(二)教师职业道德评价活动应周期化

教师职业道德的发展是一个不断上升的过程,需要连续、定期开展教师职业道德评价活动,形成评价活动的周期性,这样既可以把握教师当前的职业道德水平,又可以了解下一步教师职业道德发展的动向,为更高水平的教师职业道德发展提供支持与动力。所以,学校应针对教师的实际情况,周期性地开展教师职业道德评价活动,定期组织教师展开交流与讨论。

总之,教师职业道德评价机制的建构和完善是一个连续的过程,随着社会的变迁、时代的发展,教师职业道德评价机制的研究和建构也应与时俱进,这样才能全面发挥教师职业道德评价的功能,引导教师迈向职业道德发展的崇高境界。

 阅读资料

新时代加强师德师风建设的着力点①

师德师风建设,关乎党对学校的领导、关乎全面贯彻党的教育方针,关乎中国特色社会主义事业薪火相传。习近平总书记在中国人民大学考察时强调:"培养社会主义建设者和接班人,迫切需要我们的教师既精通专业知识、做好'经师',又涵养德行、成为'人师'。"构建高质量教育体系、建设教育强国,必须加强师德师风建设,着力打造一支政治素质过硬、业务能力精湛和育人水平高超的优秀教师队伍。

突出政治标准的首要地位

为谁培养人、培养什么人、怎样培养人始终是教育的根本问题,也是每个时代、每个国家教育发展的重大主题。"国将兴,必贵师而重傅",建设教育强国是中华民族伟大复兴的基础工程,党和国家事业发展对教育的需要,对科学知识和优秀人才的需要,比以往任何时候都更为迫切。习近平总书记指出,要"坚持教育为人民服务、为中国共产党治国理政服务、为巩固和发展中国特色社会主义制度服务、为改革开放和社会主义现代化建设服务"

---

① 苏寄宛.新时代加强师德师风建设的着力点[EB/OL].(2022-06-28)[2023-04-10].https://m.gmw.cn/baijia/2022/06/28/35841552.htm.

"努力培养担当民族复兴大任的时代新人,培养德智体美劳全面发展的社会主义建设者和接班人"。这无疑深刻指出了教师作为筑梦人的神圣职责。全力培养社会主义建设者和接班人,教师为党育人的初心不能忘,为国育才的立场不能改,要努力做精于"传道授业解惑"的"经师"和"人师"的统一者。教师是立教之本、兴教之源。说到底,评价一名新时代的好教师,首先要看的是政治标准,看心中是否有国家和民族,是否意识到自身所肩负的国家使命和社会责任,这也是作为新时代人民教师应有的大德。

新时代的广大教师,要牢记政治使命,强化政治责任,自觉做到理想信念坚定、政治素质过硬,始终同党和人民站在一起,胸怀中华民族伟大复兴的战略全局,推动中国特色社会主义事业薪火相传,坚持党的全面领导,坚持马克思主义指导地位,深刻领悟"两个确立"的决定性意义,增强"四个意识"、坚定"四个自信"、做到"两个维护",秉承教育"四个服务"理念,努力成为先进思想文化的传播者、党执政的坚定支持者,努力培养一代又一代拥护中国共产党领导和我国社会主义制度、立志为中国特色社会主义事业奋斗终身的有用人才。

明确职业道德的高线要求

教师的职业特性决定了教师必须是道德高尚的人群。对教师提出高标准、严要求,既是对学生负责,也是对民族负责。"师者,人之模范也",师德往往成为社会公德的标杆。师德建设不只是强调底线约束,更为重要的是树起道德高线。教师具有多样化的职业角色,既是传道授业解惑者,又是管理者、示范者和研究者。师德不仅仅是一般的道德要求,它是教师这个行业的特殊道德要求,是一般社会道德在教师职业中的特殊体现。好教师首先应该是以德施教、以德立身的楷模。习近平总书记强调:"老师应该有言为士则、行为世范的自觉,不断提高自身道德修养,以模范行为影响和带动学生,做学生为学、为事、为人的大先生,成为被社会尊重的楷模,成为世人效法的榜样。"这充分体现了对师德建设的高度重视,是着眼教师职业特质、学生成长规律和社会公众期待对师德提出的高线要求,体现了新时代赋予师德的新内涵。

师德需要教育培养,更需要教师自我修养。新时代的广大教师,要自觉加强师德修养,着力提升职业道德水平,深入学习习近平总书记关于师德师风建设的重要论述,认真落实新时代教师职业行为十项准则,严格自我约束、规范职业行为、强化道德自觉,明大德、守公德、严私德,敬重学问、严于律己、为人师表,提升道德品质,坚守精神家园,守住人格底线,带头弘扬社会主义核心价值观,进一步增强立德树人、教书育人的责任感和使命感。同时,要大力弘扬中华优秀传统文化,深入感悟蕴含其中的思想观念、人文精神、道德规范,培根铸魂,启智润心,以自己的人格魅力和学识风范教育感染学生,做到以德立身、以德立学、以德施教、以德育德,自觉做为学、为事、为人的表率,做让学生喜爱的人。

丰富爱生情怀的深刻内涵

爱是教育的永恒主题。古往今来,教育是培养人的崇高事业,也是充满爱的伟大事业,教师要带着感情、责任和奉献浇灌学生、培养学生,没有爱心的人不可能成为好教师。党的十八大以来,习近平总书记语重心长地谈道,教育是一门"仁而爱人"的事业;好老师应该是仁师。习近平总书记多次在不同场合指出,爱是教育的灵魂。在中国人民大学考察时,习近平总书记强调:"广大教师要严爱相济、润己泽人,以人格魅力呵护学生心灵,以学术造诣开启学生智慧,把自己的温暖和情感倾注到每一个学生身上,让每一个学生都健康成长,让每一个孩子都有人生出彩的机会。"这为广大教师如何更好成长为有爱心、有责任、有情怀的好教师提出了新的更高要求,指明了奋斗方向。

没有爱就没有教育。新时代的广大教师,要切实增强职业荣誉感,始终保持对教育的炽热情感,以仁爱之心投身教育事业,心中始终装着学生,爱学生,时刻铭记教书育人的责任使命,以情动人、以情育人、以情化人,把对家国的爱、对教育的爱、对学生的爱融为一体,甘当人梯,做一名有温度的好教师。对所有学生一视同仁,带着欣赏和鼓励的目光帮助学生成长,努力让每一个学生都能享受成功的喜悦。对学生多一点尊重和理解,善于发现学生的长处和闪光点,对学生成长过程出现的问题、存在的不足要给予宽容、热情帮助解决、提供精心指导,让学生充满阳光、快乐学习、自信成长,努力成为学生健康成长的指导者和引路人。

拓展学习践行的实践路径

落实立德树人根本任务,不仅要传授知识、培养能力,寓价值观引导于知识传授和能力培养之中,重要的是帮助学生塑造正确的世界观、人生观、价值观,这也是全面推进课程思政建设的核心要义所在。推进全员全程全方位育人,每一位教师都要承担好育人责任,各方力量同向同行,形成协同育人效应。习近平总书记指出,要"深入研究和解决好为谁教、教什么、教给谁、怎样教的问题"。不仅要提高学生的知识水平,而且要培养学生的思想道德素养。同时,要建立高水平人才培养体系,把思想政治工作体系贯通于学科体系、教学体系、教材体系、管理体系。健全立德树人落实机制,坚决克服唯分数、唯升学、唯文凭、唯论文、唯帽子的顽瘴痼疾,从根本上解决教育评价的指挥棒问题。这一方面更加凸显了教师的育人责任,须以高尚道德教育引导学生成长成才,另一方面要深化改革创新,为教师创设安心舒心静心的从教环境。

道德之于个人、之于社会,都具有基础性意义,做人做事第一位的是崇德修身。新时代的广大教师,要聚焦培养堪当民族复兴重任的时代新人,进一步强化育人意识,提升育人能力,深入挖掘课程所蕴含的思想政治教育资源,注重培养学生的政治认同、家国情怀、文化素养、道德修养,不断提升课程思政建设的意识和能力。着眼全员全程全方位育人,以树人为核心、以立德为根本,遵循思想政治工作规律、教书育人规律和学生成长规律,把思想政治教育贯穿人才培养全过程,教育引导学生做到品德润身、公德善心、大德铸魂。

思考与练习

1. 简述教师职业道德评价的功能。
2. 举例说明教师职业道德评价的方法。
3. 论述教师职业道德评价机制的建构。

主要参考文献

1. 杜威.学校与社会[M].刘时工,译.上海:华东师范大学出版社,2019.
2. 费奥斯坦,费尔普斯.教师新概念:教师教育理论与实践[M].王建平,等译.北京:中国轻工业出版社,2002.
3. 傅维利.教师职业道德教育指南[M].2版.北京:高等教育出版社,2009.
4. 胡明根.影响教师的100个经典教育案例[M].北京:中国传媒大学出版社,2004.
5. 黄正平,刘守旗,刘毓航.教师职业道德新编[M].南京:南京大学出版社,2019.
6. 吴刚平,陈华.为了未来:教师职业道德读本:中小学教师分册[M].北京:高等教育出版社,2013.
7. 教育部人事司.高等学校教师职业道德修养[M].北京:北京师范大学出版社,2021.
8. 教育部师范教育司.新世纪教师职业道德修养[M].北京:教育科学出版社,2002.
9. 康德.道德形而上学基础[M].孙少伟,译.北京:九州出版社,2007.
10. 李彦福.落实教育规划纲要背景下的师德修养[M].南宁:广西教育出版社,2012.
11. 梁金霞,黄祖辉.道德教育全球视域[M].广州:华南理工大学出版社,2007.
12. 林崇德.师魂:新时代师德八讲[M].杭州:浙江教育出版社,2022.
13. 钱焕琦,刘云林.中国教育伦理学[M].徐州:中国矿业大学出版社,2000.
14. 钱焕琦.教师职业道德[M].4版.上海:华东师范大学出版社,2020.
15. 萨乔万尼.道德领导:抵及学校改善的核心[M].冯大鸣,译.上海:上海教育出版社,2002.
16. 苏霍姆林斯基.给教师的建议[M].杜殿坤,编译.北京:教育科学出版社,2022.
17. 苏霍姆林斯基.和青年校长的谈话[M].赵玮,等译.北京:教育科学出版社,2022.

18. 苏霍姆林斯基.帕夫雷什中学[M].赵玮,等译.北京：教育科学出版社,2022.

19. 檀传宝.教师伦理学专题：教育伦理范畴研究[M].北京：北京师范大学出版社,2010.

20. 阿莫纳什维利.孩子们,你们好![M].朱佩荣,译.北京：教育科学出版社,2002.

21. 唐凯麟,刘铁芳.教师成长与师德修养[M].北京：教育科学出版社,2007.

22. 王萍.教师职业道德[M].北京：北京师范大学出版社,2024.

23. 王正平.教育伦理学[M].北京：人民教育出版社,2019.

24. 文进荣.基于专业发展的教师职业道德构建[M].北京：中国书籍出版社,2021.

25. 伍新春,张军.教师职业倦怠预防[M].北京：中国轻工业出版社,2008.

26. 杨春茂.师德启思[M].北京：人民日报出版社,2012.

27. 杨芷英,刘雪松.教师职业道德[M].北京：高等教育出版社,2022.

28. 赞科夫.和教师的谈话（升级版）[M].管海霞,译.武汉：长江文艺出版社,2021.

29. 中共中央宣传部宣传教育局.《新时代公民道德建设实施纲要》学习读本[M].北京：人民出版社,2020.

30. 中小学教师通识培训教材编写组.中小学教师职业道德研修读本[M].北京：高等教育出版社,2012.

31. 朱小蔓.教育职场：教师的道德成长[M].北京：教育科学出版社,2005.

附　　录

教育部关于进一步加强和改进师德建设的意见

2005年1月13日

各省、自治区、直辖市教育厅(教委)、新疆生产建设兵团教育局、部属高等学校：

为全面贯彻落实《中共中央 国务院关于进一步加强和改进未成年人思想道德建设的若干意见》和《中共中央 国务院关于进一步加强和改进大学生思想政治教育的意见》精神，现就加强和改进师德建设工作提出如下意见。

一、充分认识新时期加强和改进师德建设的重要性和紧迫性

1. 加强和改进师德建设是全面贯彻党的教育方针的根本保证，是进一步加强和改进青少年学生思想道德建设和思想政治教育的迫切要求。教师是人类灵魂的工程师，是青少年学生成长的引路人。教师的思想政治素质和职业道德水平直接关系到大中小学德育工作状况和亿万青少年的健康成长，关系到国家的前途命运和民族的未来。我们要从确保党的事业后继有人和社会主义事业兴旺发达的高度，从全面建设小康社会和实现中华民族伟大复兴的高度，从落实科学发展观，落实科教兴国、人才强国战略的高度，充分认识新时期加强和改进师德建设的重要意义。

2. 党和政府高度重视教师队伍建设。长期以来，广大教师教书育人、敬业奉献，赢得了全社会的尊重。同时也必须看到，在市场经济条件和开放环境下，学校教育和师德建设工作面临许多新情况新问题和新的挑战；人民大众对于优质教育日益增长的需求，对教师素质提出了新的更高的要求。师德建设工作还存在许多不适应的方面和薄弱环节。教师队伍的师德水平和全面素质亟待进一步提高，师德建设工作亟待进一步加强和改进，师德建设的制度环境亟待进一步改善。在新的历史时期，加强和改进师德建设是一项刻不容缓的紧迫任务。

二、加强和改进师德建设的总体要求和主要任务

3. 加强和改进师德建设的总体要求是：以马克思列宁主义、毛泽东思想、邓小平理

论和"三个代表"重要思想为指导,紧紧围绕全面实施素质教育、全面加强青少年思想道德建设和思想政治教育的目标要求,以热爱学生、教书育人为核心,以"学为人师、行为世范"为准则,以提高教师思想政治素质、职业理想和职业道德水平为重点,弘扬高尚师德,力行师德规范,强化师德教育,优化制度环境,不断提高师德水平,造就忠诚于人民教育事业、为人民服务、让人民满意的教师队伍,为培养德智体美全面发展的社会主义建设者和接班人做出新贡献。

4. 提高教师的思想政治素质。广大教师要认真学习马克思列宁主义、毛泽东思想、邓小平理论和"三个代表"重要思想,牢固树立正确的世界观、人生观和价值观,自觉抵制各种错误思潮和腐朽思想文化的影响;牢固确立在中国共产党领导下走中国特色社会主义道路、实现中华民族伟大复兴的共同理想和坚定信念;拥护中国共产党领导,拥护社会主义,热爱祖国,热爱人民;坚持正确的政治方向,拥护党和国家的路线、方针、政策,在大是大非问题上立场坚定,旗帜鲜明。要积极参加社会实践,接触实际,了解国情。要认真学习宪法和有关法律法规,坚持学术研究无禁区、课堂讲授有纪律,严格教育教学纪律。要高度重视学生的思想道德建设和思想政治教育,以良好的思想政治素质影响和引领学生。

5. 树立正确的教师职业理想。广大教师要有强烈的职业光荣感、历史使命感和社会责任感,以培育优秀人才、发展先进文化和服务社会进步为己任,站在时代的前列,努力成为为人民服务的践履笃行的典范。要志存高远,爱岗敬业,忠于职守,乐于奉献,自觉地履行教书育人的神圣职责,以高尚的情操引导学生全面发展。要正确处理个人与社会的关系,反对拜金主义、享乐主义、极端个人主义,把本职工作、个人理想与祖国的繁荣富强紧密联系在一起。

6. 提高教师的职业道德水平。广大教师要坚持社会主义教育方向,全面贯彻党的教育方针,遵守法律法规;树立先进教育理念,自觉遵循教育规律,积极推进教育创新,全面实施素质教育,不断提高教育质量;牢固树立育人为本、德育为先的思想,全面关心学生成长,热爱学生,尊重学生,公平公正对待学生,严格要求学生,因材施教,循循善诱,形成相互激励、教学相长的师生关系,促进学生全面发展,自觉加强师德修养,模范遵守职业道德规范,以身作则,言传身教,为人师表,以自己良好的思想和道德风范去影响和培养学生;大力提倡求真务实、勇于创新、严谨自律的治学态度和学术精神,团结合作、协力攻关、共同进步的团队精神;努力发扬优良的学术风气。坚持科学精神,模范遵守学术道德规范,潜心钻研,实事求是,严谨笃学,成为热爱学习、终身学习和锐意创新的楷模。

7. 着力解决师德建设中的突出问题。要坚决反对教师讥讽、歧视、侮辱学生,体罚和变相体罚学生的行为;坚决反对向学生推销教辅资料及其他商品,索要或接受学生、家长财物等以教谋私的行为;坚决反对在科研工作中弄虚作假、抄袭剽窃等违背学术规范,侵占他人劳动成果的不端行为;坚决反对在招生、考试等工作中的不正之风和违纪违法行为;严厉惩处败坏教师声誉的失德行为。

8. 积极推进师德建设工作改进创新。适应新形势新任务的要求,师德建设工作必须积极推进观念创新、制度创新。要努力探索新形势下师德建设的特点和规律,在内容、形式、方法、手段、机制等方面不断改进和创新,特别要在增强时代感,加强针对性、实效性上下功夫。讲究实际效果,克服形式主义,使师德建设更加贴近实际、贴近教师,把师德规范的主要内容具体化、规范化,使之成为全体教师普遍认同的行为准则,并自觉按照师德规范要求履行教师职责。

三、加强和改进师德建设的主要措施

9. 强化师德教育。多渠道、分层次地开展各种形式的师德教育;在加强和改进教师思想政治教育、职业理想教育、职业道德教育的同时,重视法制教育和心理健康教育。加强学风和学术规范教育。建立和完善各级各类学校德育工作者培训制度。对学校班主任、辅导员等德育工作者进行师德教育专题培训。建立和完善新教师岗前师德教育制度。各级各类师范院校和举办教师教育的综合大学,都要适应新的要求,将教师职业道德教育列为教师培养和职后培训的重要环节。要把师德教育作为新一轮中小学教师全员培训的首要任务和重点内容。

10. 加强师德宣传。每年教师节组织师德主题教育活动,以庆祝教师节和表彰优秀教师为契机,集中开展师德宣传教育活动;在三年一次全国性的教师和教育工作者表彰奖励中,表彰师德标兵、优秀班主任、辅导员、德育工作者和德育工作先进集体;组织师德典型重点宣传和优秀教师报告团活动,大力褒奖人民教师的高尚师德,广泛宣传模范教师先进事迹,展现当代教师的精神风貌,进一步倡导尊师重教的良好社会风尚;举办师德论坛,促进师德建设的理论创新、制度创新和管理创新,推动师德建设工作实现科学化、制度化。

11. 严格考核管理。进一步完善教师资格认定和新教师聘用制度。把思想政治素质、思想道德品质作为必备条件和重要考察内容;建立师德考评制度,将师德表现作为教师年度考核、职务聘任、派出进修和评优奖励等的重要依据。对师德表现不佳的教师要及时劝诫,经劝诫仍不改正的,要进行严肃处理。对有严重失德行为、影响恶劣者一律撤销教师资格并予以解聘。

12. 建立师德问题报告制度和舆论监督的有效机制。将师德建设作为学校办学质量和水平评估的重要指标。

四、切实加强对师德建设的领导

13. 要将教师工作摆在更加重要的位置，加强教师队伍建设特别是教师职业道德建设。要大力弘扬尊师重教的优良传统，千方百计地为广大教师办实事、办好事，不断改善教师的工作、学习和生活条件，为教师教书育人创造更为良好的社会环境。全社会都要关心和支持师德工作。要坚持团结鼓劲、正面宣传为主的方针，大力宣传人民教师的先进典型和模范事迹，为师德建设营造良好的舆论氛围。

14. 各级教育行政部门要把师德建设作为一项事关教育工作全局的大事，纳入教育事业总体规划，加强领导，统筹部署，切实做到制度落实、组织落实、任务落实。要将师德建设作为考核教育行政部门和学校工作的一项重要内容。形成主要领导亲自抓、相关部门各负其责、有关方面大力支持的领导体制和统一领导、分工负责、协调一致的工作格局。教育部建立师德建设工作领导小组，协调全国师德建设工作。各地教育行政部门也要建立相应的工作机制，保证师德建设工作落到实处。要充分发挥教育工会等教师行业组织在教师职业道德建设中的积极作用。

15. 各级各类学校要把师德建设摆在教师工作的首位，贯穿于管理工作的全过程。学校主要领导要亲自抓师德建设。高校要切实把师德建设工作摆上重要议事日程，加强领导，统一规划，开展一次以师德建设为主要内容的教师轮训，在此基础上，做到经常化、制度化。学校基层党组织、广大党员教师要充分发挥政治核心和先锋模范作用。学校教代会和群团组织紧密配合，学生、家长和社会积极参与，形成加强和推进师德建设的合力。

教育部中国教科文卫体工会全国委员会
关于重新修订和印发《中小学教师职业道德规范》的通知

各省、自治区、直辖市教育厅（教委）、教科文卫体（教育）工会，新疆生产建设兵团教育局、教育工会，有关部门（单位）教育司（局）：

为贯彻落实党的十七大精神和胡锦涛总书记"8·31"重要讲话精神，进一步加强教师队伍建设，全面提高中小学教师队伍的师德素质和专业水平，在广泛征求意见的基础上，对1997年国家教委和全国教育工会联合印发的《中小学教师职业道德规范》进行了修订，现予印发，并就学习宣传和贯彻实施工作提出如下要求：

一、充分认识新时期加强教师职业道德建设的重要意义

教师是人类灵魂的工程师，是青少年学生成长的引路人。教师的思想政治素质和职

业道德水平直接关系到中小学德育工作状况和亿万青少年的健康成长,关系到国家的前途命运和民族的未来。加强中小学教师职业道德建设,提高教师的师德素养,对于确保党的事业后继有人和社会主义事业兴旺发达,全面建设小康社会,构建社会主义和谐社会,实现中华民族伟大复兴,具有十分重要的意义。

长期以来,广大教师教书育人,敬业奉献,赢得了全社会的尊重,教师队伍中不断涌现出一批又一批可歌可泣的模范人物。在今年发生的四川汶川大地震中,震区广大教师奋不顾身地保护学生,表现了崇高的师德精神。在新形势下修订并重新印发《中小学教师职业道德规范》,对于激励和引导广大教师向全国教育系统的模范教师,特别是抗震救灾英模教师学习,树立崇高的职业理想,自觉规范思想行为和职业行为,做让人民满意的教师,具有重要的现实意义。

二、全面准确地理解《中小学教师职业道德规范(2008年修订)》的基本内容

《规范》的基本内容继承了我国的优秀师德传统,并充分反映了新形势下经济、社会和教育发展对中小学教师应有的道德品质和职业行为的基本要求。《规范》对教师的职业道德起指导作用,是调节教师与学生、教师与学校、教师与国家、教师与社会相互关系的基本行为准则。《规范》不是对教师的全部道德行为和教育教学工作的要求,不能取代学校的其他各项规章制度。《规范》的许多内容是《中华人民共和国教师法》相关条文的具体化,各地教育行政部门和学校在学习贯彻时应注意和教育法规的学习结合进行。

三、认真做好《中小学教师职业道德规范(2008年修订)》的学习宣传和贯彻实施工作

1. 各级教育行政部门、教育系统工会和中小学校要高度重视,并认真组织好《规范》的学习宣传。要通过开展主题学习、研讨会、座谈会等形式多样和扎实有效的教育活动,组织广大教师深入学习和贯彻《规范》,帮助广大教师全面了解新时期教师职业道德的基本要求,统一思想认识,规范职业行为,全面提高师德素养,营造良好的教书育人环境。学校领导要言传身教,率先垂范。

2. 各级教育行政部门、教育系统工会和学校要把贯彻实施《规范》列入师德建设的重要议事日程,结合当地的实际情况,制订具体的实施办法和工作计划。要将学习《规范》的内容和要求列入教师的继续教育计划,把教师贯彻落实《规范》的情况列为教师岗位责任制的要求,定期考核检查。

各地学习贯彻《规范》的情况请及时报送教育部师范教育司。

附件：中小学教师职业道德规范（2008年修订）

中华人民共和国教育部

中国教科文卫体工会全国委员会

二〇〇八年九月一日

中小学教师职业道德规范

（2008年修订）

一、爱国守法。热爱祖国，热爱人民，拥护中国共产党领导，拥护社会主义。全面贯彻国家教育方针，自觉遵守教育法律法规，依法履行教师职责权利。不得有违背党和国家方针政策的言行。

二、爱岗敬业。忠诚于人民教育事业，志存高远，勤恳敬业，甘为人梯，乐于奉献。对工作高度负责，认真备课上课，认真批改作业，认真辅导学生。不得敷衍塞责。

三、关爱学生。关心爱护全体学生，尊重学生人格，平等公正对待学生。对学生严慈相济，做学生良师益友。保护学生安全，关心学生健康，维护学生权益。不讽刺、挖苦、歧视学生，不体罚或变相体罚学生。

四、教书育人。遵循教育规律，实施素质教育。循循善诱，诲人不倦，因材施教。培养学生良好品行，激发学生创新精神，促进学生全面发展。不以分数作为评价学生的唯一标准。

五、为人师表。坚守高尚情操，知荣明耻，严于律己，以身作则。衣着得体，语言规范，举止文明。关心集体，团结协作，尊重同事，尊重家长。作风正派，廉洁奉公。自觉抵制有偿家教，不利用职务之便谋取私利。

六、终身学习。崇尚科学精神，树立终身学习理念，拓宽知识视野，更新知识结构。潜心钻研业务，勇于探索创新，不断提高专业素养和教育教学水平。

教育部关于建立健全中小学师德建设长效机制的意见

教师〔2013〕10号

各省、自治区、直辖市教育厅（教委），新疆生产建设兵团教育局，部属师范大学：

教师是教育的根本，师德是教师的灵魂。长期以来，全国广大中小学教师教书育人，敬业奉献，为我国教育事业改革和发展作出了重要贡献，赢得了全社会的广泛赞誉和普遍尊重。但是，近年来极少数教师严重违反师德的现象时有发生，引起社会广泛关注,损害了教师队伍的整体形象。为贯彻落实《国务院关于加强教师队伍建设的意见》,以社会主义核心价值体系为引领,充分尊重教师主体地位,大力弘扬高尚师德,切实解决当前出现的师德突出问题,引导教师立德树人,为人师表,不断提升人格修养和学识修养,努力建设一支师德高尚、业务精湛、结构合理、充满活力的中小学教师队伍。现就建立健全教育、宣传、考核、监督与奖惩相结合的中小学师德建设长效机制提出如下意见:

一、创新师德教育,引导教师树立远大职业理想。将师德教育纳入教师教育课程体系。师范生培养必须开设师德教育课程,新任教师岗前培训开设师德教育专题,在职教师培训把师德教育作为重要内容,记入培训学分。重视法制教育、心理健康教育和民族团结教育。创新师德教育内容、模式和方法,突出针对性和实效性。采取实践反思,师德典型案例评析,情景教学等丰富师德教育形式,把教书育人楷模、一线优秀教师等请进课堂,用优秀教师的感人事迹诠释师德内涵。结合教育教学、社会实践活动开展师德教育,切实增强师德教育效果。

二、加强师德宣传,营造尊师重教社会氛围。将师德宣传作为教育行政部门和学校重点工作。坚持正确舆论导向,大力宣传教师的地位和作用,让全社会广泛了解教师工作的重要性和特殊性。大力树立和宣传优秀教师先进典型,通过组织举办形式多样、务实有效的活动,深入宣传优秀教师先进事迹,充分展现当代教师的精神风貌,弘扬高尚师德,弘扬主旋律,增强正能量。针对师德建设中出现的热点、难点问题,要及时应对并加以引导。充分利用教师节等重大节庆日、纪念日的契机,联合电视、广播、报纸、网络等多种媒体集中宣传优秀教师先进事迹,努力营造尊师重教的浓厚社会氛围。

三、严格师德考核,促进教师自觉加强师德修养。将师德考核作为教师考核的核心内容,摆在首要位置。各级教育行政部门要制定师德考核办法,学校制定具体的实施细则。师德考核应充分尊重教师主体地位,符合教师职业性质,促进教师专业发展;坚持公平、公正、公开原则;采取教师个人自评、家长和学生参与测评、考核工作小组综合评定等多种方式进行。考核结果一般分为优秀、合格、基本合格、不合格四个等次。考核结果公示后存入师德考核档案并报学校主管部门备案。师德考核不合格者年度考核应评定为不合格,并在教师资格定期注册、职务(职称)评审、岗位聘用、评优奖励和特级教师评选等环节实行一票否决。

四、突出师德激励,促进形成重德养德良好风气。将师德表彰奖励纳入教师和教育工作者奖励范围。完善师德表彰奖励制度。把师德表现作为评选教书育人楷模、模范教师、教育系统先进工作者、优秀教师、优秀教育工作者,中小学优秀班主任、中小学德育先进工作者等表彰奖励的必要条件。在同等条件下,师德表现突出的,优先评选特级教师和晋升教师职务(职称)、选培学科带头人和骨干教师。

五、强化师德监督,有效防止失德行为。教育行政部门和学校要建立健全师德年度评议制度,师德问题报告制度,师德状况定期调查分析制度和师德舆情快速反应制度,及时研究加强和改进师德建设的政策和措施。构建学校、教师、学生、家长和社会广泛参与的师德监督体系。教育行政部门和学校要建立行之有效的多种形式的师德投诉、举报平台,及时获取掌握师德信息动态,及时发现并纠正不良倾向和问题,将违反师德行为消除在萌芽状态。要将师德建设纳入教育督导评估体系。

六、规范师德惩处,坚决遏制失德行为蔓延。建立健全违反师德行为的惩处制度。依据有关法律法规和《中小学教师职业道德规范》,教育部研究制定《中小学教师违反职业道德行为处理办法》,明确教师不可触犯的师德禁行性行为,并提出相应处理办法。对危害严重、影响恶劣者,要坚决清除出教师队伍。建立问责制度。对教师严重违反师德行为监管不力、拒不处分、拖延处分或推诿隐瞒,造成不良影响或严重后果的,要追究学校或教育主管部门主要负责人的责任。对涉及违法犯罪的要及时移交司法部门。

七、注重师德保障,将师德建设工作落到实处。建立师德建设领导责任制度。地方各级教育行政部门负责对师德建设工作的指导和监管,主要负责人是师德建设工作第一责任人,有关职责要落实到具体的职能机构和人员。各地要结合实际,制定本地师德建设规划和实施方案。充分发挥教育工会等教师行业组织在师德建设中的积极作用。中小学校要把师德建设摆在教师工作首位,贯穿于管理工作全过程。中小学校长要亲自抓师德建设。学校基层党组织、广大党员教师要充分发挥政治核心和先锋模范作用。学校教代会和群团组织紧密配合,形成加强和推进师德建设合力。

教育部
2013 年 9 月 2 日

教育部关于印发《中小学教师违反职业道德行为处理办法》的通知

各省、自治区、直辖市教育厅(教委),新疆生产建设兵团教育局:

现将《中小学教师违反职业道德行为处理办法》印发给你们,请遵照执行。

教育部
2014 年 1 月 11 日

中小学教师违反职业道德行为处理办法

第一条 为规范教师职业行为,保障教师、学生的合法权益,根据《中华人民共和国教育法》《中华人民共和国未成年人保护法》《中华人民共和国教师法》《教师资格条例》等法律法规,制定本办法。

第二条 本办法所称中小学教师是指幼儿园、特殊教育机构、普通中小学、中等职业学校、少年宫以及地方教研室、电化教育等机构的教师。

前款所称中小学教师包括民办学校教师。

第三条 本办法所称处分包括警告、记过、降低专业技术职务等级、撤销专业技术职务或者行政职务、开除或者解除聘用合同。其中,警告期限为6个月,记过期限为12个月,降低专业技术职务等级、撤销专业技术职务或者行政职务期限为24个月。

第四条 教师有下列行为之一的,视情节轻重分别给予相应处分:

(一)在教育教学活动中有违背党和国家方针政策言行的;

(二)在教育教学活动中遇突发事件时,不履行保护学生人身安全职责的;

(三)在教育教学活动和学生管理、评价中不公平公正对待学生,产生明显负面影响的;

(四)在招生、考试、考核评价、职务评审、教研科研中弄虚作假、营私舞弊的;

(五)体罚学生的和以侮辱、歧视等方式变相体罚学生,造成学生身心伤害的;

(六)对学生实施性骚扰或者与学生发生不正当关系的;

(七)索要或者违反规定收受家长、学生财物的;

(八)组织或者参与针对学生的经营性活动,或者强制学生订购教辅资料、报刊等谋取利益的;

(九)组织、要求学生参加校内外有偿补课,或者组织、参与校外培训机构对学生有偿补课的;

(十)其他严重违反职业道德的行为应当给予相应处分的。

第五条 学校及学校主管教育部门发现教师可能存在第四条列举行为的,应当及时组织调查,核实有关事实。作出处理决定前,应当听取教师的陈述和申辩,听取学生、其他教师、家长委员会或者家长代表意见,并告知教师有要求举行听证的权利。对于拟给予降低专业技术职务等级以上的处分,教师要求听证的,拟作出处理决定的部门应当组织听证。

第六条 给予教师处分,应当坚持公正、公平和教育与惩处相结合的原则;应当与其违反职业道德行为的性质、情节、危害程度相适应;应当事实清楚、证据确凿、定性准确、处理恰当、程序合法、手续完备。

第七条　给予教师处分按照以下权限决定:

(一)警告和记过处分,公办学校教师由所在学校提出建议,学校主管教育部门决定。民办学校教师由所在学校决定,报主管教育部门备案。

(二)降低专业技术职务等级、撤销专业技术职务或者行政职务处分,由教师所在学校提出建议,学校主管教育部门决定并报同级人事部门备案。

(三)开除处分,公办学校教师由所在学校提出建议,学校主管教育部门决定并报同级人事部门备案;民办学校教师或者未纳入人事编制管理的教师由所在学校决定并解除其聘任合同,报主管教育部门备案。

第八条　处分决定应当书面通知教师本人并载明认定的事实、理由、依据、期限及救济途径等内容。

第九条　教师有第四条列举行为受到处分的,符合《教师资格条例》第十九条规定的,由县级以上教育行政部门依法撤销其教师资格。教师受处分期间暂缓教师资格定期注册。依据《中华人民共和国教师法》第十四条规定丧失教师资格的,不能重新取得教师资格。教师受降低专业技术职务等级处分期间不能申报高一级专业技术职务。教师受撤销专业技术职务处分期间不能重新申报专业技术职务。

第十条　教师不服处分决定的,可以向学校主管教育部门申请复核。对复核结果不服的,可以向学校主管教育部门的上一级行政部门提出申诉。

第十一条　学校及主管教育部门拒不处分、拖延处分或者推诿隐瞒造成不良影响或者严重后果的,上一级行政部门应当追究有关领导责任。

第十二条　教师被依法判处刑罚的,依据《事业单位工作人员处分暂行规定》给予撤销专业技术职务或者行政职务以上处分。教师受到剥夺政治权利或者故意犯罪受到有期徒刑以上刑事处罚的,丧失教师资格。

第十三条　省级教育行政部门应当结合当地实际情况制定实施细则,并报国务院教育行政部门备案。

第十四条　本办法自发布之日起施行。

国际教育组织关于教师职业道德的宣言

此宣言于2001年7月25—29日在泰国举办的第三届国际教育组织世界大会通过。

◎序言

高水平的公共教育是民主社会的主要基础。它的任务是确保所有的儿童和青少年享有接受教育的平等机会。它对经济、社会和文化的影响是一个国家良好发展的关键因素。提供高水平的公共教育是一项重要的使命,教师和教育工作者有责任建立公众对教学服务的高水平和标准的信心。

在职业实践中做出负责任的判断是教育的核心活动。提供高水平的公共教育的关键在于合格、有专业精神和责任感的教师以及教育工作者为了开发每名学生的潜力所表现的呵护与关切。

高水平的公共教育的实践,除了需要教师和教育工作者的教学能力和专业精神,良好的工作环境、社会的支持和周全的政策也是必备的条件。只有在所有的条件都具备的条件下,教师和教育工作者才可以充分地、负责任地为学生和社会执行他们的教育工作。

关于教师职业核心道德问题的讨论有利于教师职业的发展。对职业标准以及伦理意识的加强,不仅可以提高教师以及教育工作者的工作满意度和自我批评意识,也可以提高社会对教师职业的尊敬。

作为国际教育组织(EI)的成员,教师、其他教育工作者和他们的工会,应努力提倡教育,来帮助人们分别发挥自身的能力,为社会的发展进步做出贡献。

认识到教育过程中需要背负的所有责任以及为了教师职业、同仁、学生和家长所必须保持的职业道德行为,身为国际教育组织的成员,教师工会应该:

积极地提倡国际教育组织世界大会和行政董事会所采纳的政策和决议,包含此职业道德宣言。

(A)确定教育工作者享有能够使他们履行职业的良好工作政策和条件,确保他们能得到在国际劳工组织(ILO)基本劳工条款和权利的宣言中所有的权利,如下所列:

——自由结社的权利

——集体谈判的权利

——就业中不受歧视的保护

——平等就业

——就业中不受威胁和保护人身自由

——废除童工

(B)确保他们的会员拥有国际劳工组织(ILO)和联合国教科文组织(UNESCO)就教师地位的联合宣言以及就高等教育的教育工作者地位的宣言内所列出的所有

权利。

(C)消除一切在教育里以性别、婚姻状况、性倾向、年龄、宗教信仰、政治观点、社会地位、经济情况、民族或种族为理由的各种偏见与歧视。在自己的国家内合作,提倡为所有儿童提供政府资助的高水平的教育,提高教育供付。

(D)维护作者的地位和他们的权利。

(E)发挥影响力和号召力,使全世界的儿童(尤其是童工,遭社会主流排斥的家庭的儿童,或其他有特殊困难的儿童)在不受到任何歧视的情况下得到高水平的教育。

◎宣言

为了引导教师、其他教育工作者和他们的工会达到教师职业应有的职业道德标准,国际教育组织宣言如下:

一、对职业的承诺:教育工作者应该

(A)为所有学生提供高水平的教育,以加强公众对教育工作者的信心,赢取他们对教师职业的尊敬。

(B)确保定期更新并增进专业知识。

(C)安排自身的终身学习计划,包括计划的内容、程序和时间,以表现教师的专业精神。

(D)声明并不隐瞒任何相关专业资格的资料。

(E)通过积极参与工会活动,达到良好的工作状况,以吸引高素质的人士加入教师职业。

(F)通过教育,全力支持并推进民主和人权。

二、对学生的承诺:教育工作者应该

(A)尊重所有儿童(特别是他们的学生)的权利,以确保他们受到联合国儿童权利公约(尤其是所有有关教育的条款)的保护。

(B)保护和提倡学生的人身安全和利益,确保他们不受到任何形式的欺负以及任何生理或心理的伤害。

(C)尽所有可能保护儿童不让他们受到性伤害。

(D)以应有的照顾,努力对待任何有关学生的安全和利益的事项,并同时保护学生的隐私。

(E)协助学生建立一套符合国际人权标准的价值观。

(F)与学生保持师生之间的专业关系。

(G)认识到每个学生的特殊性、特点和特殊的需求。

(H)让学生认同一个富有互助精神,却也有个人空间的社会。

(I)以公正与慈悲发挥教师的权威。

(J)确保师生之间的特殊关系,不受任何宗教或意识形态的影响和控制。

三、对教育界同事的承诺:教育工作者应该

(A)通过对彼此(尤其是对刚从事教师职业或在培训中的同事)的职业等级和观点的尊重,提高同事之间的交流和帮助。

(B)除非有严格的专业或法律原因,不可透露在就业中关于同事的任何资料。

(C)协助同事完成由教师工会和雇主所同意的、同事互相审查的审查程序。

(D)保障同事的人身安全和利益,确保他们不受到任何形式的欺侮以及任何生理或心理的伤害和性侵犯。

(E)为了此声明的实践得到最佳效果,确保内容的落实和执行是国家级的工会组织内透彻讨论的结果。

四、对管理层的承诺:教育工作者应该

(A)熟悉他们的法律和行政的权利和职责,并且尊重集体合同中列出的条例和学生的权利。

(B)执行管理者合理的指示,并有权利通过清晰的、规定的程序对于该指示提出质疑。

五、对家长的承诺:教育工作者应该

(A)认识到家长有权利通过双方(教育工作者和家长)同意的渠道对他们孩子的安全和利益进行咨询。

(B)尊重父母的法定权利,但可为了儿童的最大利益从专业的角度向他们提出建议。

(C)做最大的努力让家长积极参与他们孩子的教育以及积极支持教育过程,避免孩子参与任何形式的不利于他们教育的工作。

六、对教师的承诺：社区和社会应该

（A）让教师感受到就业中得到公平的对待。

（B）认识到教师有保留隐私、照顾自身和在社区内正常生活的权利。

师德警示教育(一)

违反高校教师职业行为十项准则典型案例①

案例一 某高校教师黄某某多次在课堂上发表错误言论问题。2019年9月,黄某某在其承担的专业理论课中多次发表与课程无关的错误言论,宣扬错误历史观,误导学生。给予黄某某党内严重警告、行政记过处分,暂停评奖评优、职称评定、岗位聘用、教学工作和研究生招生资格12个月,年度考核结果被认定为不称职;对黄某某所在学院领导班子进行批评教育,责令学院领导班子作出书面检查,对院长、党委书记进行通报批评,对分管副院长进行提醒谈话,取消院长、党委书记、分管副院长当年度评奖评优资格。

案例二 某高校教师梁某某长期在网络上发布和转发错误言论问题。2019年至2020年期间,梁某某通过微博、推特等网络平台多次发布和转发错误言论,其行为严重违反了《新时代高校教师职业行为准则》第一、二项规定。根据《中华人民共和国教师法》《中国共产党纪律处分条例》《事业单位工作人员处分暂行规定》《教育部关于高校教师师德失范行为处理的指导意见》等相关规定,给予梁某某开除党籍和行政记过处分,取消研究生导师资格,并停止教学工作。

案例三 某高校某外籍教师违反教学纪律等问题。2018年9月至2019年10月间,该名外籍教师教学态度不端正、教学方法不严谨、教学效果差,多次违反教学纪律,与学生言谈粗鄙,言语有失教师身份,给学生造成不良影响。根据学校外籍教师管理办法,解除与该名外籍教师劳动聘用关系,注销其外国人来华工作证,并办理居留许可注销手续,限期离境。

案例四 某高校教师郎某某使用低俗不雅方式授课问题。2020年9月,郎某某使用低俗不雅的图文在校讲授日语课程,影响恶劣。郎某某的行为违反了《新时代高校教师职业行为十项准则》第三项规定。根据《教育部关于高校教师师德失范行为处理的指导意见》等相关规定,给予郎某某停课、调离教学工作岗位处理,并对其进行通报批评、取消年度评优资格、扣罚绩效工资;对该教师所在二级学院进行通报批评。

案例五 某高校教师张某某要求学生从事与教学、科研、社会服务无关的事宜问题。2019年,张某某多次要求研究生为其担任法定代表人的公司从事运送货物、分

---

① 中华人民共和国教育部.师德警示教育(一):违反高校教师职业行为十项准则典型案例[EB/OL].(2021-05-11)[2024-12-24]. http://www.moe.gov.cn/jyb_xwfb/moe_2082/2021/2021_zl37/jiaoyujingshi/202105/t20210511_530818.html.

装溶剂、担任客服、处理财务等工作,且在日常指导学生过程中方式方法不当、简单粗暴,有辱骂侮辱学生的言行。张某某的行为严重违反了《新时代高校教师职业行为十项准则》第五项规定。根据《教师资格条例》《教育部关于高校教师师德失范行为处理的指导意见》等相关规定,给予张某某取消研究生导师资格、撤销专业技术职务、解除人事聘用合同的处理;撤销其教师资格,收缴教师资格证书,将其列入教师资格限制库,5年内不得重新取得教师资格。

案例六 某高校教师姜某某学术不端问题。姜某某在发表的文章中抄袭他人成果,违反了《新时代高校教师职业行为十项准则》第七项规定。根据《中国共产党纪律处分条例》《教育部关于高校教师师德失范行为处理的指导意见》,给予姜某某党内严重警告、行政记过处分,停止两年内招收硕士研究生资格,取消两年内聘任高一级专业技术职务资格。

案例七 某高校教师郭某不正当关系问题。2019年8月,郭某在婚姻关系存续期间,多次与他人发生不正当性关系,造成了严重不良影响。郭某的行为违反了《新时代高校教师职业行为十项准则》第二项规定。根据《教育部关于高校教师师德失范行为处理的指导意见》等相关规定,给予郭某开除党籍、降低岗位等级处分,并解除聘用合同。

案例八 某高校教师刘某与学生发生不正当关系问题。2016年以来,刘某利用教师身份,与一女学生交往并发生不正当关系,造成严重不良社会影响,其行为构成强制猥亵罪,被判处有期徒刑2年6个月。刘某的行为违反了《新时代高校教师职业行为十项准则》第六项规定。根据《事业单位工作人员处分暂行规定》等相关规定,给予刘某解聘处理;刘某依法丧失教师资格,终身不得从教。责令学校党委做出深刻检查,对学校领导班子进行集体诚勉谈话和经济处罚;责令学校党委副书记、纪委书记和涉事教师所在二级单位负责人做出深刻检查;对涉事教师所在二级单位负责人进行诚勉谈话,并扣罚绩效工资。

案例九 某高校教师王某某多次性骚扰学生问题。2019年,王某某屡次言语骚扰在校学生,并通过微信等方式向多名学生发送性暗示词汇和图片,情节严重,影响恶劣。王某某的行为违反了《新时代高校教师职业行为十项准则》第六项规定。根据《教育部关于高校教师师德失范行为处理的指导意见》等相关规定,给予王某某开除处分,并撤销教师资格,收缴教师资格证书,将其列入教师资格限制库;对该教师所在的二级学院党政负责人进行约谈和批评教育。

案例十 某高校教师陈某某性侵学生问题。2020年8月,陈某某私自召集学生到其家中饮酒,一名女学生醉酒后遭陈某某性侵。陈某某的行为违反了《新时代高校教师职业行为十项准则》第二、六项规定。根据《中国共产党纪律处分条例》《教育部关于高校教师师德失范行为处理的指导意见》等相关规定,给予陈某某开除党籍、开除公职处分,待司法机关对其犯罪行为作出判决后,其教师资格将依法丧失,注销并收缴其教师资格证书,终身不得重新申请认定教师资格。

案例十一 某高校教师刘某某私自收取并侵占学生费用问题。刘某某利用担任学院学工办副主任、辅导员、班主任等职务便利,通过支付宝和微信转账方式,私自收取并侵占学生学杂费和班费共计 77 万余元。学校将刘某某案件移送公安机关立案侦查,公安机关对刘某某执行刑事拘留。刘某某的行为违反了《新时代高校教师职业行为十项准则》第二、第九项规定。根据《中国共产党纪律处分条例》《教育部关于高校教师师德失范行为处理的指导意见》,给予刘某某开除党籍、免职等处分,根据司法机关对其涉嫌犯罪问题的处理结论,依法依规给予进一步处理。

师德警示教育(二)

违反中小学教师职业行为十项准则典型案例[①]

案例一 某中学教师肖某某在课堂上歧视、侮辱学生问题。2021 年 2 月,肖某某在课堂上发表通过家长收入水平质疑家长素质以及歧视、侮辱学生等言论。肖某某的行为违反了《新时代中小学教师职业行为十项准则》第五项规定。根据《中华人民共和国教师法》《中国共产党纪律处分条例》《教师资格条例》《事业单位工作人员处分暂行规定》等相关规定,给予肖某某党内严重警告处分,降低岗位等级处理并调离岗位;撤销其教师资格,收缴教师资格证书,将其列入教师资格限制库,5 年内不得重新取得教师资格。对学校主要负责人进行问责,给予党内警告处分。

案例二 某学校教师许某某体罚学生问题。2019 年 3 月 29 日,许某某用笤帚木把对未达到英语月考目标分数的 25 名学生进行体罚,造成部分学生腿部、臀部、背部等部位淤血、红肿。许某某的行为违反了《新时代中小学教师职业行为十项准则》第五项规定。根据《中华人民共和国教师法》《中小学教师违反职业道德行为处理办法(2018 年修订)》,对许某某予以辞退,按程序撤销其教师资格,同时追究教育行政部门相关负责人及学校校长等的责任。

案例三 某学校教师徐某某体罚学生问题。2020 年 9 月,徐某某在管教学生过

---

① 中华人民共和国教育部.师德警示教育(二):违反中小学教师职业行为十项准则典型案例[EB/OL].(2021-05-11)[2024-12-24]. http://www.moe.gov.cn/jyb_xwfb/moe_2082/2021/2021_zl37/jiaoyujingshi/202105/t20210511_530820.html.

程中,采取不当方式,造成学生身体损伤。徐某某的行为违反了《新时代中小学教师职业行为十项准则》第五项规定。根据《中小学教师违反职业道德行为处理办法(2018年修订)》等相关规定,给予徐某某警告处分,认定其当年师德考核不合格,扣除其一年绩效工资,三年内不得评优评先;对学校时任校长、分管副校长和年级主任进行约谈提醒。

案例四 某中学教师耿某带领学生应援娱乐明星问题。2020年5月,耿某在上课时间带领学生为娱乐明星应援,并录制视频在网络传播,造成不良影响。耿某的行为违反了《新时代中小学教师职业行为十项准则》第三项规定。根据《中小学教师违反职业道德行为处理办法(2018年修订)》等相关规定,给予耿某停职检查处理;对学校校长进行诫勉谈话。

案例五 某小学教师胡某某学术不端问题。2015年以来,胡某某多次抄袭他人作品用于自己出版书籍、发布微信公众号推文以及主编教材等,并获得多项荣誉称号。胡某某的行为违反了《新时代中小学教师职业行为十项准则》第八项规定。根据《事业单位工作人员处分暂行规定》《中小学教师违反职业道德行为处理办法(2018年修订)》等相关规定,撤销胡某某副校长职务、调离教学岗位,撤销所获荣誉称号。

案例六 某小学教师那某某违规收受学生家长礼品礼金问题。某省对中小学教师违规收受礼品礼金和有偿补课典型问题进行通报。其中某小学教师那某某违规收受某学生家长6次微信转账共计2200元。那某某的行为违反了《新时代中小学教师职业行为十项准则》第九项规定。根据《中小学教师违反职业道德行为处理办法(2018年修订)》,给予那某某记过处分,扣发当年绩效工资和奖金,取消当年评先评优晋级资格,全额退返违纪所得;学校教学负责人被批评教育。

案例七 某中学教师贾某长期违规有偿补课问题。某市教育局在专项整治中查明,某中学教师贾某长期违规有偿补课,情节较为严重,违反了《新时代中小学教师职业行为十项准则》第十项规定。根据《中小学教师违反职业道德行为处理办法(2018年修订)》,给予贾某降低岗位等级处分,调离工作岗位。对其所在学校负责人进行约谈,取消学校年终考评评优资格。

案例八 某中学校教师李某某寒暑假期间组织有偿补课,在管理教育学生过程中简单粗暴等问题。2020年,李某某于寒暑假期间组织所带班级学生进行有偿补课,在学生管理教育过程中简单粗暴,言语失当。李某某的行为违反了《新时代中小学教师职业行为十项准则》第五、十项规定。根据《中小学教师违反职业道德行为处理办法(2018年修订)》等相关规定,给予李某某解聘处理,并责令其退还所收补课费;给予学校常务副校长停职检查、扣罚一年岗位工资和职务津贴的处理。

案例九 某中学教师刘某开办校外培训班、诱导学生参加有偿补课问题。2018年,刘某开办某艺术培训中心,利用晚上和周末为本校及校外学生进行有偿补课。刘某的行为违反了《新时代中小学教师职业行为十项准则》第十项规定。根据《事业单位工作人员处分暂行规定》《中小学教师违反职业道德行为处理办法(2018年修订)》等有关规定,对刘某做出行政警告处分,扣除一年奖励性绩效工资、取消其两年内评优评先资格、全校范围内作出检查的处理。对学校主要负责人进行通报批评、诫勉谈话。

案例十 某小学教师肖某猥亵学生问题。2018年至2019年期间,肖某利用教导主任和教师身份便利,猥亵多名未成年女学生,被当地法院判处有期徒刑7年6个月。肖某的行为违反了《新时代中小学教师职业行为十项准则》第七项规定。根据《中小学教师违反职业道德行为处理办法(2018年修订)》等相关规定,给予肖某开除公职处分,其教师资格依法丧失,注销并收缴其教师资格证书,终身不得重新申请认定教师资格。

案例十一 某中学教师吴某某性骚扰学生问题。吴某某隐瞒真实身份和年龄,通过微信与在校女学生进行低俗聊天,用淫秽语言挑逗,向女学生传播色情视频、图片等。以上行为违反了《新时代中小学教师职业行为十项准则》第七项规定,根据《中国共产党纪律处分条例》《中小学教师违反职业道德行为处理办法(2018年修订)》,给予吴某某开除党籍、开除公职处分,依法撤销其教师资格。

案例十二 某学校教师许某某性侵学生问题。2020年1月,许某某在辅导学生课业过程中,性侵多名女学生,被当地法院判处无期徒刑。许某某的行为违反了《新时代中小学教师职业行为十项准则》第七项规定。根据《中国共产党纪律处分条例》《中小学教师违反职业道德行为处理办法(2018年修订)》等相关规定,给予许某某开除党籍、开除公职处分,其教师资格依法丧失,注销并收缴其教师资格证书,终身不得重新申请认定教师资格;对学校领导班子进行通报批评、集体约谈;对学校党总支书记进行通报批评,撤销其党内职务,免去其学校董事会董事、校长、法人代表职务;对学校党总支副书记、小学部支部书记进行通报批评,给予其党内警告处分,免去其学校董事会董事、副校长职务,并降低岗位等级。

师德警示教育(三)

违反幼儿园教师职业行为十项准则典型案例[①]

案例一 某幼儿园教师陈某某体罚幼儿问题。2019年11月,陈某某在幼儿园午休期间责令4名嬉戏打闹、影响他人休息的幼儿自己打自己嘴巴。陈某某的行为违反了《新时代幼儿园教师职业行为十项准则》第六项规定。根据《幼儿园教师违反职业道德行为处理办法(2018年修订)》等相关规定,对陈某某予以解聘处理,同时给予该幼儿园园长问责处分,并对该幼儿园予以通报批评。

案例二 某幼儿园教师许某某、潘某某体罚幼儿问题。2019年12月,许某某、潘某某在保教过程中,拉扯幼儿、让幼儿自己打自己嘴巴。许某某、潘某某的行为违反了《新时代幼儿园教师职业行为十项准则》第六项规定。根据《幼儿园教师违反职业道德行为处理办法(2018年修订)》等相关规定,对许某某、潘某某以及该幼儿园执行园长予以解聘处理;将许某某(无教师资格)列入教师资格限制库,依法撤销潘某某的教师资格,并收缴其教师资格证书,5年内不得重新取得教师资格。

案例三 某幼儿园教师苏某某体罚幼儿问题。2020年9月,苏某某在协助班主任组织幼儿活动过程中,将一幼儿带至教室外掌掴。苏某某的行为违反了《新时代幼儿园教师职业行为十项准则》第六项规定。根据《幼儿园教师违反职业道德行为处理办法》等相关规定,给予苏某某解聘处理;责成该幼儿园园长作深刻检查,对该幼儿园进行通报批评。

案例四 某幼儿园某外籍教师猥亵幼儿问题。2019年1月25日,该名外籍教师在学生午休期间,趁机对一女童进行猥亵,检察院依法对其批准逮捕,法院以猥亵儿童罪判处其有期徒刑5年,待其刑满后将被驱逐出境。当地教育部门约谈相关负责人,责令整改,要求该幼儿园规范办园行为,强化师德师风建设,严把教师尤其是外籍教师聘用程序,为幼儿健康成长提供根本保障。同时,对该幼儿园园长予以辞退处理,撤销该幼儿园省级和市级示范幼儿园资格。

案例五 某少儿服务中心教师潘某某伤害幼儿问题。2020年11月,潘某某在制止幼儿追逐过程中将幼儿拎起落地,致其左手大拇指受伤,后受伤幼儿两名家长对潘某某实施了殴打。潘某某的行为违反了《新时代幼儿园教师职业行为十项准则》第六

[①] 中华人民共和国教育部.师德警示教育(三):违反幼儿园教师职业行为十项准则典型案例[EB/OL].(2021-05-11)[2024-12-24]. http://www.moe.gov.cn/jyb_xwfb/moe_2082/2021/2021_zl37/jiaoyujingshi/202105/t20210511_530821.htmll.

项规定。根据《教师资格条例》《幼儿园教师违反职业道德行为处理办法(2018年修订)》等相关规定,给予潘某某解除聘任合同的处理;撤销其教师资格,收缴教师资格证书,将其列入教师资格限制库,5年内不得重新取得教师资格。对于殴打潘某某的两名幼儿家长,根据《中华人民共和国治安管理处罚法》给予5日以下行政拘留。

再版后记

《教师职业道德》自 2017 年首次出版发行以来,受到各界的关注与好评,作为主编,颇感欣喜。为深入贯彻党的二十大精神,落实《新时代公民道德建设实施纲要》《中共中央 国务院关于全面深化新时代教师队伍建设改革的意见》以及《关于加强和改进新时代师德师风建设的意见》等新时代要求,全面提升教师思想政治素质和职业道德水平,我们决定对《教师职业道德》一书进行修订再版,以进一步加强和改进新时代师德师风建设,激励广大教师努力成为"四有"好老师。

本书的修订工作由曲阜师范大学的张宏、李春迪,济宁市第十五中学的杨振文协助完成,刘亭亭负责统稿。本次修订工作时间紧、任务重,幸得北京大学出版社的大力支持,方可顺利完成。在此,特向北京大学出版社及李淑方编辑表示诚挚的感谢!

虽是修订,但限于能力和水平,难免有不当和遗漏之处,请各位同人批评指正!

编 者

2023 年 5 月

博雅教学服务进校园

教辅申请说明

尊敬的老师：

您好！如果您需要北京大学出版社所出版教材的教辅课件资源，请抽出宝贵的时间完成下方信息表的填写。我们希望能通过这张小小的表格和您建立起联系，方便今后更多地开展交流。

教师姓名		学校名称			院系名称	
所属教研室		性别		职务	职称	
QQ				微信		
手机（必填）				E-mail（必填）		
目前主要教学专业、科研领域方向						
希望我社提供何种教材的课件						
书　号		书　名			教材用量（学期人数）	
978-7-301-						
您对北大社图书的意见和建议						

填表说明：

（1）填表信息直接关系课件申请，请您按实际情况**详尽**、**准确**、**字迹清晰**地填写。

（2）请您填好表格后，将表格内容拍照发到此邮箱：pupjfzx@163.com。咨询电话：010-62752864。咨询微信：北大社教服中心客服专号（微信号：pupjfzxkf，可直接扫描下方左侧二维码添加好友）。

（3）如您想了解更多北大版教材信息，可登录北京大学出版社网站：www.pup.cn，或关注北京大学出版社教学服务中心的官方微信公众号"北大博雅教研"（微信号：pupjfzx，可直接扫描下方右侧二维码关注公众号）。

北大社教服中心客服专号

"北大博雅教研"微信公众号

北京大学出版社
教育出版中心 精品图书

21世纪高校广播电视专业系列教材
电视节目策划教程（第二版）	项仲平
电视导播教程（第二版）	程 晋
电视文艺创作教程	王建辉
广播剧创作教程	王国臣
电视导论	李 欣
电视纪录片教程	卢 炜
电视导演教程	袁立本
电视摄像教程	刘 荃
电视节目制作教程	张晓锋
视听语言	宋 杰
影视剪辑实务教程	李 琳
影视摄制导论	朱 怡
新媒体短视频创作教程	姜荣文
电影视听语言——视听元素与场面调度案例分析	李 骏
影视照明技术	张 兴
影视音乐	陈 斌
影视剪辑创作与技巧	张 拓
纪录片创作教程	潘志琪
影视拍摄实务	翟 臣

21世纪信息传播实验系列教材（徐福荫 黄慕雄 主编）
网络新闻实务	罗 昕
多媒体软件设计与开发	张新华
播音与主持艺术（第三版）	黄碧云 睢 凌
摄影基础（第二版）	张 红 钟日辉 王首农

21世纪数字媒体专业系列教材
视听语言	赵慧英
数字影视剪辑艺术	曾祥民
数字摄像与表现	王以宁
数字摄影基础	王朋娇
数字媒体设计与创意	陈卫东
数字视频创意设计与实现（第二版）	王 靖
大学摄影实用教程（第二版）	朱小阳
大学摄影实用教程	朱小阳

21世纪教育技术学精品教材（张景中 主编）
教育技术学导论（第二版）	李 芒 金 林
远程教育原理与技术	王继新 张 屹
教学系统设计理论与实践	杨九民 梁林梅
信息技术教学论	雷体南 叶良明
信息技术与课程整合（第二版）	赵呈领 杨 琳 刘清堂

教育技术学研究方法（第三版）	张 屹 黄 磊

21世纪高校网络与新媒体专业系列教材
文化产业概论	尹章池
网络文化教程	李文明
网络与新媒体评论	杨 娟
新媒体概论（第二版）	尹章池
新媒体视听节目制作（第二版）	周建青
融合新闻学导论（第二版）	石长顺
新媒体网页设计与制作（第二版）	惠悲荷
网络新媒体实务	张合斌
突发新闻教程	李 军
视听新媒体节目制作	邓秀军
视听评论	何志武
出镜记者案例分析	刘 静 邓秀军
视听新媒体导论	郭小平
网络与新媒体广告（第二版）	尚恒志 张合斌
网络与新媒体文学	唐东堰 雷 奕
全媒体新闻采访写作教程	李 军
网络直播基础	周建青
大数据新闻传媒概论	尹章池

21世纪特殊教育创新教材·理论与基础系列
特殊教育的哲学基础	方俊明
特殊教育的医学基础	张 婷
融合教育导论（第二版）	雷江华
特殊教育学（第二版）	雷江华 方俊明
特殊儿童心理学（第二版）	方俊明 雷江华
特殊教育史	朱宗顺
特殊教育研究方法（第二版）	杜晓新 宋永宁等
特殊教育发展模式	任颂羔

21世纪特殊教育创新教材·发展与教育系列
视觉障碍儿童的发展与教育	邓 猛
听觉障碍儿童的发展与教育（第二版）	贺荟中
智力障碍儿童的发展与教育（第二版）	刘春玲 马红英
学习困难儿童的发展与教育（第二版）	赵 微
自闭症谱系障碍儿童的发展与教育	周念丽
情绪与行为障碍儿童的发展与教育	李闻戈
超常儿童的发展与教育（第二版）	苏雪云 张 旭

21世纪特殊教育创新教材·康复与训练系列
特殊儿童应用行为分析（第二版）	李 芳 李 丹

特殊儿童的游戏治疗	周念丽
特殊儿童的美术治疗	孙 霞
特殊儿童的音乐治疗	胡世红
特殊儿童的心理治疗（第三版）	杨广学
特殊教育的辅具与康复	蒋建荣
特殊儿童的感觉统合训练（第二版）	王和平
孤独症儿童课程与教学设计	王 梅

21世纪特殊教育创新教材·融合教育系列

融合教育本土化实践与发展	邓 猛 等
融合教育理论反思与本土化探索	邓 猛
融合教育实践指南	邓 猛
融合教育理论指南	邓 猛
融合教育导论（第二版）	雷江华
学前融合教育（第二版）	雷江华 刘慧丽
小学融合教育概论	雷江华 袁 维

21世纪特殊教育创新教材（第二辑）

特殊儿童心理与教育（第二版）	杨广学 张巧明 王 芳
教育康复学导论	杜晓新 黄昭明
特殊儿童病理学	王和平 杨长江
特殊学校教师教育技能	昝 飞 马红英

自闭谱系障碍儿童早期干预丛书

如何发展自闭谱系障碍儿童的沟通能力	朱晓晨 苏雪云
如何理解自闭谱系障碍和早期干预	苏雪云
如何发展自闭谱系障碍儿童的社会交往能力	吕 梦 杨广学
如何发展自闭谱系障碍儿童的自我照料能力	倪萍萍 周 波
如何在游戏中干预自闭谱系障碍儿童	朱 瑞 周念丽
如何发展自闭谱系障碍儿童的感知和运动能力	韩文娟 徐 芳 王和平
如何发展自闭谱系障碍儿童的认知能力	潘前前 杨福义
自闭症谱系障碍儿童的发展与教育	周念丽
如何通过音乐干预自闭谱系障碍儿童	张正琴
如何通过画画干预自闭谱系障碍儿童	张正琴
如何运用ACC促进自闭谱系障碍儿童的发展	苏雪云
孤独症儿童的关键性技能训练法	李 丹
自闭症儿童家长辅导手册	雷江华
孤独症儿童课程与教学设计	王 梅
融合教育理论反思与本土化探索	邓 猛
自闭症谱系障碍儿童家庭支持系统	孙玉梅
自闭症谱系障碍儿童团体社交游戏干预	李 芳
孤独症儿童的教育与发展	王 梅 梁松梅

特殊学校教育·康复·职业训练丛书 （黄建行 雷江华 主编）

信息技术在特殊教育中的应用	
智障学生职业教育模式	
特殊教育学校学生康复与训练	
特殊教育学校校本课程开发	
特殊教育学校特奥运动项目建设	

21世纪学前教育专业规划教材

学前教育概论	李生兰
学前教育管理学（第二版）	王 雯
幼儿园课程新论	李生兰
幼儿园歌曲钢琴伴奏教程	果旭伟
幼儿园舞蹈教学活动设计与指导（第二版）	董 丽
实用乐理与视唱（第二版）	代 苗
学前儿童美术教育	冯婉贞
学前儿童科学教育	洪秀敏
学前儿童游戏	范明丽
学前教育研究方法	郑福明
学前教育史	郭法奇
外国学前教育史	郭法奇
学前教育政策与法规	魏 真
学前心理学	涂艳国 蔡 艳
学前教育理论与实践教程	王 维 王维娅 孙 岩
学前儿童数学教育与活动设计	赵振国
学前融合教育（第二版）	雷江华 刘慧丽
幼儿园教育质量评价导论	吴 钢
幼儿园绘本教学活动设计	赵 娟
幼儿学习与教育心理学	张 莉
学前教育管理	虞永平
国外学前教育学本文献讲读	姜 勇

大学之道丛书精装版

美国高等教育通史	［美］亚瑟·科恩
知识社会中的大学	［英］杰勒德·德兰迪
大学之用（第五版）	［美］克拉克·克尔
营利性大学的崛起	［美］理查德·鲁克
学术部落与学术领地：知识探索与学科文化	［英］托尼·比彻 保罗·特罗勒尔
美国现代大学的崛起	［美］劳伦斯·维赛
教育的终结——大学何以放弃了对人生意义的追求	［美］安东尼·T.克龙曼
世界一流大学的管理之道——大学管理研究导论	程 星
后现代大学来临？	［英］安东尼·史密斯 弗兰克·韦伯斯特

大学之道丛书

以学生为中心：当代本科教育改革之道	赵炬明
市场化的底限	［美］大卫·科伯
大学的理念	［英］亨利·纽曼
哈佛：谁说了算	［美］理查德·布瑞德利
麻省理工学院如何追求卓越	［美］查尔斯·维斯特

大学与市场的悖论	[美]罗杰·盖格
高等教育公司：营利性大学的崛起	[美]理查德·鲁克
公司文化中的大学：大学如何应对市场化压力	[美]埃里克·古尔德
美国高等教育质量认证与评估	[美]美国中州州高等教育委员会
现代大学及其图新	[美]谢尔顿·罗斯布莱特
美国文理学院的兴衰——凯尼恩学院纪实	[美]P.F.克鲁格
教育的终结：大学何以放弃了对人生意义的追求	[美]安东尼·T.克龙曼
大学的逻辑（第三版）	张维迎
我的科大十年（续集）	孔宪铎
高等教育理念	[英]罗纳德·巴尼特
美国现代大学的崛起	[美]劳伦斯·维赛
美国大学时代的学术自由	[美]沃特·梅兹格
美国高等教育通史	[美]亚瑟·科恩
美国高等教育史	[美]约翰·塞林
哈佛通识教育红皮书	哈佛委员会
高等教育何以为"高"——牛津导师制教学反思	[英]大卫·帕尔菲曼
印度理工学院的精英们	[印度]桑迪潘·德布
知识社会中的大学	[英]杰勒德·德兰迪
高等教育的未来：浮言、现实与市场风险	[美]弗兰克·纽曼等
后现代大学来临？	[英]安东尼·史密斯等
美国大学之魂	[美]乔治·M.马斯登
大学理念重审：与纽曼对话	[美]雅罗斯拉夫·帕利坎
学术部落及其领地——当代学术界生态揭秘（第二版）	[英]托尼·比彻 保罗·特罗勒尔
德国古典大学观及其对中国大学的影响（第二版）	陈洪捷
转变中的大学：传统、议题与前景	郭为藩
学术资本主义：政治、政策和创业型大学	[美]希拉·斯劳特 拉里·莱斯利
21世纪的大学	[美]詹姆斯·杜德斯达
美国公立大学的未来	[美]詹姆斯·杜德斯达 弗瑞斯·沃马克
东西象牙塔	孔宪铎
理性捍卫大学	眭依凡

学术规范与研究方法系列

如何为学术刊物撰稿（第三版）	[英]罗薇娜·莫瑞
如何查找文献（第二版）	[英]萨莉·拉姆齐
给研究生的学术建议（第二版）	[英]玛丽安·彼得 等
社会科学研究的基本规则（第四版）	[英]朱迪斯·贝尔
做好社会研究的10个关键	[英]马丁·丹斯考姆
如何写好科研项目申请书	[美]安德鲁·弗里德兰德等
教育研究方法（第六版）	[美]梅瑞迪斯·高尔等
高等教育研究：进展与方法	[英]马尔科姆·泰特
如何成为学术论文写作高手	[美]华乐丝
参加国际学术会议必须要做的那些事	[美]华乐丝
如何成为优秀的研究生	[美]布卢姆
结构方程模型及其应用	易丹辉 李静萍
学位论文写作与学术规范（第二版）	李武 毛远逸 肖东发
生命科学论文写作指南	[加]白青云
法律实证研究方法（第二版）	白建军
传播学定性研究方法（第二版）	李琨

21世纪高校教师职业发展读本

如何成为卓越的大学教师	[美]肯·贝恩
给大学新教员的建议	[美]罗伯特·博伊斯
如何提高学生学习质量	[英]迈克尔·普洛瑟等
学术界的生存智慧	[美]约翰·达利等
给研究生导师的建议（第2版）	[英]萨拉·德拉蒙特等
高校课程理论——大学教师必修课	黄福涛

21世纪教师教育系列教材·物理教育系列

中学物理教学设计	王霞
中学物理微格教学教程（第三版）	张军朋 詹伟琴 王恬
中学物理科学探究学习评价与案例	张军朋 许桂清
物理教学论	邢红军
中学物理教学法	邢红军
中学物理教学评价与案例分析	王建中 孟红娟
中学物理课程与教学论	张军朋 许桂清
物理学习心理学	张军朋
中学物理课程与教学设计	王霞

21世纪教育科学系列教材·学科学习心理学系列

数学学习心理学（第三版）	孔凡哲
语文学习心理学	董蓓菲

21世纪教师教育系列教材

青少年心理发展与教育	林洪新 郑淑杰
教育心理学（第二版）	李晓东
教育学基础	庞守兴
教育学	余文森 王晞
教育研究方法	刘淑杰
教育心理学	王晓明
心理学导论	杨凤云
教育心理学概论	连榕 罗丽芳
课程与教学论	李允
教师专业发展导论	于胜刚
学校教育概论	李清雁
现代教育评价教程（第二版）	吴钢
教师礼仪实务	刘霄
家庭教育新论	闫旭蕾 杨萍
中学班级管理	张宝书
教育职业道德	刘亭亭
教师心理健康	张怀春

现代教育技术	冯玲玉
青少年发展与教育心理学	张清
课程与教学论	李允
课堂与教学艺术（第二版）	孙菊如 陈春荣
教育学原理	靳淑梅 许红花
教育心理学（融媒体版）	徐凯
高中思想政治课程标准与教材分析	胡田庚 高鑫

21世纪教师教育系列教材·初等教育系列

小学教育学	田友谊
小学教育学基础	张永明 曾碧
小学班级管理	张永明 宋彩琴
初等教育课程与教学论	罗祖兵
小学教育研究方法	王红艳
新理念小学数学教学论	刘京莉
新理念小学音乐教学论（第二版）	吴跃跃
初中历史跨学科主题学习案例集	杜芳 陆优君
青少年心理发展与教育	林洪新 郑淑杰
名著导读12讲——初中语文整本书阅读指导手册	文贵良
小学融合教育概论	雷江华 袁维

教师资格认定及师范类毕业生上岗考试辅导教材

教育学	余文森 王晞
教育心理学概论	连榕 罗丽芳

21世纪教师教育系列教材·学科教育心理学系列

语文教育心理学	董蓓菲
生物教育心理学	胡继飞

21世纪教师教育系列教材·学科教学论系列

新理念化学教学论（第二版）	王后雄
新理念科学教学论（第二版）	崔鸿 张海珠
新理念生物教学论（第二版）	崔鸿 郑晓慧
新理念地理教学论（第三版）	李家清
新理念历史教学论（第二版）	杜芳
新理念思想政治（品德）教学论（第三版）	胡田庚
新理念信息技术教学论（第二版）	吴军其
新理念数学教学论	冯虹
新理念小学音乐教学论（第二版）	吴跃跃

21世纪教师教育系列教材·语文教育系列

语文文本解读实用教程	荣维东
语文课程教师专业技能训练	张学凯 刘丽丽
语文课程与教学发展简史	武玉鹏 王从华 黄修志
语文课程学与教的心理学基础	韩雪屏 王朝霞
语文课程名师名课案例分析	武玉鹏 郭治锋等
语用性质的语文课程与教学论	王元华
语文课堂教学技能训练教程（第二版）	周小蓬
中外母语教学策略	周小蓬
中学各类作文评价指引	周小蓬
中学语文名篇新讲	杨朴 杨旸
语文教师职业技能训练教程	韩世姣

21世纪教师教育系列教材·学科教学技能训练系列

新理念生物教学技能训练（第二版）	崔鸿
新理念思想政治（品德）教学技能训练（第三版）	胡田庚 赵海山
新理念地理教学技能训练（第二版）	李家清
新理念化学教学技能训练（第二版）	王后雄
新理念数学教学技能训练	王光明

王后雄教师教育系列教材

教育考试的理论与方法	王后雄
化学教育测量与评价	王后雄
中学化学实验教学研究	王后雄
新理念化学教学诊断学	王后雄

西方心理学名著译丛

儿童的人格形成及其培养	[奥地利]阿德勒
活出生命的意义	[奥地利]阿德勒
生活的科学	[奥地利]阿德勒
理解人生	[奥地利]阿德勒
荣格心理学七讲	[美]卡尔文·霍尔
系统心理学：绪论	[美]爱德华·铁钦纳
社会心理学导论	[美]威廉·麦独孤
思维与语言	[俄]列夫·维果茨基
人类的学习	[美]爱德华·桑代克
基础与应用心理学	[德]雨果·闵斯特伯格
记忆	[德]赫尔曼·艾宾浩斯
实验心理学（上下册）	[美]伍德沃斯 施洛斯贝格
格式塔心理学原理	[美]库尔特·考夫卡

21世纪教师教育系列教材·专业养成系列（赵国栋 主编）

微课与慕课设计初级教程	
微课与慕课设计高级教程	
微课、翻转课堂和慕课设计实操教程	
网络调查研究方法概论（第二版）	
PPT云课堂教学法	
快课教学法	

其他

三笔字楷书书法教程（第二版）	刘慧龙
植物科学绘画——从入门到精通	孙英宝
艺术批评原理与写作（第二版）	王洪义
学习科学导论	尚俊杰
艺术素养通识课	王洪义